*À Michel Torday
Bien cordialement*
Paul Adam

La Morale
de la France

ŒUVRES DU MÊME AUTEUR

ROMANS

LE TEMPS ET LA VIE	L'ÉPOQUE	
Histoire d'un idéal à travers les siècles.	Chair Molle	1 v.
	La Glèbe	1 v.
Basile et Sophia (ill. de Defun) 1 v.	Robes Rouges	1 v.
Irène et les Eunuques (ill. d'Orazi) 1 v.	La Parade Amoureuse	1 v.
Princesses Byzantines 1 v.	Les Cœurs Utiles	1 v.
Les Feux du Sabbat 1 v.	Les Cœurs Nouveaux	1 v.
La Force 1 v.	Le Vice Filial	1 v.
L'Enfant d'Austerlitz 1 v.	La Force du Mal	1 v.
La Ruse 1 v.	L'Année de Clarisse	1 v.
Au Soleil de Juillet 1 v.	Les Tentations Passionnées	1 v.
La Bataille d'Uhde 1 v.	Le Conte Futur	1 v.
Soi 1 v.	Le Troupeau de Clarisse	1 v.
Les Images Sentimentales 1 v.	Le Serpent Noir	1 v.
En Décor 1 v.	Combats	1 v.
L'Essence du Soleil 1 v.	Les Lions	1 v.
Le Mystère des Foules 2 v.	Clarisse et l'Homme Heureux	1 v.

ESSAIS

Critique des Mœurs.   Le Triomphe des Médiocres.
Lettres de Malaisie.   Vues d'Amérique.

Les Impérialismes et la Morale des peuples.
La Morale de l'Amour.

THÉÂTRE

Le Cuivre. Drame en 3 actes (en collaboration avec André Picard).
L'Automne. Drame en 3 actes (en collaboration avec Gabriel Mourey).
Les Mouettes. Comédie en 3 actes.

Paul ADAM

La Morale de la France

o LIBRAIRIE MODERNE o
Maurice BAUCHE, Éditeur
o   1, rue de la Trinité, Paris   o

Tous droits de traduction et de reproduction réservés pour tous pays, y compris la Suède et la Norvège.

Published, 3rd of may 1908.
Privilege of copyright in the United States reserved under the act approved march 3d 1905 by Paul Adam.

Il a été tiré à part, de cet ouvrage, dix exemplaires sur papier du Japon de la Manufacture de Shizuoka, numérotés à la presse de 1 à 10.

Et vingt exemplaires sur papier de Hollande, numérotés de 11 à 30.

A
ANDRÉ BEAUNIER

PRÉFACE

⁂ ⁂ ⁂

Chaque fois que, des vieux tiroirs, on extrait la correspondance d'illustres défunts, les amants des époques aïeules s'empressent de regretter la parcimonie de nos épîtres actuelles. Aux styles de nos petits bleus, ils comparent celui des missives que signèrent les morts depuis Balzac et Voiture jusqu'à Flaubert. Avares d'admiration pour les dix bons livres que créent, chaque an, les nouvelles élites d'écrivains, quelques honnêtes gens s'extasient sur les balivernes que nécessairement contiennent les liasses de lettres, destinées, soit aux rengaines de l'amour, soit aux misères de la lutte pour la vie, soit aux travers des ambitions. Pour moi, je regretterai toujours que Flaubert n'ait pas fini « Bouvard et Pécuchet », au lieu de noircir tant de papier à l'adresse de George Sand. Seuls valent une résurrection, les écrits des personnages qui assistèrent à l'histoire, sans exprimer leurs sentiments ailleurs que dans les plis dont se chargeait la malle-poste. Les mémoires de la comtesse de Boigne me captivent. Le fatras épistolaire de Lamartine ou de Musset m'intéresse bien moins qu'un roman d'inconnu, riche en idées et en impressions contemporaines.

C'est que le talent s'est aujourd'hui répandu. Le nombre de galants qui savent faire un livre avec leurs aventures, égale le nombre de ceux qui savaient jadis tourner une lettre. Si quelqu'un estime, plaisante les choses qu'il observe, il rédige un article de journal ou de revue. Il n'ouvre point son cœur au seul ami. Le public devient le confident de chacun. Ce genre d'impressions que M™ de Sévigné consigna dans ses délicieux messages nous est offert par les quotidiens matineux. De son mieux, le chroniqueur littéraire commente le fait de la veille, du jour et du lendemain. Telle gazette fournie par les académiciens est une copieuse lettre touchant la cour et la ville, et que reçoit tout le parentage des abonnés. Là-dessus, ils discutent comme ils jasaient autrefois, le courrier venu.

Quand M. Hanotaux, M. Jules Lemaître, M. de Vogüé, M. Mirbeau, M. Faguet, M. Henri de Régnier publient un article de revue, de journal, ils accomplissent le même devoir social exactement qu'accomplissaient Voiture et Diderot. Lorsque paraissent quelques essais remarquables dans les dix ou quinze périodiques alimentés par la jeunesse littéraire, elle perpétue la besogne essentielle inaugurée par les érudits de la Renaissance qui composaient en latin, puis échangeaient des épîtres révélatrices de la science, de la philosophie, des arts. Aussi, quand nous prétendons, la plume en main, communiquer à des cousins quelques réflexions piquantes, après avoir donné les nouvelles relatives à la santé, aux ambitions de la famille, nous nous trouvons embarrassés, la plupart du temps. « Ils auront lu cela dans le journal... » murmurons-nous avec dépit.

Comment conter au destinataire nos passions, puisque tant de romans les décrivent avant que nous les eussions vécues ? En visite, une fois les compliments énoncés, n'est-ce pas le souvenir d'un article parcouru, ou d'un livre lu, qui servira de thème aux propos indispensables? Presque toujours les discussions du café, du club, commencent à propos de l'imprimé que l'on déplie. Revues et gazettes ont remplacé, dans la vie sociale, l'action de la verve épistolaire.

Ils ont même remplacé le rôle de la conversation. Autrefois les causeurs se formaient un avis dans les salons, dans les tavernes, dans les vestibules des ministères et du parlement. Aujourd'hui tout problème discuté devant les Chambres le fut préalablement dans la presse. Il ne prend même d'importance que dans la mesure où la presse lui en concède. Les débats de la tribune ne font que le revêtir des formes particulières à la syntaxe et à la gesticulation des orateurs, aux syllogismes des partis. C'est une simple formalité. Toute personne un peu avertie connaît d'avance la solution fatale, sauf en de rares exceptions.

A plus forte raison, les particuliers qui devisent appuient leur dissertation sur l'autorité de la feuille dont ils prirent coutume de savourer la prose. Malgré l'outrecuidance de certains, beaucoup encore se défient de soi et s'en rapportent à leurs gazetiers. Se voulut-il défendre de subir la suggestion, prit-il le soin de railler d'abord, l'esprit public n'est pas moins l'esclave inconscient de sa lecture quotidienne. Or, peu de personnes se veulent assez prudentes pour interroger à la fois deux feuilles contradictoires. En cela pourtant serait la sagesse. Le juge entend le procureur et l'avocat. Mais, plus audacieux, le lecteur du journal se plaît à ne connaître que l'un ou l'autre. Il ne tolère qu'une cloche et qu'un son. Rarement, le révolutionnaire approfondira les thèses défendues par un organe de la réaction ? Plus rarement le conservateur se renseignera sur les idées soutenues par une feuille socialiste. Ou bien, s'ils se permettent par hasard ce jeu, l'un et l'autre s'y livreront avec une telle partialité que l'expérience n'amendera guère les exagérations de leurs doctrines simplistes. Durant l'affaire, nous pûmes observer cette faute générale de logique. Epris des pamphlets les plus véhéments, les zélateurs des deux colères ne voulaient rien savoir.

Une telle passion sied aux foules. Elle ne devrait pas guider les élites. Mais qu'est-ce que l'élite de France, au point de vue intellectuel ? Les calculateurs de statistiques chiffrent par un million, à peu près, les personnes que l'on peut dire, au sens large, constituer la classe bachelière, en comptant les professeurs, les avocats, les officiers, les magistrats, les fonctionnaires, les ingénieurs, les notaires, avoués, puis leurs proches évidemment instruits ou capables de goûter les lettres. Il est donc un million de Français en état de réfléchir pertinemment sur le cours des choses. Notons que cette élite, est infiniment plus éclairée que la classe correspondante anglaise, et un peu moins que la classe correspondante allemande. Eh bien, de ce million d'âmes, combien cherchent à s'accroître en spiritualité ? Cinquante ou soixante mille à peine. C'est le total des abonnés aux diverses publications sérieuses qui continuent la tâche de l'encyclopédie, de semaine en semaine, de mois en mois. Nous possédons deux admirables journaux du soir, très supérieurs au « Times », à « Evening Post », à la « Neue Freie Presse », aux meilleurs quotidiens du monde. Ils ne réunissent pas cent mille fidèles, quoique l'un conservateur, l'autre progressiste, contentent chacun l'une des opinions répandues parmi la bourgeoisie.

Que lisent donc nos bacheliers, licenciés, docteurs, agrégés, que lisent leurs familles ? Des feuilles à télégrammes et à faits divers.

L'esprit concierge est monté de la loge au salon et à la bibliothèque. Sur le million de bacheliers, cent mille à peine refusent de s'intéresser fiévreusement à la disparue de Saint-Cloud, à la bicyclette du curé et aux fantastiques grossissements inventés par les reporters. On veut découvrir, dans la tache d'encre imprimée, les mains de tel assassin ou de tel ministre dessinés par la chiromancienne. Les portraits des apaches et des escrocs, ceux de la femme séduite et du ravisseur enchantent, quelle que soit l'insignifiance de ces images. N'allez pas accuser les directeurs de ces quotidiens. Eux-mêmes déplorent ce goût de notre élite ? Mais force est d'y satisfaire, sinon le tirage cesse d'augmenter. Fonctionnaires, officiers, magistrats ou négociants, tous exigent du scandale et du crime en première page, entre des imputations calomnieuses contre quiconque ne partage pas l'avis politique de la gazette.

Ce qui malheureusement justifie la prédiction émise par Tarde dans son incomparable ouvrage sur « l'Opinion et la foule », à mesure que la presse se développe, les divers publics adoptent ses avis, non pour la qualité des approbateurs, mais pour la quantité des lecteurs. Le nombre fortifie la suggestion.

Est-ce pour cela que dans les lycées, vingt ans cette élite apprit à honorer Platon, Brutus, Spinoza, Montaigne et Richelieu ? Il semble qu'une fois les diplômes conquis, et la place officielle gagnée dans l'administration, le tribunal ou le régiment, chacun cherche à redevenir rustre par l'esprit. Et le pis n'est point que ces curiosités inférieures gagnent la bourgeoisie, c'est qu'elles la puissent accaparer. Peu à peu les feuilletons sur la science, les lettres et les arts ont disparu. En un siècle où se produisent, dans les laboratoires, des miracles plus merveilleux que ceux des religions orientales, c'est à peine si, quand meurent un Berthelot, un Moissan, le chroniqueur renseigne sommairement sur les prodiges du nouveau génie. Que nul ne trépasse parmi les membres des instituts, et nous resterons dans l'ignorance du progrès, indéfiniment. Notre connaissance ne s'accroît qu'au son du glas. Et nous ne demandons pas qu'on la cultive davantage. Au contraire.

Le terrible mot : « C'est rasant » active plus notre décadence que le souvenir humilié de Sedan.

L'orgueil de nos pères contents de citer Virgile ou Horace à tout propos engendra, par contraste, la fanfaronade de l'ignorance. Sous prétexte d'admettre seulement l'exact et le positif, on a retranché de la préoccupation toutes les idées, une à une. Les concepts à formes littéraires furent relégués, comme ceux à forme scientifique. Pourtant le sociologue constate que toute littérature a déterminé les mœurs des générations venues vingt ans après elle. Donc, il ne semble pas négligeable de guider le goût. Mais l'élite affecte le dédain des livres.

Elle se repaît de sempiternels adultères platement dialogués et mimés aux feux de la rampe. Elle croit que c'est là de la littérature, alors que la tâche du dramaturge et des acteurs s'abaisse de plus en plus vers le métier en évitant toute l'espèce d'art ou d'idéologie. Et cela parce que la même élite juge assommant l'art et l'idée. Trop inférieurs aux œuvres de Racine et d'Henri Becque, simples potins de « five o'clock », reproduits en ce qu'on appelle « le style de théâtre », c'est-à-dire en un langage de bookmakers et de filles; ces comédies n'obtiennent même pas une critique convenable. Au milieu des annonces et des informations sportives, paraît la sentence du critique menacé de renvoi par le secrétaire de la rédaction, s'il consacre à ce dernier vestige de littérature plus d'une colonne et demie. Quant aux arts, vers l'époque des expositions, le même secrétaire, sa ficelle à la main, mesure ce que les faits divers peuvent laisser de place à l'énumération bousculée de quelque six mille toiles et statues. Donc les sciences, les lettres et les arts disparaissent à peu près du journal.

Les faits divers et la politique niaise des sectes l'encombrent seuls. Et le million de bacheliers approuve cette façon de l'entretenir dans la connaissance, puisque les quelques publications du soir et du matin, soucieuses de sa mentalité, n'obtiennent pas le dixième de ses suffrages. Le million de bacheliers veut s'abêtir, opiniâtrément.

Car il n'est pas assez naïf, je suppose, pour s'imaginer que ces télégrammes arrivés par « fil spécial », ces nouvelles en style tronqué, ces apparences de netteté stricte, correspondent réellement à une religion de l'exactitude. Le peuple peut ignorer, mais tous les gens instruits savent que des agences anglaises ou allemandes lancent ces dépêches tendancieuses.

Rédigées dans les ministères et les banques, elles visent à disposer l'opinion pour ou contre les valeurs d'Etat, pour ou contre les emprunts, pour ou contre certaines lois douanières et commerciales. Elles servent des affaires d'argent. Aucune sincérité ne les libelle. Il suffit de se rappeler les télégrammes antérieurs à la guerre de Cuba, à la guerre du Transvaal, à la guerre de

Mandchourie, pour supputer ce que valent ces avertissements qui décidèrent tous à prévoir l'inverse des événements consécutifs. A l'excellent livre de M. Tardieu qui sut émouvoir l'Europe et les chancelleries, comparez les pronostics des gazettes précis et secs d'apparence, avant, pendant la conférence d'Algésiras, où se joua une formidable partie historique. Vous serez stupéfaits de l'incohérence, des erreurs, des billevesées, des inepties présentées comme le fait pur, le fait divin, le fait dénué de vaine littérature et d'inutiles commentaires. L'imagination aussi nigaude que médiocre des agences télégraphiques a produit un nombre incroyable de sottises.

L'action de ce journalisme sur la moralité générale, est d'ailleurs néfaste. Policiers, magistrats criminalistes, répètent à l'envi que la gloire décernée aux assassins et aux filles, que les enquêtes ouvertes en faveur du vertueux forçat, du bagnard innocent, multiplient le goût du vice et du meurtre parmi les adolescents. C'est une œuvre de barbarie et de régression sociale. Le million de bacheliers l'encourage.

Il faut en effet concevoir que, dans les petites villes, dans les bourgs, les esprits naturellement se corrompent. Supposez un petit marchand qui s'attable à son café, le soir, devant les journaux. Il y trouve trois ou quatre récits d'existences abjectes, celles des assassins et de leurs familles. Puis une excitation véhémente à la haine contre tels ou tels hommes politiques taxés de concussion, d'impéritie, de lâcheté extraordinaire; enfin l'énumération des incendies, coups de grisou, naufrages, rixes et bagarres. Au cours d'une grève quelque gamin a-t-il été bousculé par un gendarme, quelque pioupiou a-t-il reçu un croûton sur le nez : cela devient massacre, hécatombe, jacquerie, fusillade. Quelle opinion de la vie cet honnête lecteur des feuilles va-t-il emporter dans son humble demeure où sa jeune femme berce le dernier-né ? Celle-ci : « Le monde est un ensemble de voleurs, de catins et de brutes. Je suis bien bête de sacrifier mes instincts à la vertu, si tous, ministres ou mendiants, obtiennent, par le vol et la violence, les avantages que je ne puis espérer même. » Des années passent, et cette conviction, chaque jour affermie par l'examen des gazettes, excuse la faiblesse de la conscience dans l'heure où elle hésite entre le devoir et le péché. « Tout le monde agit de même, » se murmure le pauvre en proie à la tentation ; ces gourgandines qui tuent sous prétexte d'amour et de qui l'on expose les photographies, ces grands de la terre que l'on accuse de vilenies sans cesse, ces gens qui pillent, dévastent, incendient, tous font plus mal encore. Je puis céder à la tentation pour une fois. Que sera mon méfait parmi ces crimes ? Une peccadille vraiment... »

Et la moralité rapidement décline.

L'exagération par le journal est énorme. Je me souviendrai toujours de celle-ci. Le Congrès de Versailles avait élu M. Loubet président de la République, parce qu'il avait jadis, comme ministre de l'Intérieur, obtenu d'Arton le silence sur les concussionnaires de Panama, avec la complicité du président Carnot. A la grille du château, les zélateurs des deux partis antagonistes avaient parcimonieusement organisé une double manifestation pour accueillir le landau transportant à Paris le nouveau Chef de l'Etat. Douze garçons de café sans place, et qu'on reconnaissait, alors, au visage glabre, se tenaient à gauche du passage. Douze autres chômeurs identiques stationnaient à droite. Lorsque parurent l'attelage et l'escorte, ces deux chœurs à gages poussèrent mollement des cris d'acclamation et de réprobation sans trouver aucun écho sur l'immense place déserte. Seules, quelques mamans curieuses y poussaient les petites voitures de leurs poupons. Le lendemain, les feuilles de droite et de gauche arboraient des manchettes grandiloquentes comme « magnifique manifestation républicaine du peuple. Le président des traîtres honteusement conspué, » etc. Quiconque n'avait point assisté à la sortie de M. Loubet et à la vacuité de l'esplanade, put croire que Versailles avait eu son heure de révolution. Vingt-quatre figurants mal stylés, presque aphones, avaient permis ces hyperboles.

De même pour tout. Malheureusement l'élite chérit le faux qu'elle espère. Le lecteur exige de sa gazette une déformation qui satisfasse, au moins en partie, ses vœux latents. Il veut que l'on décrie les apôtres de l'idée contraire, qu'on les taxe d'incompétence et de bêtise. Il veut qu'on grossisse les méfaits de ceux qu'il redoute. Quand un malheureux gréviste casse une lanterne et brûle une poignée de paille, la presse conservatrice parle de saccage et d'incendie. Quand une sentinelle crie : « On ne passe pas ! » la presse socialiste proteste contre la sauvagerie de la troupe commandée par de féroces réacteurs. Et ces deux sortes de scribes en usent ainsi parce que le public entend être trompé. Qui donc réagira contre cette fausseté universelle, sinon l'élite, le million de bacheliers ?

Il est désolant de voir aux mains d'un officier, d'un docteur, ces pamphlets simplistes, ces placards d'informations fausses sous leur apparence de netteté télégraphique, ces colonnes pleines de laides images pour écolier de six ans. Qu'un prolétaire de la ville ou des champs se laisse prendre à ces appeaux, cela se conçoit.

Mais qu'un lettré s'en inquiète, cela désespère. Car l'influence de ces papiers atteint au comique.

N'a-t-on pas vu la France ahurie courir au vaccin, un beau jour, en une période où jamais les statistiques médicales n'avaient constaté moins de variole, comparativement aux années précédentes ? Un article de reporter jovial avait suffi pour valoir ce grotesque aux foules de Paris et de la province qui surveillèrent six semaines les pustules de leurs bras enflés.

En un autre temps déjà la France s'était mise à compter des grains de blé et à les entasser dans des litres de verre ; à chercher des médailles sous les pieds des bancs, etc., etc. Et nous nous plaignons quand les Allemands nous traitent de dégénérés. Encore une fois on attaquerait à tort les directeurs et les administrateurs des quotidiens. Les peuples ont les gouvernements et la presse qu'ils méritent. Ici, comme ailleurs, la fonction crée l'organe. Si le million de bacheliers laissa disparaître, sans protestation, de ses journaux, l'importance autrefois conquise par les sciences, les lettres et les arts ; s'il préfère ces amusettes de marmots, ces nouvelles tendancieuses, ces exagérations pareilles à celles des miroirs concaves et convexes dans la fête foraine, ce n'est point la faute des rédacteurs. La bêtise distrait, l'intelligence ennuie l'élite française qui le marque par son goût pour une presse dépourvue d'idées, d'art et de morale. C'est bien affligeant.

Lorsqu'on feuillette une collection de journaux américains, ils nous choquent. On les dirait conçus pour amuser des garçons de douze ans. Leçons de choses, titres flamboyants, rébus explicatifs, style de notre image d'Epinal, simplifications de l'école primaire pour le tableau noir : tout cela est mis au service des mariages millionnaires particulièrement, des divorces, des cirques, de la publicité commerciale et politique, des macrobites et des phénomènes à deux têtes, à trois pattes, des steamers monstres, des express à vitesse foudroyante, des chanteurs et des chanteuses. A compulser cet amas de sornettes et d'enseignements pour abécédaire, on pense que le peuple de l'Union se compose d'adolescents éternels. Et de fait, le distinctif du caractère américain, c'est une jeunesse extrême, confiante en ses chimères, audacieuse, courant tous les risques, vaniteuse et ostentatoire, active et badaude. Les femmes de cinquante ans se distinguent à peine des femmes de vingt ans, tant la coutume de se presser, d'agir, de rire, les conserve sveltes et pimpantes. L'aspect du journalisme révèle bien l'âme de la foule.

Soumettons à la même épreuve l'esprit français. Jugeons-le par les articles qu'il exige de ses gazettes à gros tirage. Il faudra conclure que c'est un peuple de concierges cannibales, d'électeurs fanatiques, de calomniateurs acharnés, de nigauds aptes à gober toutes les bourdes transmises par fil spécial. Mais si les Américains complètent leur instruction grâce à l'usage de revues nombreuses, nous sommes un très petit nombre, par comparaison, qui prétendions connaître mieux que la matière de nos quotidiens. Le total de nos revues sérieuses ne compte pas les deux cent mille abonnés que rassemble une seule de celles en faveur par-delà l'Océan.

Notre million de bacheliers n'estime pas utile cette curiosité des sciences, des lettres et des arts qui multiplie la force des Américains, des Allemands. Notre élite se contente de railler les pédants, puis de dormir sur les lauriers de la licence en droit, du doctorat en médecine.

du grade militaire, du diplôme d'ingénieur. A la nation qui le forme, un lettré de France doit de s'accroître; et pour cela d'approfondir chaque mois, tantôt un ouvrage d'histoire, tantôt un roman d'idées, tantôt un volume de voyage ethnographique, tantôt une thèse de philosophie vulgarisée. Combien de magistrats ou de capitaines jureraient, sans réticence, le soir de la Saint-Sylvestre, qu'ils ont, dans l'année, connu douze idées importantes? Parfois, en attendant son train, le voyageur achète à la gare une historiette sentimentale ou grivoise. Il parcout en sommeillant ces contes invariables, s'endort à la page cinquante, et puis il déclare qu'il chérit les lettres, comme il le déclare après avoir applaudi l'adultère de théâtre. Généralement ce dilettante assure que son goût suprême et délicat ne s'accommode point des essais nouveaux. Il prononce en levant les mains au ciel les noms de Lamartine et de Hugo, de Michelet, de Zola, de Taine, puis affecte de mépriser le reste qu'il ignore. Son journal suffit à le munir de pensées, d'approbations, de blâmes, d'espoirs, d'inquiétudes et de savoir. Maigre provende pour un esprit qui se pique de n'être pas vulgaire. Cette inertie des cerveaux s'aggrave depuis que les commanditaires d'imprimeries l'entretiennent et le flattent. Contraints de servir des intérêts financiers considérables, les administrateurs des quotidiens se soucient avant tout de multiplier l'acheteur sans que sa qualité importe. Un cuisinier de gargote écrit-il, aviné, qu'il n'a pas compris tel passage d'une chronique savante, une femme de chambre en retraite se déclare-t-elle offusquée par une opinion de moraliste à logique rude, on modifie sur-le-champ l'avenir de la gazette selon le vœu de ces deux personnages. C'est toujours au plus sot des lecteurs que l'on obéit.

En effet, le public intelligent communique rarement son avis. Il juge inutile de dire son admiration ou sa répugnance. Par contre, le populaire aime exprimer ses indignations sur la carte postale. Si l'échotier reproche quelque inadvertance aux commis voyageurs, aussitôt maints et maints voyageurs expédient des protestations injurieuses de tous les cafés provinciaux. Là-dessus, l'administrateur interdit à la rédaction de froisser les commis voyageurs en marquant, par exemple, leur infériorité devant leur collègue allemand. Cette vérité n'est pas bonne à dire parce que la vente du numéro pâtirait. Ainsi l'intelligence du journal décline à mesure que le tirage croît. Alors le médecin, le professeur finissent par absorber une prose que dicte le caprice des cabaretiers, des servantes. Résultat : l'intelligence des meilleurs s'abaisse lentement, inconsciemment, au niveau de la verve populacière, parce que le médecin et le professeur ne réclament pas, eux, quand l'art des chroniqueurs s'affaiblit.

Aussi le million de bacheliers peu à peu se laisse suggérer par les aspirations d'une plèbe ignorante et vicieuse.

On conçoit l'importance de ce danger social. La moralité, l'intelligence et le caractère de l'élite s'avilissent.

En effet, l'afflux de la foule vers ces gazettes qui content ses convoitises enrichit trop ces entreprises pour que le reste de la presse n'essaye d'imiter. Et le mal gagne le proche en proche, la province même. Sous prétexte d'informations, les administrateurs bannissent les idées de leurs feuilles. Aujourd'hui, il n'est guère plus de cent mille lettrés qui reçoivent, de trois ou quatre quotidiens, l'aliment spirituel nécessaire au développement de l'élite. Les neuf cent mille autres bacheliers se repaissent de la pitance exigée par les balayeuses et les portières. Car ils négligent la dizaine de journaux exclusivement destinés au personnel parlementaire, à quelques comités électoraux de province, à quelques amis des leaders, à quelques énergumènes de partis que seuls captivent les dissertations fastidieuses des théoriciens. On ne sait même quelles subventions permettent à ces organes de persister. Les familles de l'aristocratie bourgeoise ne trouvent point là leur subsistance. Elles la demandent aux journaux plus gais qu'inspire la multitude. Et elles deviennent pareilles à cette multitude. C'est une régression terrifiante.

Cinq ou six administrateurs, entièrement dominés par le sens des affaires, dirigent les journaux de la foule. Ils régissent en somme l'opinion. Les ministres doivent composer avec eux, car une attaque vigoureuse des rédactions peut renverser un gouvernement, détruire une popularité, provoquer des émeutes, empêcher une guerre indispensable, faire échouer un emprunt, grossir l'importance d'une grève ou d'un incident diplomatique etc., etc. Ces cinq personnages tiennent dans leurs mains la vie nationale. Ils sont vraiment les dictateurs de la France. Exemple : Opposés, pour des raisons devinables, à l'impôt sur le revenu, ils empêchent tout ministre, depuis dix ans, de faire aboutir cette réforme, bien que les électeurs la réclament en votant pour tous les candidats favorables à ce dessein. Par bonheur, les chefs n'abusent pas de leur pouvoir dans le plus mauvais sens. Mais qu'ils disparaissent? Que d'autres les remplacent, moins vertueux. L'alliance entre ces nouveaux maîtres et les foules qu'ils sauront influencer par des concessions aux instincts honteux, cette alliance peut perdre le pays, le vendre, le mettre à feu et à sang après l'avoir définitivement abêti. Et cette crainte n'est pas très chimérique.

Au cours de son admirable ouvrage de sociologie, « l'Opinion et la foule », Tarde sut démontrer que les imprimés, et non les propos, inspirent les sentiments des hommes depuis un siècle : « Les journaux ont commencé, dit-il, par exprimer l'opinion d'abord toute locale de groupes privilégiés, une cour, un parlement, une capitale dont ils reproduisaient les commérages, les discussions, les discours ; ils ont fini par diriger presque à leur gré et modeler l'opinion en imposant aux discours et aux conversations la plupart de leurs sujets quotidiens. » L'énorme influence de la littérature classique sur les âmes « généreuses » de l'Empire et de la Restauration ; puis de la littérature romantique sur les âmes passionnées que régirent Louis-Philippe, le second Empire et l'Ordre moral ; enfin de la littérature naturaliste sur les esprits incrédules et narquois du temps présent : tout cela fut pourvu de force suggestive, obsédante par la multiplication formidable des feuilles. Nées de l'observation psychologique, justifiées par la déduction des philosophes, vulgarisées par les fables des poètes et des romanciers, objectivées et adaptées au phénomène du jour par l'ironie du chroniqueur, l'adresse du reporter et l'imagination du feuilletoniste, quelques sortes de jugements conquièrent, sous cette dernière forme, le total des consciences. A supposer que ces jugements fussent demeurés dans le cercle des psychologues et des philosophes, ils eussent mis un siècle pour se propager, alors qu'en vingt ans ils deviennent, à notre époque, les maîtres d'une patrie. Jean-Jacques Rousseau livre à l'imprimerie, en 1755, son discours sur « l'Origine de l'Inégalité », et en 1762 son « Contrat Social ». Dès 1789, les hommes de la Révolution, imbus de ses idées, triomphent. Il a fallu trente ans. Vers 1880, Zola dresse la thèse positiviste contre l'hypocrisie bourgeoise. Moins de trente ans après, la bourgeoisie se défend tout anxieuse contre les avant-coureurs du prolétariat près d'être victorieux. Les libelles de 1789, les journaux de 1900 ont ébranlé les croyances les plus solides. Aujourd'hui, cette force évidente repose entre les mains de six personnes omnipotentes que conseillent vingt ou trente autres à peine : financiers, parlementaires, diplomates. A cinquante au plus, ils créent l'opinion publique, et sans autre contrôle que celui des commanditaires. Selon leur convenance, ils filtrent les idées comme les faits. Ils laissent parvenir à la foule uniquement ce qu'ils veulent. De même à Londres, à New-York, à Vienne. Voilà les fauteurs de l'avenir. L'humanité sera stupide ou intelligente, pacifique ou belliqueuse, propriétaire ou communiste, au gré de ces directeurs de journaux et de leurs actionnaires.

La presse fait l'opinion, totalement, sauf en quelques groupes très éclairés, mais sans pouvoir.

Or, de toutes les défaites que subirent nos pères, aucune n'égala celle de Sedan pour les conséquences néfastes. La guerre de cent ans n'avait pas tant affligé les amis du roi de Bourges, car ils purent, assemblés derrière la Loire, recréer une force capable de recouvrer les deux tiers de la Patrie sur les soldats d'Angleterre. Huit ans après Waterloo, le duc d'Angoulême mena nos armées de Bayonne à Cadix, au Trocadéro, en une marche victorieuse et prompte ; puis occupa l'Espagne entière plusieurs saisons, y consolida le régime souhaité par les Chambres françaises de la

Restauration. Suivirent la délivrance de la Grèce, la conquête de l'Algérie, la prise de Rome, de Sébastopol, la bataille de Solférino, l'expédition de Pékin, cela en moins de trente ans. La presse a gagné en influence ; et depuis trente-huit ans nous vivons tremblants et terrés, parce que, en 1870, notre état-major, mal instruit, mal commandé, se trouva devant les généraux allemands qui décalquaient sur notre Lorraine le plan conçu par Napoléon avant Iéna, avant Lübeck. Vers 1898, pourtant, nous récupérâmes toute notre vigueur militaire. Nous pûmes alors dresser devant l'ennemi une armée formidable, munie de la meilleure artillerie, d'une infanterie à l'endurance exemplaire, d'un état-major savant. Et puis cet effort n'ayant pas été utilisé, nous semblons aujourd'hui revenus à la faiblesse de 1875, lorsque notre flanc saignait encore de toutes les blessures reçues. Le Prussien interdit à nos troupes républicaines de rétablir dans le Maroc l'ordre que troublent des prêtres fanatiques et de féodaux ambitieux assassins de nos ouvriers, de nos docteurs installant là-bas la bienfaisance des voies ferrés, des dispensaires. Chez nous, la presse seconde les adversaires. Elle soutient même des orateurs aveuglés par l'esprit de secte qui se font les panégyristes de l'ennemi. Antipropriétaires, ils nous interdisent de pénétrer dans la propriété des massacreurs. Anticléricaux, ils approuvent la fureur cléricale des ulémas. Amis du travailleur, ils vantent ceux qui tuent notre ouvrier allant quérir là-bas un salaire meilleur, et apportant l'aide de son art afin de multiplier les bénéfices des pasteurs et des laboureurs indigènes, vendeurs de bétail, de peaux, de céréales, toutes choses transportables vers les ports de commerce au moyen des wagons et des locomotives. Pourquoi ces absurdes contradictions? Parce que la majeure partie de la presse flatte la couardise de la foule afin de gagner pour lecteurs tous les lâches.

Les uns en affirmant la décadence de notre armée, l'ineptie de nos ministres et l'insuffisance de nos moyens ; les autres en déclarant ouverte l'ère de l'embrassade universelle et infâme toute action militaire, nationaliste ou socialiste, les journaux propagent la peur ; la peur d'une guerre européenne consécutive aux complications d'Afrique. Mais pourquoi cette peur? Depuis trente-huit ans, nous prodiguons les milliards afin d'instruire, d'équiper, d'armer la nation qui connut les gloires de Valmy, d'Austerlitz et de Moscou, les victoires plus récentes de Sébastopol et de Solférino. Pourquoi s'imaginer toujours la défaite quand on a fêté tant de triomphes! Certes, l'Allemagne est redoutable. Mais nous aussi. Sa situation financière embarrassée l'empêche même d'aller plus loin que la jactance, comme l'affirma si justement M. Delcassé. Dans la rude épreuve financière que le krach de New-York imposa naguère aux banques d'Europe, n'est-ce pas la nôtre qui put élever le moins le taux de son escompte, et pourvoir les Etats-Unis de l'or demandé? Cette évidence seule suffit à nous donner le réconfort nécessaire. Car avec l'argent nous pouvons, par la supériorité mécanique de l'armement, compenser l'infériorité du nombre, d'ailleurs peu importante encore. Multiplions les batteries, les transports automobiles, les chemins de fer stratégiques, la flotte et les dirigeables jusqu'à ce que notre puissance visible inspire à l'adversaire le renoncement. Cela est possible. Cela peut s'accomplir rapidement. C'est notre devoir de le faire. Car il importe que notre nation et sa culture demeurent au rang des races maîtresses sur le globe par l'énergie matérielle aussi bien que par l'énergie spirituelle.

Mais nous avons un ennemi pire que tous les autres que ceux du passé, que ceux du futur. Cet ennemi c'est nous-même et notre esprit férocement critique de nos œuvres. La presse le sert avec un entrain satanique. A force de se dénigrer mutuellement, les écrivains, par exemple, en sont arrivés à rendre le public insoucieux de leurs efforts. Il aime mieux lire les biographies des assassins que celle des romanciers, des philosophes ou des poètes. Le récit copieux d'un meurtre, même s'il se répète quotidiennement, intéresse non seulement la foule, mais l'élite qui réclame cette pâture de ses journaux, et n'exige jamais l'avertissement des idées que les livres engendrent ou totalisent. Cent poètes vivants produisent aujourd'hui des œuvres meilleures que celles des Racine, des Musset et des Lamartine, égales presque à celles des Ronsard, des Hugo et des Heredia. Qui le sait? Pas même les littérateurs empressés à quérir les défauts minimes et insignifiants de ces poèmes afin de ruiner la fortune de l'émule. Ainsi renseigné le public suit sa niaiserie et se rue sur les sottises de quelque Pierre de Coulevain au lieu de dévorer les œuvres des Rosny, des Élémir Bourges. Qui pourra jamais dire pourquoi, approuvés par les journaux, tant de gens aiment affirmer leur bêtise en avouant leur enthousiasme des vaudevillistes qui, tous les soirs, retournent l'adultère sempiternel sur le gril des diverses scènes parisiennes? Taine, Albert Sorel, voire Montaigne et Flaubert, ces hommes dont le génie synthétisa l'âme latine de nos races, sont moins connus du monsieur et de la dame que les âneries incarnées par les filles de théâtre. L'assassin et le vaudevilliste sont devenus les idoles de l'élite française. Elle n'a d'oreilles, d'yeux, de sens que pour l'apache et le faiseur de dénouements. Effroyables corrupteurs de l'esprit national, les cinq ou six directeurs de journaux accélèrent cette décadence de la mentalité générale en élaguant de leurs gazettes, le plus possible, les idées, les excellences de notre âme.

En aucune époque le génie français n'a tant produit. Mille personne composent des romans agréables avec la facilité que ne possédaient pas nos grands-pères pour écrire un billet. Je reçois environ quatre ou cinq de ces livres par jour. Il est rare qu'un d'eux soit feuilleté sans offrir une page au moins digne des plus illustres entre nos observateurs, penseurs ou poètes d'autrefois. Mais tout le monde ignore cela. Tout le monde préfère savoir que Mlle Amanda se déplace, pour chanter, dans le Midi, six couplets d'opérette.

Notez que je ne parle pas de la foule, du peuple, mais de l'élite, ce million de bacheliers ou de personnes vivant au milieu de leur atmosphère spirituelle. Ces gens, je le répète, auraient pour devoir de maintenir le niveau intellectuel du pays à un certain étiage. Munis de places, d'honneurs, assurés d'une vie régulière et d'une retraite, pour la plupart, les magistrats, officiers, ingénieurs, fonctionnaires et professeurs abandonnent trop le soin de cultiver leur esprit, une fois qu'ils ont la toge sur le dos, le galon sur la manche, ou la commission dans leur poche. Comparez à leur nombre celui des abonnées aux revues, celui des acheteurs chez le libraire. C'est une dérision. Les bacheliers se démènent pour entendre gratuitement un drame imbécile, une comédie banale. Parfois même ils déposent un louis au bureau de location. Ils payent assez cher des tonneaux de vin médiocre, hostiles à l'estomac. Mais quelles sommes sont vouées à l'acquisition de nos livres historiques? Moins que rien. Les éditions des œuvres que publient les Hanotaux, Albert Vandal, les Frédéric Masson, les Henry Houssaye, les Lenôtre, les Madelin, devraient se multiplier par cent et par mille si cette caste de bacheliers avait le moindre souci de connaître un peu l'âme de la France qui les éduqua, les nourrit et les protège.

A défaut de l'histoire, que les indolents traiteront peut-être d'ennuyeuse, apprécient-ils du moins les romans où les idées se mêlent à la vie sentimentale et passionnelle? Le chiffre des éditions de Balzac et de Flaubert demeure loin des totaux qu'il serait rationnel d'attendre en un pays de lettrés. De même pour les œuvres contemporaines dignes de ces grands hommes. Trente écrivains admirables continuateurs de l'esprit encyclopédiste créent de nouvelles synthèses unissant le réalisme de la vie aux mystérieuses influences des lois supérieures. C'est par centaines de mille que les bibliothèques devraient s'ouvrir devant chaque livre de ces auteurs. Le compte est différent. Seul Zola reçut l'hommage qui seyait. Hélas, nous aimerions ignorer les raisons pour lesquelles son art conquit le prestige nécessaire à la culture française, alors que vingt romanciers de mérites divers mais de valeur égale eussent dû pénétrer aussi les masses profondes de cette élite.

Méprise-t-elle le conte et veut-elle s'assimiler uniquement des ouvrages sérieux? Le docteur Lebon vient d'instituer une bibliothèque où les savants extraordinaires de notre époque prêchent, d'une manière accessible pour tout homme instruit, les merveilles de la recherche. M. Poincarré, pour la mathématique, M. Dastre et M. Le Dantec pour les problèmes biologiques, le docteur Gustave Lebon, pour l'évolution des Forces, y publient des œuvres insignes. Les cent mille disciples effectifs de ces auteurs se réduisent encore à dix ou douze mille, et à peine.

Cette abstention des bacheliers devant le livre est déplorable. On dit que le journal les informe. Oui, s'ils suivaient assidûment les deux ou trois feuilles vouées à la divulgation rationnelle des sciences, des arts, de la politique mondiale. Mais ces deux ou trois feuilles ne réunissent pas cinquante mille fidèles en France. Le million de bacheliers se vautre donc sur les gazettes à catastrophes, comme les cinq cent mille cabaretiers et les millions de portiers. A quoi bon, dès lors, leur supériorité mentale consacrée par les diplômes, les traitements, les honneurs? Et que peut attendre d'une telle élite la France qui la forma de son sang et de sa pensée gréco-latine jadis dans les familles prospères, naguère sur les bancs de l'Université? Rien que la déchéance prochaine.

Nous possédons tous les éléments de résurrection. Si les journalistes allouaient aux livres magnifiques parus chaque jour le nombre de colonnes qu'ils allouent aux assassinats et aux scandales quotidiens, cette grande élite apprendrait sa richesse. Elle en profiterait. Elle accroîtrait les puissances de son énergie. Elle récupérerait sa noblesse. Malheureusement, l'esprit de critique excessive a détruit sa confiance en ses apôtres. Cette critique que l'on aperçoit dans toute son horreur au Parlement rendu désormais incapable par la peur des interpellations saugrenues, cette critique nous a dégoûtés de nous. D'autre part, l'étranger a recueilli ces attaques de nous-mêmes contre nous-mêmes. Il les a magnifiées. Il a conclu que nos défauts seuls étaient positifs, que nos vertus étaient négatives puisque nous nous empressions de les contester. Les Conservateurs déclarant l'armée détruite par le gouvernement radical, les Unifiés attestant la couardise du peuple, les anticléricaux calomniant la propagande de nos missions dans les pays religieux d'Orient, les progressistes conseillant aux riches la trahison financière et l'exode à l'étranger des capitaux, les amiraux en déclarant, à l'heure de Fashoda, la flotte hors d'état, les généraux en démissionnant avec bruit pour mieux blâmer des ministres indociles à leurs suggestions ; tous ces critiques hargneux de notre force fournissent à l'ennemi des arguments propagés par ses instituteurs, ses professeurs et ses prêtres dans les foules dressées à nous combattre un jour.

Ces arguments ne sont pas seulement nuisibles au dehors. Ils le sont au dedans. Il est des gens pour dire que l'on doit se résigner à perdre la place que nous occupions avant 1870, que nous occupons encore. Selon eux, tout fut admirable de nous jadis. Maintenant, tout leur semble vil. En vain nos ingénieurs ont-ils, les premiers, fait mouvoir, sur terre, sous mer et dans les airs, l'automobile, le submersible, le dirigeable. Cela ne persuade point. Trop d'écrivains, de conférenciers s'attardent à prôner exclusivement les arts d'autrefois sans vouloir reconnaître la parité des arts présents. C'est un sophisme évident de prétendre que *la Princesse de Clèves* et *Candide* sont des œuvres supérieures à celles de Balzac, de Flaubert ou de Zola.

C'est une sottise de soutenir que des peintres comme MM. Besnard et Jacques Blanche n'ont point produit d'œuvres égales aux plus belles des trois siècles précédents. Mais en se référant au passé, on est tranquille. On s'assure d'avoir l'approbation des timides et des envieux, du troupeau. On est certain de ne pas mettre au pinacle des rivaux. Aussi verrons-nous encore maintes gens disserter, pieusement, sur les épingles à cheveux de George Sand et les poux de Musset, au lieu d'accomplir leur devoir en faisant chérir les pensées contemporaines plus dignes d'attention.

Ces manœuvres déconcertent la grande élite. Elle doute de son temps, de ses concitoyens, de ses valeurs.

C'est un mal extrême.

Comment remédier sinon en replaçant sous les yeux des Français la personne morale qu'est la Nation, avec ses idées d'autrefois, sa science d'aujourd'hui, ses justes espérances de triomphe futur.

Ce livre fut écrit afin que la morale de la France survécût à tant de critiques. Alors que tous crachaient sur leur mère, j'ai tenté d'essuyer sa face et de la couvrir avec une couronne de foi.

P. A.

La MORALE
de la FRANCE

I

Amené sur le tréteau médical, palpé, examiné, commenté, le malade, en cette heure, attire les savants autour de ses cancers, de ses tubercules, de ses fièvres. Il excite les rivalités ardentes des thérapeutes. Les théories se combattent. Orateurs et souscripteurs témoignent bruyamment de leurs préférences. Du fond des cliniques berlinoises et parisiennes, l'Allemagne et la France se défient comme au champ clos d'Algésiras. Réduire le mal typhique, le chancre du fumeur, ou la plaie du poumon, vaut mieux pour l'honneur d'une nation que de soumettre les acheteurs marocains au devoir d'acquérir exclusivement sa camelote. Et c'est un signe de moralité supérieure que cet élan des masses vers ceux qui tentent de les guérir. Les Segond, les Doyen, les Pozzi, les Koch, les Florand, les Behring, susciteront bientôt autant de foi que les apôtres des vieilles religions quand ils amendaient les ulcères des multitudes accourues vers les piscines miraculeuses, avec des bouches prêtes aux abjurations comme aux serments nécessaires.

Toute religion commença par ces enthousiasmes de souffrants qui cherchaient de l'espoir.

Le Christ n'a point omis de ressusciter Lazare avant de mourir lui-même sur la croix. Aujourd'hui, les médecins préparent au culte de la Science, par des moyens pareils. Et cela d'autant plus que les panacées empruntent leurs références dans les laboratoires du biologiste, du chimiste et du physicien. Depuis quelques années, la médecine propre est cultivée par les intelligences autant que les lois des Forces naturelles. De la radio-activité on exige un traitement propre aux cancers superficiels. Aussitôt, les théories supérieures relatives à la composition de la matière sont établies, vulgarisées. Les physiciens décrètent qu'elle est un mouvement assez rapide pour qu'il offre seulement l'impression de résistance à nos facultés. Un centime de bronze, assure M. G. Le Bon, est une force qui se contracte et tournoie, qui est capable, si l'on savait la détourner, de mouvoir longtemps un train express et d'épargner ainsi une dépense de soixante mille francs. La substance d'un centime vaut soixante mille francs d'énergie incluse dans les rythmes de sessions, principes de chaque atome matériel en giration. Le soin de traiter une affection cancéreuse oblige à méditer sur les hypothèses les plus surprenantes des biologistes.

Quand les médecins arrêtent les effets de la gastro-entérite, spéciale au nourrisson, par des injections sous-cutanées d'eau de mer ; quand, par ce moyen très simple, ils obtiennent la prompte cicatrisation des plaies tuberculeuses et syphilitiques invétérées sur le derme, ces cures inattendues contraignent à méditer sur la persistance du liquide marin originel dans la vie des cellules animales. Quiconque s'intéresse aux malades soulagés ainsi, veut savoir la cause du salut. La curiosité s'excite. On étudie la thèse de M. Quinton, qui démontre l'association de l'eau de mer à notre milieu organique. On apprend qu'un homme est une colonie de cellules océaniques, une manière d'aquarium salé dans lequel respirent, agissent, réagissent toutes les puissances constitutives de notre individu. Nous portons en nous une petite mer équivalente au tiers de notre poids. Telle jeune personne, à qui la balance attribue soixante kilogrammes, contient vingt kilogrammes d'eau marine. Et ce liquide épars dans nos chairs est identique, par ses éléments moléculaires, aux masses qui composent les vagues de l'Atlantique ou de la Méditerranée.

On se rappelle les expériences révélatrices qui signifièrent, il y a peu d'années, au monde, cette évidence. M. Quinton fit saigner à blanc des chiens. Lorsqu'ils parurent morts, il fit remplir leurs veines d'océan. Le lendemain, ces animaux trottaient comme devant. Cinq jours plus tard, ils avaient entièrement reconstitué leur hémoglobine. Ils semblaient plus agiles qu'avant l'épreuve. M. Quinton put ensuite introduire des quantités énormes de ce sérum naturel en plusieurs autres bêtes, de façon à substituer le milieu purement marin au milieu intérieur dans lequel évoluaient les cellules vivantes. Durant toute l'expérience, les quadrupèdes demeuraient normaux. Seul, un surcroît d'activité dénonça les phases de la modification intime. Enfin M. Quinton réussit à faire subsister, dans une flaque de mer, les globules extraits du sang humain. Preuve manifeste d'une indubitable parenté entre le milieu organique et le milieu neptunien. Car ces délicats globules étaient réputés comme inaptes à vivre hors de leur ambiance ordinaire. Ainsi nous possédons aujourd'hui le sérum essentiel. Si une cause pathologique trouble notre sang, avec la chair qu'il sature et sustente, une simple injection d'océan renouvellera leur vigueur. Quel que soit le mal infligé par le destin au patient, le mode thérapeutique demeure le même ; l'amendement s'accomplit de pareille manière ; le rajeunissement des liquides organiques s'opère selon une constance exacte. Donc, les maladies les plus différentes peuvent être traitées selon cette formule. Rien n'empêcherait, par exemple, de changer le sang des fiévreux typhoïdiques.

L'importance extrême de la découverte fut consacrée par M. Dastre, membre de l'Académie des sciences, lors d'une séance annuelle de l'Institut. Solennellement, le discours de ce savant établit la justification de la théorie consécutive aux travaux de M. Quinton. Il en résulte cette vérité.

A l'origine, la vie organique naquit dans les eaux qui recouvraient la planète. Le refroidissement du globe étant survenu, il y eut tendance à maintenir la haute température précédente. Ingénieusement, dans la *Revue de Métaphysique morale*, M. Jean Weber expliqua comment cette préservation de la chaleur ne pouvait être obtenue que par une combustion. Celle-ci récla-

« Vénus elle-même n'a-t-elle pas jailli du flux... » (Estampe ancienne.)

mant, pour se produire, des matériaux et de l'oxygène; il se créa lentement des tubes digestifs et respiratoires, appareils de calorification, qui furent les premières ébauches animales. La nécessité de transporter la tiédeur acquise par ces deux fonctions engendra l'appareil individualisme orgueilleux ! Et quel admirable fondement pour la morale de la solidarité, de l'altruisme, de la fraternité sociale !

Tous les êtres, selon la théorie de M. Quinton, comportent une hérédité marine. Nous pouvons compter au nombre de nos ancêtres les molécules de l'océan; Néréides et tritons, nous fûmes enfantés jadis par les vagues, comme la mythologie l'enseigne. Vénus elle-même n'a-t-elle pas jailli du flux avec toute la splendeur de l'humanité parfaite ? Protée, dieu du transformisme, était fils de Neptune et gardait les troupeaux des formes dans les glauques profondeurs. Il semble que le symbolisme grec masque simplement la connaissance très antique de la thèse due à M. Quinton. Les fables de l'Hellade la pressentirent.

Depuis cet âge lointain, si la vie se métamorphosa en une variété de types innombrables, elle ne se dépourvut jamais de sa substance première. Dans les os et les chairs, elle concentre le sel des plus vieux océans ; elle y maintient la température initiale. Et voici le principe nouveau que l'on peut déduire de ce contact.

En face du transformisme aujourd'hui triomphant, indiscuté, en face de l'idée que Lamarck et Darwin inaugurèrent, une autre vérité s'instaure. A la vie mobile et plastique dans ses formes extérieures, à la vie en perpétuelle évolution, s'ajoute la vie profonde et certainement immuable du milieu marin.

Écoutons plutôt M. Dastre parlant aux membres de l'Institut :

« Le sel ne nous a été ici qu'une occasion de montrer le souci que prend la nature d'assurer la fixité de tous les constituants essentiels du sang, et même de ses conditions physiques. Dans ce liquide nourricier, tout est constant en qualité et en quantité, aussi bien chez les animaux que chez l'homme. La nature si changeante, si variée dans les autres domaines, devient ici un modèle de constance. Une si remarquable fixité, mise en regard de la variété des formes animales, des genres de vie et des habitants, nous avertit que nous sommes en présence d'une loi naturelle de haute importance. La signification en apparaît bien vite, si l'on consent à prendre le mot de sang, comme tout à l'heure le mot de sel, dans son acception la plus étendue. Il s'agit d'assurer l'invariabilité de la vie élémentaire.

« Chez tous les vertébrés, le taux du chlorure de sodium, dans la liqueur sanguine, est sensiblement le même. La proportion, constante dans une même espèce, ne varie pas de plus de deux millièmes (de 8 grammes à 6 grammes par litre) quand on passe des mammifères aux reptiles et aux poissons.

« ... Mais ces variations qui, en elles-mêmes, ne sont pas négligeables, sont insignifiantes en comparaison de la diversité prodigieuse des formes spécifiques et des changements du milieu cosmique. Les êtres vivants diffèrent infiniment plus par leur morphologie que par leur physiologie. L'obéissance à la loi d'adaptation régit les formes animales ; la résistance à l'adaptation régit la vie animale...

« ... A mesure que le milieu devient plus fixe, la vie est plus parfaite : la supériorité physiologique de l'animal se mesure au degré de cette fixité. A mesure qu'elle est plus rigoureuse, l'être animé est rendu plus indépendant des contingences extérieures, des changements de l'alimentation et des vicissitudes du monde ambiant. Et l'homme, enfin, peut vivre dans tous les climats, sous toutes les latitudes, au milieu d'une nature hostile, parce qu'il y transporte, avec son milieu sanguin, fixe, le home héréditaire, familier et confortable, auquel sont habitués ses éléments anatomiques, seuls dépositaires de la vie...

« ... Si l'on met cette unité du fonds vital en regard de l'infinie variété des formes, des structures des aspects, on ne peut s'empêcher de comparer l'œuvre de la nature à celle d'un fondeur qui jetterait, dans des moules spécifiques, à chaque instant modifiés et adaptés aux besoins du jour et aux suggestions de l'heure présente, un métal toujours le même. Et ainsi, en face du transformisme illimité, effréné, éperdu, des formes zoologiques, se dresse, en un saisissant contraste, la fixité relative du fonds physiologique. »

Devant la loi d'évolution posée par Darwin, une loi de fixité s'édifie. Parallèlement, elles dominent toutes les manifestations de l'être.

Or, que l'on songe à l'influence prodigieuse de Darwin, et de sa pensée sur tous les esprits scientifiques, littéraires, artistiques et politiques ; que l'on compte les hypothèses et les systèmes construits à la suite de cette donnée fort exclusive ; que l'on suppute, en outre, les multiples conséquences morales et spirituelles de la formule trouvée par M. Quinton ; et l'on imaginera combien les philosophies, les lettres, les arts, la politique, peuvent s'exercer en commentant et en symbolisant le principe de fixité, en considérant, sous leurs

1.

mille aspects, les origines et les destinées de l'Homme Océanique. Une fois de plus, le principe de transformation et le principe de tradition sont recommandés par la science comme les deux forces indispensables à la vie, à celle des sociétés, aussi bien qu'à celle de l'individu.

CHAPITRE II

Il y a plusieurs années, quelques personnes intelligentes et riches organisèrent une mission destinée à l'étude de l'homme préhistorique tel que de nouvelles hypothèses le supposent depuis la découverte d'un crâne insolite dans le terrain tertiaire de Trinil, à Java, province de Madioun. Là, parmi les traces d'une coulée de laves, le docteur R. Dubois recueillit un fémur digne d'Hercule, plusieurs dents de forme intermédiaire entre celles de nos aïeux et des anthropoïdes, une calotte crânienne rappelant la contexture des têtes chelléennes jadis exhumées du sol quaternaire de Spy (près Namur).

Surpris par le cataclysme volcanique, avec certains animaux de l'époque pliocène, l'ancêtre, par cette mort, nous renseignera sans doute sur la question de savoir si l'Asie ou l'Europe engendrèrent nos premiers parents.

Jusqu'en ces dernières années, on soutint que l'Asie

fut le berceau d'Adam. Sur le plateau central, les premières tribus chasseresses auraient pullulé, puis, de là, se seraient répandues vers les points cardinaux du vieux continent. Mais cette théorie cessa naguère d'être prisée. Des recherches anthropologiques récentes, la réunion des témoignages recueillis dans les régions diverses convainquirent les savants d'autre manière. Simultanément, en tous lieux, pendant la période qui suivit le premier recul au nord des glaces polaires, serait apparu l'homme chelléen de qui les ossements furent reconnus dans notre terrain quaternaire, avec des outils de silex taillés par éclats et nommés *coup-de-poing*, armes primitives servant à renforcer l'action de la griffe humaine. Nos redoutables ascendants chassaient alors le mammouth. Ils semblent avoir suivi les migrations de ces proboscidiens qui fournissaient à l'appétit des hordes, outre la viande en abondance, les fourrures propres à garantir contre le froid. Beaucoup d'outils identiques furent trouvés en Sibérie, autour du lac Baïkal, près de Tomsk, à côté d'un squelette dépecé et carbonisé de mammouth, au Japon, près de Beyrouth, à l'est de Tyr, dans la Galilée, en Phénicie, vers Madras, au Bengale. L'Europe et l'Asie avaient donc produit dans les mêmes périodes, interglaciaire et postglaciaire, leurs Adams nés avec la flore des prairies et des forêts, alors que s'atténuaient les rigueurs du climat.

Concevoir l'outil, l'arme, c'est-à-dire adjoindre aux moyens naturels de défense un moyen artificiel et mobile, semble la première faculté éminemment caractéristique de l'espèce humaine. Ni les animaux les mieux domestiqués, ni les bêtes libres dans les solitudes, n'inventèrent ce mode d'asservir la nature. Les oiseaux construisent des nids ; les castors établissent des barrages ;

les fourmis élèvent, pour leurs métairies, des troupeaux de pucerons à lait, mais la vigueur de l'élan personnel n'est pas accrue par l'emploi de l'arme. Au nombre des objections qui refusent le titre d'homme au *pithecanthropus* du docteur Dubois, celle alléguant l'absence d'outils auprès des os ne vaudrait pas le moins. A vrai dire, en Birmanie, les couches de miocène ou du pliocène inférieur (tertiaire) contiennent des éclats de silex. En 1897, M. Noetling indiqua même un os d'animal, peut-être volontairement poli et d'origine pareille. Le *pithecanthropus* aurait droit, dès lors, à notre salut égalitaire. Ce serait bien en Asie qu'Adam aurait connu d'abord le bonheur du sourire pour Eve, devant les décors du paysage tertiaire, selon les théories du même Moïse.

Depuis les merveilleuses légendes préhistoriques écrites par l'art des frères Rosny, nous n'ignorons plus tout des sentiments et des vies propres aux premiers hommes. Eyrimah, Vamireh persistent dans nos mémoires littéraires qui scandent les phrases de ces pages héroïques. L'ésotérisme nous apprit en outre à comprendre les trois sens hiératiques de la Genèse, et comment Aïscha ou Eve représente la volonté potentielle des premiers humains sous le symbole concret de la femme, objet du désir permanent, des appétits d'éternité et de beauté. L'anthropologie moderne s'ajoute de la meilleure façon aux données de l'art et à celles de la science occulte. Commanditant les chercheurs qui vont reconstituer l'existence du *pithecanthropus erectus*, les mécènes font œuvre pieuse. D'après leurs enseignements prochains, la théorie pourra florir qui décrira les transformations du genre humain, ses migrations les plus anciennes, les civilisations des origines. Ensuite nous apprendrons raisonnablement quelles sont les races parentes de notre peuple, quelles sont celles nécessairement hostiles, et celles dont les affinités se peuvent accorder avec les nôtres.

A lire l'ouvrage de M. Deniker qui rassemble, en un corps parfaitement compact de solides et scrupuleuses généralisations, les doctrines relatives aux *Races et peuples de la terre*, on reste tout d'abord stupéfié : il y a contradiction entre les agglomérats géographiques, linguistiques désignés par les noms des patries, et l'exacte vérité des cousinages humains.

Si les nations s'étaient formées, en Europe, d'après les caractères physiques analogues de leurs individus, d'après les indices somatologiques, pour s'exprimer pertinemment, les Etats, au lieu d'occuper les pays dans la direction sud-nord, en longitude, s'étendraient en latitude.

Car la race nordique, dolichocéphale, blonde et grande, aux yeux clairs, à la face allongée, au nez droit, proéminent s'étale sur la Suède, le Danemark, la Norvège, l'Ecosse, l'Angleterre septentrionale et orientale, l'Irlande, les îles Féroë, la Hollande, parmi les Frisons, dans l'Oldenburg, le Schleswig-Holstein, le Mecklembourg, les provinces baltiques et la Finlande. Une fédération de ces pays se vanterait justement de composer une patrie homogène réunissant des individus de même race, de mêmes coutumes et de mêmes mœurs. Or, ces régions demeurent divisées entre six empires aux frontières strictes et qui se prétendent différents. Erreur absolue. Les Anglo-Saxons, par exemple, ne sont qu'une tribu germanique, et le Danemarck eut mauvaise grâce de se rebiffer contre l'absorption par la Prusse. D'autant moins discutable semble cette opinion de la science, que tous ces peuples ont adhéré à une même philosophie théiste satisfaisant leurs caractères uniformes.

La grande race celtique-cénévole, brachycéphale, de petite taille, brune, à la face arrondie et au corps trapu, règne sur les Cévennes, les Alpes occidentales, la Bretagne, le Poitou, le Quercy, la vallée du Pô, l'Ombrie, la Toscane, la Transylvanie, la Hongrie. Elle se mélange aux habitants du Piémont, de la Suisse centrale et orientale, de la Carinthie, de la Moravie, Galicie, Podolie, de l'Italie moyenne. Très probablement elle descend des brachycéphales qui, partis de la vallée du Danube, au début de l'âge de la Pierre polie, gagnèrent la Suisse, envahirent l'Occident et imposèrent aux dolichécéphales la civilisation dite à tort « aryenne » qui substitua l'agriculture avec élève du bétail au jardinage par le moyen de la houe, et qui propagea les dialectes à suffixes, réalisa l'unité des idiomes pendant l'âge des métaux, ouvrit la grande voie de commerce pour l'ambre et l'étain entre la Scandinave et l'Archipel, inventa l'usage du cuivre, martela les premiers outils de bronze en Suisse, centre initial, transporté plus tard dans les Carpathes, où les langues se divisèrent, comme le rapporte le mythe de Babel, se propagèrent en deux courants, l'un oriental enseigné par les Slaves aux tribus du Caucase, de l'Asie, sous forme de sanscrit et d'iranien, l'autre, occidental, révélé, sous forme de patois germaniques, latins, helléniques.

Aux temps de l'Histoire, tous les faits importants surgissent au milieu des peuples que cette race féconde. Elle envahit le Jutland et l'Angleterre ; elle devient la force des Bretons qui vont redescendre, au ve siècle avant Jésus-Christ, par les Gaules océaniques, jusque dans la Galice espagnole pour fonder le groupe celtibère. Seulement alors les annales de la péninsule commencent. En 392 avant Jésus-Christ, cette race culbutera les Pélasges-Étrusques, prendra Rome, puis courra dans l'Asie antérieure pour instaurer l'empire des Galates, vers 279. Quand l'auront domptée les légions de César, elle acceptera très intelligemment la civilisation latine, l'affermira dans l'armature du christianisme, la défendra contre les invasions d'Orient. C'est dans son sein que toutes les barbaries viendront se transformer au creuset des fonts baptismaux. Elle engendrera la cité, la commune, le mouvement des croisades, la querelle guelfe et gibeline, l'esprit de la Réforme précurseur de la Révolution. C'est la race pensante, accueillante, vivifiante, unifiante. On lui doit tout : l'alliance des esprits chaldéo-égyptiens, hélléniques et latins avec la force scandinave. Elle n'est pas même une patrie. Catholique ou orthodoxe, sa multitude œuvre sous vingt drapeaux différents, comme sa sœur cadette, la race adriatique très brachycéphale, aux cheveux bruns ondulés, au sourcil droit et au nez fin, qui l'aida puissamment de Lyon jusqu'à Liége entre Loire et Saône, sur le plateau de Langres, dans la Haute-Moselle, les Ardennes, l'Alsace, la Suisse romande, parmi les Latins du Tyrol, les Ruthènes des Carpathes, les Albanais, les Serbes, les Dalmates, les Bosniaques, les Croates, les montagnards polonais, les Petits-Russiens, avec lesquels, mêlée, elle constitua la famille aux yeux clairs, dite subadriatique, et tout évidente dans notre Champagne, en Perche, Lorraine, Vosges, Franche-Comté, Luxembourg, Zélande, pays du Rhin, Bavière, Bohême méridionale, Autriche allemande, Tyrol central, Lombardie, Vénétie.

Vraiment l'anthropologie n'est pas indulgente aux théories des nationalités. Elle donne un démenti formel à la géographie politique de l'Europe, sauf à l'organisation de la Suisse. Elle démontre brutalement que les États se formèrent selon le caprice de la barbarie, que les peuples n'ont rien à voir dans les querelles des diplomates, puisque leurs patries naturelles, leurs patries de races, s'étendent en latitude, tandis que les patries nominales s'étendent en longitude. Elle nie le nationalisme des langues imposé d'ailleurs par la conquête, et que contredit celui des signes physiques, infiniment plus normaux. Aucun rapport somatologique ne lie, par exemple, les *Kachoubes*, blonds, petits, agriculteurs paisibles de la plaine, et les *Monténégrins*, bruns, grands, élancés, pasteurs belliqueux de la montagne ; cependant les uns et les autres appartiennent, sans raison, au groupe de Slaves. « Quel contraste plus frappant peut-on imaginer, écrit M. Deniker, que celui entre un Norvégien, grand, blond, marin hardi, dont le pavillon flotte dans tous les ports du monde et le montagnard du Tyrol septentrional, brun et petit, agriculteur sédentaire, dont l'horizon est borné par les cimes de ses montagnes ? Et, cependant, tous les deux sont réunis dans le groupe germanique ».

Les patries rationnelles et conformes aux données scientifiques devraient, en Europe, se répartir au nombre de quatre dans l'ordre suivant :

1° L'empire nordique ou germanique comprenant la Finlande, les provinces baltiques, la Suède, le Danemarck, la Norvège, l'Angleterre, le Schleswig-Holstein, l'Oldenbourg, le Mecklembourg, la Lithuanie ;

2° L'empire oriental ou russe, comprenant les Blancs-Russiens, les Grands-Russiens, les Prussiens, les Polonais, qui réclament à tort contre l'annexion moscovite, les Kachoubes, les Saxons, les Silésiens ;

3° L'empire celtique, réunissant les brachycéphales

autour de la Suisse comme centre, c'est-à-dire les races cévénoles, et ce qu'on a nommé d'abord la race lorraine, puis adriatique ; cela réaliserait l'union de la France (moins quelques provinces au midi et au centre), de l'Alsace-Lorraine, de la Belgique, de l'Allemagne centrale et méridionale, de la Lombardie, de la Vénétie, de l'Autriche-Hongrie, des Balkans et de la Petite-Russie ; après expulsion des Turcs vers l'Asie, où, par compensation, d'ailleurs, ils devraient occuper le pays jusqu'à l'océan Glacial et la vallée du Hoanh-Ho; y compris la Perse, le Caucase, la Tartarie de Sibérie, le Turkestan, la Tartarie du Volga, celle de Kazan ;

4° L'empire du littoral étendu sur l'Italie méridionale et les îles occidentales de la Méditerranée, le long de la côte, depuis Gibraltar, jusqu'à l'embouchure du Tibre, le long du golfe de Gascogne, de l'Irlande nord-ouest, du pays de Galles, du pays basque, installé en Espagne avec des enclaves dans le Périgord, l'Angoumois, le Limousin.

Ainsi devraient se répartir les nationalités véritables, selon les renseignements exacts de l'ethnographie.

On voit combien la politique des rois, par quoi furent constitués les États, satisfaisait peu les règles naturelles de la parenté entre les races. Les monarchistes contemporains, quand ils prétendent, de manière très inattendue, qu'eux seuls observent les principes de la science, ne manquent pas d'audace, dans l'usage de l'affirmation. Qu'on ouvre, au hasard, le premier volume de savoir exact, il les contredit aussitôt. D'ailleurs, ne font-ils pas soutenir à Taine que leur théorie est de précellence ? L'auteur des *Origines*, comme le remarquèrent les jeunes écrivains de la *Revue naturaliste*, appuya précisément la doctrine opposée.

Au cours d'une étude où il commente certaines théories antidémocratiques et royalistes de Balzac, Taine, en effet, a écrit : « Il est clair qu'avec la gendarmerie d'un côté et l'enfer de l'autre, on peut beaucoup sur les hommes et que des peuples exclus de l'égalité par les armes, de la liberté par le despotisme, de la pensée par l'Eglise, seraient trop heureux d'être bien nourris et point trop battus. Des esprits mal faits vous répondraient peut-être que, contre les vices des hommes, « vous cherchez refuge chez un homme naturellement « aussi vicieux que les autres, et encore gâté par la « licence du pouvoir absolu ». Ils vous feraient remarquer que, si une presse et une Chambre libres sont le théâtre d'ambitions rivales et l'organe d'intérêts égoïstes, elles prêtent une voix à toutes les minorités contre toutes les oppressions, et que, dans les grands besoins, le sentiment public les rallie de force autour de la vérité et du droit. Ils vous montreraient que si l'homme est mauvais, ses vices peuvent mettre un frein à ses vices, et que l'orgueil en Angleterre, l'égoïsme bien entendu aux Etats-Unis, « maintiennent la paix et la prospérité « publiques mieux que n'a jamais fait le despotisme « d'une Eglise ou d'un roi. » Ils ajouteraient qu'un bon politique ne s'oppose pas à des penchants invincibles ; que l'esprit de vanité et de justice implante en France l'égalité des conditions et des partages : que l'accroissement de la richesse, du loisir et de l'instruction y implantera la science et le souci des affaires publiques ; bref, qu'on n'empêche pas le feu de brûler, que le plus sage parti est de modérer, de régler et d'utiliser la flamme. Ils concluraient que Balzac, en politique comme ailleurs, a fait un roman. »

Voilà, je crois, des arguments nets et précis. S'il est

juste d'écouter quelquefois les *morts qui parlent*, encore ne faut-il point les faire parler de travers.

Et voilà pourquoi, sans doute, il sied d'applaudir les intelligents mécènes qui facilitent aux savants la recherche, dans Java, du *pithecanthropus erectus*, notre ancêtre du tertiaire. Son squelette et ses outils témoigneront au bénéfice de la vérité scientifique Plus manifeste, elle obligera les gouvernements et les diplomates à moins de mensonges sur les nécessités des haines nationales, ou bien à plus de cynisme, ou bien à plus de sagesse humanitaire.

CHAPITRE III

Dans Arles, les édiles abattirent, un beau matin, toutes les croix dressées sur les bâtiments publics. Chose éternellement dérisoire, cela fut accompli au nom de la Philosophie. La bêtise n'a jamais pu faire une pire injure au savoir. Car le symbole de la fécondité universelle, de la chaleur, du feu, du mouvement et de la génération que forment ces deux lignes qui se pénètrent, depuis les origines, appartint à toutes les philosophies promulguées sous l'apparence de mythes religieux, les peuples étant trop naïfs alors pour comprendre les abstractions de la science pure. Les barbares contemporains n'insultent pas seulement au catholicisme spécial des jésuites, mais aux doctrines des Egyptiens qui sculptèrent sur le flanc de leurs statues la croix ansée, mais aux dogmes des Hindous qui représentèrent de façon analogue le lingam, mais aux doctrines védiques qui composèrent de même le signe du swasti. Renverser la croix en l'honneur de la science, c'est démentir toutes les allégations de cette science qui reconnaît, à l'exemple des religions, le mouvement et la chaleur pour principes de la vie universelle. C'est le plus absurde non-sens que puisse consacrer une action humaine, celle de municipalités anticléricales. Si l'on prétend combattre le médiocre enseignement des prêtres chrétiens et leurs théories bornées, mieux vaut-il démontrer, par des commentaires relatifs à la croix, que toutes nos religions découlent d'une seule, depuis les temps préhistoriques, que leurs variations furent toujours superficielles et que le même symbole désigna leur principe immuable à travers les siècles.

En effet les théologiens certifient que la croix figurée sur la chaire de saint Ambroise, à Milan, est la première que, parmi les disciples des apôtres, on honora. La tige verticale se prolonge vers la gauche de l'adorateur par deux lignes courtes formant avec les extrémités, haut et bas, deux angles droits. De même le bras horizontal se prolonge aux bouts, par deux lignes courtes dirigées vers le sol et formant, avec ses extrémités, deux angles droits. Les zélateurs tracent encore cette même marque sur le front des jeunes bouddhistes. On la traçait depuis le VIe siècle avant l'ère chrétienne, bien avant les prédications de saint Ambroise. Or, cette figure symbolise le premier instrument façonné avec l'intention de produire l'étincelle immédiate dans la caverne de la horde. Au milieu de la tige verticale se trouvait une fossette dans laquelle on échauffait, par une brusque rotation, la pointe fixée sous le bras horizontal. Aux quatre angles des bouts on engageait les doigts pour maintenir immobile, d'une main, la tige verticale, et imprimer, de l'autre main, au bras horizontal le mouvement giratoire capable d'échauffer, puis d'enflammer les parcelles de bois.

Sans doute, et certainement, cette façon rapide d'engendrer le feu demeura d'abord particulière aux chefs, aux prêtres, à ceux qu'ils initiaient secrètement, afin de réserver pour quelques-uns le privilège d'étonner, par ce miracle, la tribu. Très naturellement on en vint à tatouer ainsi le visage des initiés. Cela les distinguait du vulgaire. Les prosélytes du Feu ne tardèrent point à sacrifier, après la victoire, les captifs sur la croix par reconnaissance, en l'honneur du dieu et de son symbole, du fils évident de la Foudre, de tout ce qui chauffe, brûle, éclaire, tonne et terrifie. Prométhée, d'ailleurs, est étendu, les bras en croix, sur le roc du Caucase ; et l'oiseau, qui peut regarder fixement « le Père de la Flamme », vient, prêtre et immolateur sacré, reconquérir, à travers les chairs de la victime, la chaleur vitale du sang. Le dieu irrité reprend son bien au titan ingrat.

L'habitude orientale de mettre les condamnés en croix perpétuait la survivance de l'holocauste offert aux principes générateurs de la vie universelle. Primitivement, on brûlait le cadavre égorgé contre le signe du Feu. Avant de sacrifier son fils, Abraham élève un bûcher dont les fagots supérieurs purent être disposés en forme de croix. Ainsi la victime fut couchée au point central où se coupent les diamètres du cercle infini. Image de l'humanité passive au milieu des forces sublimes, sur cet autel, l'expiatoire restitue au Feu, père des choses, par une offrande sublime, la chaleur du sang répandu que la flamme ensuite va dévorer. Le Feu, le Pur, le Chaste, le Yaj, l'Agni des Védas accepte le sacrifice de la créature qui le pense, le conçoit. Communion suprême de l'unité avec tout. En grec, Agnos voudra dire Pur et Pur est le nom du Feu. Puisque le Krichna hindou, huitième incarnation de Vichnou, messie descendu pour combattre l'ennemi des Dieux, déclarera qu'il est aussi le Soleil, le Pur, le Yaj, l'Agni, nécessairement, notre Messie, le Christ, l'oint, sera nommé Agnos par les premiers chrétiens de langue hellénique. Les disciples latins traduiront cette épithète par Agnus. Plus tard seulement, l'homonymie fortuite entre cet adjectif et le vocable qui désigne le petit de la brebis, nécessitera parmi les âmes simples la confusion entre le Pur et l'Agneau. L'Eglise tolérera, puis adoptera cette erreur. Ses rituels contiendront la prière : *Agneau de Dieu qui effaces les péchés du monde !* au lieu d'exprimer : *Pureté de Dieu...* ou : *Feu Divin.*

Aujourd'hui, il semble qu'on puisse combattre difficilement l'hypothèse de cette filiation directe entre Krichna et le Christ. Instruit par la secte essénienne orientale, Jésus souhaita de recommencer la mission éternelle. Il pensait être une nouvelle incarnation du principe que l'on appelait, dans la vallée du Gange, Vichnou, Rama, Krichna, le Bon Pasteur, Buddha, le Sage. On sait que, selon les prophéties de l'Inde, Vichnou s'incarnera une dernière fois sous l'apparence du cheval exterminateur Kalki, qui d'un coup de pied réduira le monde en poussière. Comparez l'Apocalpyse de saint Jean :

« En même temps, je vis paraître un cheval pâle ; et celui qui était monté dessus s'appelait la Mort, et l'enfer le suivait ; et le pouvoir lui fut donné sur la quatrième partie de la terre pour y faire mourir les hommes par l'épée, par la famine, par la mortalité et par les bêtes sauvages... »

Mais la parenté de Jésus avec l'Agni, avec le Feu solaire, se démontre mieux encore par la date de Noël. Elle

« Prométhée... sur le roc du Caucase... »

(Estampe ancienne.)

survient après l'agonie de l'astre, quand, au solstice d'hiver, il a subi la période la plus courte de sa vie diurne, quand il a paru près de s'affaiblir, jusqu'au terme fatal. Tout à coup la durée de la lumière quotidienne, au lieu de continuer à s'amoindrir, se reprend à croître. Le dieu renaît. Un chant d'allégresse monte des basiliques. Mille cierges allumés célèbrent la nouvelle naissance du Feu. On s'embrasse. On s'étreint. On se félicite. C'est la fête du solstice. La mort de Dieu est conjurée. Noël ! Noël ! Voici le Rédempteur qui va nous tirer de la nuit... *du péché*... ajoutèrent les chrétiens ignorant leurs origines mentales.

Le solstice d'hiver a lieu quatre jours avant Noël ; celui d'été, quatre jours avant la Saint-Jean. La fête de Pâques est réglée d'après l'équinoxe du printemps. Il semble donc très probable que Noël et la Saint-Jean sont deux solennités fort antiques qui, primitivement, coïncidèrent avec les solstices. Personne n'ignore le mouvement rétrograde des points équinoxiaux. La précession des équinoxes est annuellement égale à cinquante secondes, comme Newton le devina. Or, les quatre jours d'écart constatés entre les solstices et les dates de Noël, de la Saint-Jean, correspondraient à une période de sept mille années environ, d'après certains calculateurs. Noël tombait au solstice, il y a sept mille ans.

Nous avons conservé la coutume des cadeaux qui consistaient alors en poteries et aliments cuits au Feu, présents du dieu. A l'époque des étrennes nous échangeons toujours des bonbons et des vases ornés. Les dons du Pur, nous les colportons chez nos amis et dans notre parentage.

Parce que nos ancêtres indo-européens se réjouissaient de la naissance de l'Agni, nous choisissons, entre les trésors des boutiques, les vases somptueux de Gallé, les grès flambés de Carriès et de Delaherche, nous ouvrons, anxieux de satisfaire les goûts difficiles, le grand-livre de Roger Marx sur la décoration française et nous feuilletons les pages où sont dessinées, photographiées, gravées, les œuvres dernières du Feu, du dieu Pur, les objets que créa l'art nouveau des Engrand, des Alexandre Charpentier, des Baffier, des Majorelle, des Carabin, des Wiener, des Tiffany inspirés par les imaginations de nos peintres Besnard, Toulouse-Lautrec, Vuillard, Valloton, Ibels, Sérurier.

La prodigalité de l'antique dieu ne tarit pas. Depuis l'Exposition de 1889 jusqu'à celle de 1900, il inspira tout un singulier effort dont l'esthétique scrupuleuse inscrit les phases. Il y a dix ans, M. Falize commença de montrer ses vaisselles plates, ses plats d'argent ciselé et repoussé, non plus selon les formules du xviiie siècle ou de l'Empire, mais selon celles des talents originaux les plus récents. Gallé déjà ciselait le cristal de ses aiguières pansues, qu'il sut ensuite fleurir de corolles épanouies, de pétales merveilleux, de tiges élégamment infléchies et colorées dans la substance de l'émail. Cela n'imite plus et achève de conquérir une grâce propre à devenir l'exemple dans l'avenir. M. Lalique, l'orfèvre, a rempli les vitrines de ses bijoux étranges où des corps de femmes graciles se contournent et se lovent dans l'or mat qui sertit la perle, le rubis, le brillant, le saphir. Et les millions récompensent le novateur qui fit caracoler une cavalerie d'émail autour de bracelets majestueusement barbares.

Si le type unitaire des formes récemment composées ne semble pas apparaître encore ; si trop d'essais inférieurs déparent l'ensemble de la production, l'art nouveau obtient de la collaboration du Feu plusieurs chefs-d'œuvre déjà. La ferronnerie triomphe vite. Les belles grilles des châteaux anciens équivaudraient mal à celle que M. Genissien sut forger. Le métal se plie sous l'action du dieu en liserons capricieux et légers, en courbes imprévues, mais sans retours durs, sans plis, aux plans heurtés. Jamais le Feu ne rendit la matière plus docile à l'inspiration des modeleurs. Peut-être nous récompense-t-il de la souveraineté que depuis un siècle l'industrie et la science lui confèrent. Imaginant le four électrique apte à concentrer des chaleurs jamais atteintes auparavant, nos chimistes et physiciens lui rendirent un hommage dont le dieu se flatte avec évidence. Et sa gratitude procure au génie de nos esthéticiens la faculté de concevoir des formes extraordinaires et belles pour nos regards.

L'usage de la lumière électrique inspire aux fabricants de lustres des dessins ornementaux non pareils. Tantôt la suspension affecte la forme retombante d'une branche de fuschia, et chaque corolle en verre contient une lueur bienfaisante. M. Jean Dampt en a conçu selon le modèle d'une tige de violettes ; les pétales éclosent et s'épanouissent autour de l'ampoule lumineuse. Les pièces principales d'un mobilier sont acquises. Comptons. Il y a le dressoir courbe, aux ruches savamment combinées, aux glaces convexes d'Alexandre Charpentier; l'admirable lit sculpté et le lustre aux violettes de Dampt ; les chaises et la table fragiles, sveltes, élancées, aux pieds fluides et dorés de M. de Feure ; le dressoir à la vigne, avec ses logettes commodes, outre toute la poterie florissante de M. Gallé ; le bureau orné de bronzes parfaitement délicats, incurvé comme une feuille d'arbre étendu sur le solide appui de pieds doublés, simples et beaux qu'ajusta M. Majorelle ; il y a les bijoux de M. Lalique et leurs courbes recerclées imprévues, orgueilleuses, voluptueuses, malicieuses ; il y a les vitraux autrichiens de MM. Decsey et Carl Geyling qui ne le cèdent pas aux ornementations des verrières encastrées dans les cathédrales gothiques, sans leur ressembler. Qu'on réunisse ces chefs-d'œuvre en une demeure ayant pour façade celle réduite de la Galerie des Machines, une demeure intérieurement parée à l'exemple de la salle centrale des Arts décoratifs, comme l'édifia M. Hoentschell, avec ses hardies arcades de bois ajouré, ses frises sculptées minutieusement. Alors, si l'on rejette l'énorme quantité de camelote, on obtiendra la synthèse d'une décoration neuve, géniale et particulière à notre goût. Un art naît.

Il était impossible que beaucoup d'essais fussent tentés sans de nombreuses erreurs. Elles ont plus influencé notre jugement que ne l'influencèrent les résultats heureux. Voici l'instant de reconnaître les qualités surprenantes des chefs-d'œuvre en évinçant les avortons. Ceux-ci ne doivent point nous rendre ceux-là trop odieux. Les étrennes de 1902, dans les musées futurs, indiqueront à notre descendance les premières victoires d'une création spirituelle dégagée de toute méthode servilement imitatrice. La France doit exporter surtout les produits luxueux de ses ateliers. Hélas, les autres facultés de son industrie et celles de son agriculture ne l'emportent plus sur les mérites pareils des races concurrentes. Notre richesse, et par suite notre puissance dépendent en partie du succès de l'art nouveau. Il convient de l'aider au triomphe en lui faisant conquérir cette unité harmonieuse que notre mobilier du xviiie siècle caractérise excellemment, seul, jusqu'à cette date. Dès 1889, M. Roger Marx a prédit la gloire des tentatives modernes. Il a mené les artistes au labeur. Ses conseils et ses savantes théories valurent au peuple des sculpteurs, des céramistes, des peintres, des orfèvres, des architectes, des ferronniers, le courage d'un travail judicieux et sans relâche. A lui revient l'honneur entier du miracle que les années prochaines verront grandir. En prescrivant la recherche d'une originalité que la tradition française doit seule instruire, il aura pu faire créer de nouvelles merveilles par le génie latin. Il a mis plus étroitement l'homme et le dieu Pur en contact. Il a servi la Beauté, comme ces prêtres des vieux collèges égyptiens qui enseignaient la règle aux architectes et aux maçons des Pyramides, en répandant sur eux la lumière d'Osiris, personnification du Soleil.

L'œuvre du Feu ne s'arrête point. Son signe commande aux esprits qu'enfantèrent les longues séries d'ancêtres adorateurs de l'Agni, d'Ormuzd, de Dzeus, du *Deus* latin, du Lumineux. En vain, des barbares ignorants et sacrilèges abattent les croix, ses symboles. Le dieu continue sa carrière et distribue ses bienfaits à nos races civilisatrices. Donc vénérons-le avec intelligence, même par l'entremise des rituels religieux qu'il inspira tous, et qu'il nous faut observer, en dépit de l'ignorance monstrueuse propre aux divers clergés. Saluons l'Agni védique dans l'ostensoir de nos processions ; et la foudre de Prométhée dans le prêtre recouvert de sa dalmatique où brille l'Agnos essentiel. En même temps que le Christ souffrant sur l'autel de notre cathédrale, remercions Rama, Krishna, le Buddha, les Esséniens précurseurs. Soyons catholiques, c'est-à-dire universels, par l'esprit qui se plaît à concevoir tous les dieux dans le Seigneur étincelant, tous les Prométhées sur les croix où ils saignent par le flanc ouvert. Le catholicisme ainsi révélé, c'est l'âme latine de fraternité qui sut, vers le temps des croisades, réunir toutes les armées de l'Europe en une seule nation fidèle au même insigne du Feu créateur.

Il vit, le dieu, telle une de ces idées platoniciennes que la science sociologique recommence à découvrir : être supérieur dont les peuples sont les humbles organes, les bouches et les bras multiples, les forces objectives, dépendantes et transitoires. L'idée du grand Agni védique se perpétue, pensée positive et immortelle, malgré les injures infimes de quelques politiciens qui se croient des philosophes, niaisement.

CHAPITRE IV

L'auréole des messies, des bouddhas, des saints, qui se développe autour de leurs crânes pour marquer l'efficace de leur pensée persuasive sur les hommes, n'est plus un pur symbole parmi les mythes des religions. Stupéfaite, la Science contemporaine découvre qu'en effet le cerveau dégage une force radieuse. Long de cinq à dix centimètres, un tube de verre, s'il contient une rondelle de laiton enduite de sulfure de calcium phosphorescent, s'illumine quand on approche l'une de ses extrémités contre le front d'un causeur, devant la circonvolution de Broca, source nerveuse de la parole. Tant que la personne dit, la rondelle brille. Au moment du silence, elle s'éteint ; ou, du moins, la phosphorescence diminue très notablement. Que l'on porte le tube au-dessus du sourcil gauche, point opposé à la circonvolution de Broca, le causeur, inutilement, s'évertue. La phosphorescence ne s'accroît point. C'est donc l'effort spécial tenté par un centre nerveux défini qui projette hors de l'être une vigueur matériellement perceptible. Par conséquent, un esprit en travail, un esprit imaginatif qui tâche de grandir son illusion, un esprit en extase, crée autour de son organe une véritable auréole lumineuse. Augmentant le diamètre de la rondelle, et la plaçant derrière le cervelet, les peintres d'images pieuses ne font qu'inscrire une proposition rigoureusement scientifique. Avant peu, sans doute, les chercheurs des laboratoires sauront munir leurs tubes de matières telles qu'elles brilleront devant tous les centres cérébraux, lorsqu'ils agiront intensément par la parole, la volonté, la méditation. Déjà les expériences le promettent.

C'est M. Charpentier, de Nancy, qui a prouvé momentanément cette transformation du travail nerveux en travail phosphorescent.

Il a pu constater que le même phénomène se produisait dès que les nerfs du bras en mouvement étaient présentés à l'appareil. S'il longe le dos, le tube s'illumine au voisinage de la moelle épinière. Un écran préparé brille davantage lorsque, près de sa surface, l'expérimentateur contracte ses muscles, etc... M. Henri de Parville, qui, très scrupuleusement, propage, dans maintes et maintes publications excellentes, les connaissances nouvelles, ne manque pas de prévoir quels arguments les occultistes vont en déduire, pour justifier leurs hypothèses tant raillées. Le magnétiseur protestera qu'il avait raison de croire émettre un fluide dont l'influence sur des fluides nerveux plus faibles pouvait être dominateur des volontés asservies. On sait que la télépathie est, pour deux personnes très sensibles, la faculté de se transmettre à grande distance une pensée véhémente, comme l'annonce d'une mort, la peur d'une catastrophe. N'y aurait-il pas corrélation entre cette faculté et les voyages des ondes hertziennes utilisées par la télégraphie sans fil ? Autrement dit, les rayons humains, les rayons N, ainsi qu'on les dénomme, n'agiraient-ils pas, de personne à personne, comme les ondes hertziennes de poste émetteur à poste enregistreur ?

Nous gardons tous, dans la mémoire, les intéressantes discussions qui s'élevèrent lorsque William Crooks, le grand physicien anglais, photographia le fantôme de Kattye Kings émané d'un médium. Probablement avait-il fixé sur la plaque les rayons N de ce médium en état d'hyperesthésie. Pinçant l'air à quelques centimètres derrière un patient les yeux bandés, incapable de surprendre le geste, M. de Rochas obtenait qu'il criât : « Vous me faites mal ! » N'était-ce pas les rayons N que meurtrissait la main de l'opérateur et qui transmettaient à la peau la sensation, en la localisant ?

Toujours la magie enseigna qu'autour de l'homme physique, une radiation fluidique se pouvait aisément produire. Ainsi les initiés des vieilles religions, les prophètes, les apôtres se transfigurèrent miraculeusement aux yeux des foules. Ils s'enveloppèrent de nuages lumineux, relatent tous les textes ecclésiastiques. Moïse est représenté portant sur le front deux hautes cornes de lueurs. Notons que l'une est enracinée dans le centre de Broca, sur lequel M. Charpentier, de Nancy, réussit son expérience la plus convaincante. Les mages aussi, les initiés d'Egypte et de Chaldée constatèrent la transformation possible de la force physique interne en force fluidique externe, et s'en servirent, par des procédés aujourd'hui perdus, afin d'étonner les multitudes naïves, de leur faire accepter les lois morales et politiques, appuyées sur l'influence du miracle, du dieu.

En sociologie, les applications du nouvel axiome scientifique pourraient être importantes. Exemple : quelques jeunes gens venus de provinces les plus diverses, de pays étrangers, se rencontrent chez un de leurs aînés dont ils aiment l'œuvre. Chacun d'eux débarque avec une forte somme d'ambition individuelle et un bagage de connaissances. Pour conquérir la gloire, ils s'efforcent de s'améliorer en se communiquant leurs goûts, leurs idées, en partageant leurs passions. Au bout de très peu de mois, ils ont créé une âme collective de groupe, très sensiblement différente de celle propre à chaque individualité. Chacun abdique spontanément une part de son caractère. Chacun est attiré, persuadé. Ce groupe admet une discipline. Tous ses membres adoptent les mêmes préférences et les mêmes haines. Leurs fluides se sont pénétrés. Ils sont liés, non par les seules tendances de leurs esprits, mais par une sorte de parenté physique. Ils louent et dénigrent ensemble. D'ordinaire, ils s'en rapportent à leur opinion générale faite par l'influence de tel camarade, acceptée dans tel ordre d'idées, et par l'influence de tel autre acceptée dans tels et tels ordres d'idées. Mais une fois l'agglomération bien cohérente et solide, il y a saturation. Le phénomène des sympathies concordantes s'arrête. Ceux qui se sont assimilé toute l'âme collective s'aperçoivent inconsciemment que le plat est vide. Ils se libèrent. Les utilitaires, conscients de leur acquêt, s'adonnent aux manigances qui promettent le bénéfice immédiat. Les rêveurs dissertent et paressent. Les consciencieux complètent une mentalité dont l'effort doit les récompenser à longue échéance. Les orgueilleux ricanent et demeurent à l'écart. Les actifs tentent d'appliquer leur savoir à toutes les chances de réussite : ils extériorisent l'âme commune.

Et la division du groupe s'opère, à la suite des rivalités inéluctables. La jalousie récupère ses victimes. Les tempéraments se combattent. C'est la fin du groupe. Il y eut trois étapes dans cette évolution. Celle de l'apport sympathique. Celle de l'agglomération défensive et offensive. Celle de la répartition du gain psychique entre les facultés de chacun accrues par l'endoctrinement mutuel, et par cela même très modifiées.

Quel rôle joue, dans cette association, le mélange fluidique des nervosités ? N'est-ce pas lui qui détermine ces sympathies sans raisons, n'est-ce pas lui qui matérialise l'effet des influences volontaires projetées par les passifs sur les actifs ? N'est-il pas le véhicule de la suggestion réciproque ? Bien qu'émises par des corps différents, ses propriétés ne peuvent-elles se combiner entre elles, comme la vigueur positive d'une énergie électrique se combine avec une vigueur négative ? Toute la chimie de la persuasion ne pourra-t-elle, un jour, naître des constatations présentes, et nous expliquer, par des formules nettes, le pouvoir de l'orateur, celui du séducteur, la compacité d'un groupement, les causes de sa dispersion ?

Ainsi, les savants d'aujourd'hui constatent que les rayons infra-rouges du spectre ont une action invisible d'ordinaire mais visible s'ils sont reçus sur une plaque de sulfure de zinc dont ils dissocient la matière jusqu'à susciter une phosphorescence verte. Un navire de guerre peut, grâce à cette découverte, masquer les feux de son projecteur avec un verre noir.

Ce verre noir laisse pourtant passer les rayons infra-rouges qui vont frapper, la nuit, un port, une rade, une flotte.

Réfléchis, ces rayons infra-rouges reviennent sur le

projecteur et le sulfure de zinc en y traçant l'image phosphorescente des objets atteints. Donc, le navire observateur peut voir sans être vu.

Voilà tout une propriété mystérieuse de la lumière qui se révèle, aussi bien que la propriété fluidique des corps humains.

Évidemment, commence une ère tout autre du savoir. Avant peu, les postulats de la tradition antique et des dogmes religieux cesseront d'être en contradiction profonde avec les théories neuves. On s'apercevra que des propagateurs médiocres ont dénaturé les véritables croyances des initiés, des prophètes, des apôtres, des mages. On renouera la chaîne maladroitement brisée par l'intolérance des clergés et le scepticisme facile des professeurs. Certains exégètes établiront que les symboles, les légendes, les évangélistes ne furent que des méthodes pédagogiques par lesquelles les créateurs d'hypothèses téméraires réussirent à persuader l'union, la morale, pour appeler ensuite leurs élites aux mystères de l'initiation, c'est-à-dire à l'explication secrète, mais rationnelle et scientifique des paraboles. On constatera que le savoir ancien fut de prévisions, et de prévisions excellentes, comme le nôtre est d'expérimentation scrupuleuse ; que celui-là fut l'origine nécessaire de celui-ci.

Nul ne conteste plus aujourd'hui la part de l'imagination intuitive dans le jeu des découvertes. Seuls, les créateurs d'hypothèses téméraires parviennent à conquérir la faculté qui devine sans preuve, ou, selon les plus discutables, le réel encore inconnu. On l'a démontré en étudiant le processus psychologique des génies contemporains. Ainsi, les religions et les magismes conçurent les hypothèses que justifient maintenant nos expériences de laboratoire. Dans la succession des siècles, le vieil Adam procéda comme l'un de ses fils au cours d'une vie laborieuse. Normale et belle apparaît l'analogie entre l'humanité et l'homme.

C'est pourquoi le déboire qui fut éprouvé par M. Charpentier, de Nancy, manquant quelques-unes de ses expériences, sous les yeux de contrôleurs hostiles, ne doit point nous faire nier les Rayons N.

L'intensité qu'ils possédèrent temporairement pour être perçus, si elle a failli dans la fuite, peut renaître demain dès que les conditions premières et difficilement analysables du phénomène se trouveront jointes de nouveau.

C'est une affaire de temps.

Donc, vénérons encore les saints munis de leurs auréoles. La science nous permet d'être attentifs à leurs emblèmes. Même, elle nous engage à comprendre des indications précieuses pour notre science future. Ne rions plus intempestivement des fantômes, ni des magiciennes, ni des sorcières, ni des miracles, ni des dieux. Ils sont les formules artistiques et littéraires de notre savoir positif.

L'identification de l'électricité et de la lumière, due à un Allemand, confirme tout à coup les vérités qu'autrefois prêchaient dans leurs sanctuaires, les zélateurs du Feu, de l'Agni Védique. La force électrique lumineuse n'est que l'apparence des vibrations, du mouvement. Et le mouvement est la cause de tous les phénomènes connus. Il engendre la chaleur de quoi procède, entière, la vie universelle. Le mouvement, la Vibration, c'est le dieu, le théos, celui qui préside à la construction des forces. Adorant la foudre de Jupiter, les cierges de Pâques, Ormuzd et les dieux solaires, l'humanité ancestrale ne fut pas si simple que le croit notre arrogance.

Par la propagation de ce culte, les élites savantes de jadis apprenaient aux peuples, incapables de s'instruire autrement, la vérité profonde que saluent maintenant les prophètes de nos Universités.

Encore un peu, et la vieille auréole des messies, des saints, va se développer autour de leurs crânes inventeurs : on peut espérer ce signe distinctif, pour peu que le tube à sulfure de calcium soit disposé avec art derrière leur cervelet. L'orateur politique lui-même peut espérer ce signe distinctif, pour le jour où il fera une profession radicale devant la majorité. Car l'auréole n'est plus un accessoire du théâtre religieux. Peu s'en faut qu'elle ne devienne tout à l'heure l'insigne excellent de la pensée scientifique.

Miroir intelligent, l'homme s'irradie comme la lumière, parce que son esprit, plus puissant, reflète mieux, de jour en jour, le monde perceptible, ses astres et leurs lois.

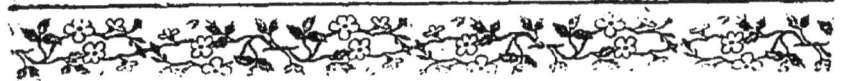

CHAPITRE V

Tunis retrouve Carthage. Les pioches bouleversent la terre. Des civilisations s'exhument. L'archéologue examine et classe. L'historien contrôle et induit. Au musée du Bardo, de très vieilles statues s'érigent, dont le geste rompu évoque la perpétuité du labeur humain, en ce pays marié aux plus belles couleurs et aux plus beaux soleils. Avec la torpeur musulmane, quelques siècles, la poussière punique avait dormi. Le souffle énorme de l'activité contemporaine la secoue. Elle se lève en poudre d'or, en atomes irisés. Voici les mosaïques foulées jadis par le préfet byzantin, voici leurs géométries savantes, leurs figures rigides, au centre. Plus avant, c'est la stèle de Jupiter Hammon que la descendance des légions romaines plaça dans le temple construit sur les ruines de la cité vaincue par Scipion Emilien. Enfin, voici la nécropole de cette Carthage que Flaubert nous désigna derrière les murs et le port où veillait la tutelle des dieux Cabires ; et nous avons fertilisé notre âme lisant les vies de l'armée mercenaire en marche contre les marchands d'Hamilcar. Depuis le temps où Didon choisit cette plage pour y fonder la maison d'exil, jusqu'aux heures bestiales où l'Arabe Hassan détruisit toute la puissance byzantine de la cité, les pensées créatrices du genre humain s'y succédèrent : expansion commerciale des Phéniciens, colonisation romaine, floraison de l'altruisme chrétien. Elles y atteignirent l'apogée. A l'époque mercantile des sémites phéniciens, venus de Tyr, sa prospérité envahissant la Sicile, l'Espagne menaça, deux siècles, l'hégémonie de Rome. Sous les Césars, il semble que la ville reconstituée ait contenu l'activité d'un million d'agrariens. Au temps héroïque du christianisme l'influence de son esprit vaut au monde le génie d'Apulée, d'Arnobe, de Tertullien, de saint Cyprien et de saint Augustin. Féconde à ce point en richesses, en idées et en forces, cette terre que la pensée de Jules Ferry arracha de la mort islamique doit recouvrer les anciennes splendeurs. Rien n'est vain dans la théorie de Taine, qui prétend que les climats et les décors naturels forment les vigueurs des races. Carthage, la grandeur de Carthage doit renaître en Tunisie puisque nous avons pu soulever le linceul de l'invasion mahométane, et insuffler dans le pays un peu d'air vivant.

Sans doute, poussés par les antisémites au pouvoir dans la troisième Douma, les juifs de Russie songeront à gagner une région de tolérance.

Etablir à Tunis une cité de refuge pour leurs coreligionnaires persécutés en tous pays devient presque le devoir des princes d'Israël. Reconstituant Carthage, les Rothschild et d'autres emploieraient splendidement leurs finances. Il ne messiérait point à l'histoire que les

JUPITER HAMMON

Cabinet des médailles du duc d'Orléans.

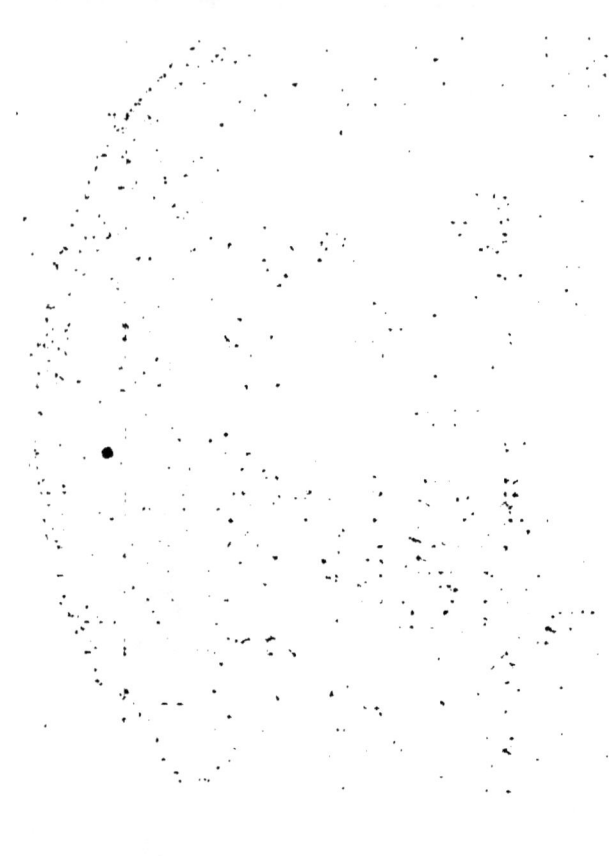

sémites du Jourdain, après leur exode en Europe, vinssent rendre la prospérité aux rivages que les sémites phéniciens de Chanaan illustrèrent par leurs travaux antiques. La même race doit réussir dans les mêmes pays, puisque les mêmes habitudes d'intelligence mercantile ne l'ont pas déçue en vingt siècles d'épreuves subies dans les lieux les plus divers.

C'est le conseil donné par la terre tunisienne qui restitue à nos savants les débris de ce que détruisirent l'énergie romaine acharnée contre sa rivale, puis, le fanatisme arabe aveuglé de foi. Mais peut-on espérer le désir de restaurer en ceux qui laissent abolir partout les vestiges de l'ancienne physionomie française, qui autorisent d'absurdes municipalités à détruire partout les fortifications de Vauban, les remparts des villes illustres, afin d'y substituer les terrains vagues remplis de tessons, ou les files de mesquines paillotes à rentiers? J'ai passé, dans une petite ville, mon adolescence sur la promenade circulaire des remparts. Des arbres séculaires ombrageaient les chemins de ronde et les banquettes d'infanterie. L'herbe poussait jusqu'aux gueules des vieux canons qui, peut-être, avaient soutenu les charges de la maison du Roy; défendu la formation des troupes prêtes à triompher vers Rocroy et vers Lens. De là, le promeneur dominait les rues étroites de la cité, toute sa vie paisible, le halage des chalands par les marais de la Scarpe qui baignait les vieux bastions de brique rougeâtre. Une édilité cupide, quelques bureaucrates du génie militaire réduisirent ces majestueux souvenirs en un néant ignoble, sous le prétexte saugrenu que si l'on construisait au delà de l'enceinte, sans la détruire, l'envahisseur futur se servirait de ces approches.

Aujourd'hui, il ne reste rien, ou à peu près, de ces

villes de Louis XIV. Leur charme a disparu. Les commis des fabricants de sucres habitent des petites maisons inélégantes bâties à la place des douves comblées par les décombres des remparts. Quelques maçons s'enrichirent à demi. On sait en quel état d'autres barbares mirent les monuments d'Avignon. Cependant, nul n'ignore plus l'aberration que ce peut être de supprimer le langage historique des cités, en abolissant leurs vieilles attitudes. Les visages lépreux des maisons séniles content mille choses à l'intelligence. Pourquoi sommes-nous les vandales de nos propres biens ? S'il paraît nécessaire de tailler à travers les masures afin de rendre le home plus commode, pourquoi ne point conserver, au moins, telle bicoque caractéristique, entourée d'une grille et d'un square, meublée d'ustensiles suggérant l'époque hostile aux chefs de la démolition ? Ainsi disparaît vite la beauté particulière de Paris, et qui le rendait si différent des autres capitales. On déboise les avenues, les quais, les esplanades. Il va ressembler à toutes espèces de Hambourg grâce aux mêmes générations qui déterrent Carthage, qui vont applaudir Mlle Delvair de la Comédie-Française jouant sous le costume de Tanit, au milieu des ruines découvertes.

Toute l'Europe conserve mieux ses types. A Ségovie, les civilisations romaine, gothique et sarrasine se coudoient, magnifiques. Toutes leurs idées en pierre se penchent vers vous, enseignent. Malgré les Maures, très peu de chefs-d'œuvre furent anéantis. De ville en ville on parcourt, en Espagne, les décors de l'histoire. Trajan va sortir de cette arcade, et le dernier Abencérage médite en cet alcazar. Cette terre est vraiment la patrie du moyen âge aux grandes guerres, lorsque chaque race arrivée des confins de l'Asie jusqu'aux vagues inaccessibles de l'Atlantique se retournait vers l'Orient natal, se casait entre les altitudes, s'étirait au long des fleuves, fumait de tous ses bivouacs dans l'étendue des plaines, bousculait la multitude voisine trop curieuse dardant les regards de ses avant-coureurs par la brèche des monts, affluait aux cimes, refluait dans les gorges, se contractait pour un effort, s'épanchait par la déroute, se distendait au lendemain de la victoire à travers la fertilité des espaces. En ces lieux héroïques où s'entre-tuèrent les gens de foi absolue pour des étendards qui allaient être seulement les signes de traditions obscures, on aimerait voir, comme les juifs à Carthage, se réunir les catholiques. Rome et l'Italie supportent mal le pape. Prisonnier au Vatican, il manque de l'aise indispensable à la grande tradition qu'il représente. Comme on le verrait mieux dans la catholique Espagne, au milieu d'un peuple noir et dévot, à la tête d'un clergé encore autoritaire et politicien. L'anticléricalisme n'est là que politique et superficiel. Des miracles renaîtraient. Le fanatisme arabe qui chauffe le sang des Sévillanes vaudrait à la sainteté du pontife d'indicibles vénérations. Supposez, en outre, qu'autour du trône de saint Pierre les gens de vieille noblesse européenne, légitimistes, carlistes, royalistes de toute origine, voulussent restaurer une patrie monarchique, pieuse, que n'entameraient ni les objections de la science, ni les cris du prolétariat affamé de justice, ne serait-il pas admirable de contempler une telle nation homogène vivre et persévérer dans son être ?

Au moyen âge, il en était ainsi. Chaque nation formait un organisme composé de cellules identiques. Les dissidents étaient expulsés ou anéantis. L'unité des coutumes et des esprits demeurait infrangible jusqu'au jour d'une invasion victorieuse. Maintenant, toutes les races se mêlent, toutes les idées se confondent, se discutent, s'allient, engendrent des filles lumineuses. La tolérance fut le premier pas vers le cosmopolitisme. Et c'est pure rêverie que vouloir revenir aux formes anciennes, après deux siècles de promiscuité mentale. Partout en Europe le commerce de gros est allemand, comme le prouvent les enseignes des magasins. L'art et la mode, l'invention scientifique dépendent de noms français. L'application des sciences, le transit, le commerce des produits exotiques, les industries du vêtement, s'atttribuent aux influences anglo-saxonnes. La fusion des langages s'opère aussi. Notre français s'enrichit de termes anglais, et l'allemand est rempli de vocables empruntés à notre dictionnaire.

Ce besoin de fraternité, à peine vexé par les soucis de la concurrence ou les rancunes des guerres finies, paraît trop évident pour que les juifs mêmes, si durement qu'ils soient traités en Russie, songent à se reconstituer leur patrie à Tunis.

Tout particularisme, tout séparatisme semble aujourd'hui condamné d'avance par la sagesse neuve des nations. L'Europe se totalise. A La Haye, si minime que paraisse le résultat des deux congrès, soyez sûrs que les idées de pacification continentale grandirent. Est-ce à dire que nulle guerre n'ensanglantera plus les pays, latins, saxons, germains, slaves ? Evidemment non. Mais les conflits n'éclateront plus qu'à d'immenses intervalles historiques, avant la paix définitive des races établies de l'Atlantique au Thibet.

L'œuvre des armées change déjà. Malgré la hideuse cruauté des exécutions qui, sur son ordre, mirent fin à la vie des ministres hovas, le général Galliéni employait, à Madagascar, ses officiers comme agronomes, ingénieurs, administrateurs. Ils ont moins tué que bâti, semé, jugé. Ils ont jeté des ponts sur les rivières, tracé des routes, enseigné la vertu des meilleures méthodes agricoles aux Malgaches, édifié des maisons, inscrit l'état civil, vulgarisé la connaissance des recettes médicales.

C'est là le rôle prochain de l'armée, le principal.

Parfois, le ministre se rend à l'Ecole Centrale pour voir nos jeunes ingénieurs manœuvrer le canon. Ces officiers d'artillerie sauront en outre exploiter les mines, relever les murs d'une fabrique, réparer l'outillage, la remettre vivement en état de produire, si les chances de la guerre ont endommagé la bâtisse et les machines. Que l'on étende à tout le recrutement le système appliqué aux ingénieurs de Centrale, qu'on appelle les ouvriers industriels à servir dans l'artillerie, les terrassiers et les gens des ponts et chaussées dans le génie, les éleveurs, les fermiers dans la cavalerie, les laboureurs dans l'infanterie, et rien n'empêchera, le lendemain de la conquête, de faire cultiver les terres par les fantassins, établir les routes et les voies ferrées par le génie, attribuer l'élevage du bétail à la cavalerie, faire installer par les soins de l'artillerie les machines nécessaires à l'exploitation du sol. Le recrutement professionnel entendu de la sorte permettrait d'ennoblir la tâche du soldat, en lui montrant qu'il n'est pas seulement un facteur de destruction brutale, mais aussi un fondateur, un pacificateur, un producteur. A Saint-Cyr, des cours d'agriculture, à Polytechnique des cours industriels pratiques, à Saumur des cours d'élevage, devraient être adjoints à l'enseignement militaire. L'armée serait alors vraiment la nation pourvue de toutes ses forces fécondantes. Elle offrirait, d'avance, le type de l'organisme indispensable à l'exploitation en commun de la France. Car, lorsque les socialistes tiendront le pouvoir, la difficulté certainement sera de créer au lendemain de la Révolution, et tout d'une pièce, le système de collectivisme pratique. Depuis la dispersion des moines, l'armée demeure la seule catégorie sociale où puissent s'encadrer, agir, les citoyens qui, mobilisés, laboureront, sèmeront, forgeront, cuisineront et coudront pour l'ensemble des Français.

On peut atteindre la certitude de la paix par l'exagération des armements. Cela me semble même, à cette heure du moins, la meilleure chance d'y parvenir. Le coût de la guerre et l'horreur présumable des destructions dues aux engins nouveaux restent les meilleurs motifs qui arrêtent l'ardeur belligérante des ministres. Parce que nous sommes à peu près les égaux de la puissance militaire allemande, les probabilités de conflit sur le Rhin s'écartèrent bien des années. Elles ne reparurent qu'après la défaite en Mandchourie de nos alliés russes. Moukden fut la cause d'Algésiras. Parce que nous sommes inférieurs à la puissance maritime anglaise, chaque jour peut devenir, malgré l'entente cordiale, la veille d'une guerre entre les deux peuples. Le désir de nous enlever les colonies que notre protectionnisme ferme à leurs produits manufacturés, excitera quelque jour le chauvinisme des industriels britanniques soucieux d'augmenter leur chiffre d'affaires. Leurs amiraux ne prétendent pas, sans doute, débarquer sur notre continent des corps de troupes qui ne marcheraient pas vingt-cinq kilomètres sans risquer la déroute : la défense de nos côtes semble une précaution de second ordre. Mais l'avantage immédiat pour l'ennemi serait la mainmise sur le Tonkin, Madagascar, le Sénégal, sur nos possessions d'Afrique occidentale. Tant que cette tentation pourra raisonnablement durer, l'hypothèse du conflit ne s'éliminera point, malgré les ententes provisoires.

Aussi, quelques députés songèrent-ils à l'emprunt maritime. Cela nous permettrait de brusquement renforcer nos flottes et de les rendre très vite égales à celles de l'Angleterre.

En les concentrant au cœur de la Méditerranée, en postant leurs croiseurs de Toulon, à Ajaccio, à Bizerte et à Tunis, nous préserverions le transit de France en Afrique et toute cette opulence de la mer Bleue, que connurent, avant les Grecs de Phocée, les Phéniciens de la Carthage ressuscitée d'entre les sables.

CHAPITRE VI

De quelques conceptions fournies par Littré, reprises ensuite et déformées par les calembours de la presse en vogue à la fin du second Empire, une opinion naquit et s'implanta. Elle se résumait en un aphorisme simple : *L'homme descend du singe*. Les défenseurs et les contradicteurs de cette proposition agrémentaient par leurs discours les dîners bourgeois, au temps de mon adolescence. On comptait les partisans de M. de Bonald et ceux de Darwin. On nommait Quatrefages, Hoeckel, Spencer. Victorieusement, les apôtres de la création théologique objectaient : « Enfin, avez-vous constaté, monsieur, dans votre vie, avez-vous entendu conter par vos aïeux que le cheval, par exemple, ou le chien fussent différents de leur aspect contemporain ? Non. Alors, votre transformisme reste une supposition plaisamment absurde. » A quoi les novateurs répondaient : « Pardon... : le cerf de Corse, il y a deux cents ans... » Suivait la démonstration d'un célèbre exemple.

Autour de ces raisonnements, les querelles des familles s'envenimèrent. Bien des gens y rencontrèrent la cause de ruptures, de haines, de mariages manqués, d'héritages perdus, d'adultères dénoncés au feu de la dispute. La vieille France, dont la Restauration avait péniblement recollé les morceaux, se brisa pour la deuxième fois. Avant la catastrophe de l'Union générale, suscitée par les amis de Gambetta dans l'intention machiavélique et assez basse de ruiner les adversaires conservateurs, la formule naïve attestant l'origine simiesque de l'homme détruisit à nouveau tout le passé, brouilla pour toujours le marquis de Carabas et le pharmacien Homais ainsi que les parentés et les clientèles de ces deux grands citoyens. Cette rupture avait commencé du temps de Jean-Jacques, pendant le siècle français.

Depuis, la maxime s'amplifia. Mme Clémence Royer, au cours de travaux illustres, mentionna les raisons anatomiques, biologiques, ethniques permettant d'insinuer que le phoque aussi fût de nos aïeux. Sans aboutir à des affirmations solides, le lecteur d'ouvrages établissant la généalogie humaine finit, du moins, par croire que les Lapons et les Japonais doivent leur civilisation aux ébats du phoque; les nègres à ceux du singe; les Chinois à ceux d'un reptile disparu... etc. D'où les audacieux savent conclure que notre espèce est le mode suprême de l'évolution dans le genre animal. Point de céphalopode qui ne puisse donc légitimement rêver d'atteindre l'état de bureaucrate, en quelque siècle à venir, et après diverses métempsycoses. Quelques humoristes de tout pays, écrivains et dessinateurs, avaient, comme notre La Fontaine et notre Grandville, précédé la science dans la voie de ces découvertes, soit en attribuant à leurs égaux les physionomies ou les caractères des bêtes, soit en révélant chez les *frères inférieurs* certaines passions indicatrices de leur candidature à la dignité humaine.

À comparer des caractères anatomiques bien nets, tels que la couleur de la peau, la forme et la capacité du crâne, déclare M. Gustave Lebon dans un excellent livre relatif à l'évolution des peuples, il a été possible d'admettre que le genre humain comprend plusieurs espèces nettement séparées et probablement d'origines très différentes. Pour les chercheurs respectueux des traditions religieuses, ces espèces sont simplement des races. Mais, comme on l'a dit avec raison, « si le nègre et le Caucasien étaient des colimaçons, tous les zoologistes affirmeraient à l'unanimité qu'ils constituent d'excellentes espèces, n'ayant jamais pu provenir d'un même couple dont ils se seraient graduellement écartés. »

Cela signifie qu'au point de vue purement scientifique, doter de mêmes ascendants animaux le nègre et le Caucasien est une erreur évidente. Il convient, par conséquent, de modifier la formule vulgaire de cette façon : quelques hommes descendent du singe, et les autres de bêtes variées.

Il importe de considérer la race ainsi qu'un être permanent affranchi du temps, déclare encore M. Gustave Lebon. Outre les individus vivants qui le constituent à une époque, cet être renferme la longue série des morts qui furent ses ancêtres... Infiniment plus nombreux que les vivants, les morts sont aussi infiniment plus puissants qu'eux. Ils régissent l'immense domaine de l'Inconscient... C'est par ses morts beaucoup plus que par ses vivants qu'un peuple est conduit... Siècle après siècle, ils ont créé nos idées et nos sentiments et, par suite, tous les mobiles de notre conduite.

DIDEROT

Voilà ce qu'on enseigne d'abord.

Un naïf, un brutal, un rustre sont des êtres en qui reparaît et domine la vigueur longtemps atténuée de la bête ancestrale. Un savant, un martyr, un génial sont ceux qui totalisent les efforts héréditaires de la race pour asservir les appétits des individus et les transformer en puissances de production. Ils sont des sommes. Les premiers sont des unités.

Il semble donc qu'il faille considérer deux catégories de gens : les totalisateurs de la puissance atavique, et les unités spécialisées de cette puissance.

Selon les temps, les types totalisateurs présentent les faces différentes de l'énergie propre à l'organisme de la race entière.

Au xviiie siècle, par exemple, le totalisateur cesse d'être le guerrier noble, pour devenir le philosophe, parce que la nation, ayant achevé de prescrire les bornes de son domaine territorial par les traités précédents, l'œuvre militaire se trouve terminée, en tant que défensive. La nation, formée de toutes ses races suffisamment unies, entreprend la réalisation de l'idéal qui germa dans les municipes latins du Midi, dans les communes du Centre et du Nord. On peut qualifier le xviiie siècle de siècle français par excellence. Celui de Louis XIV fut tout imprégné de Byzance. Les Romains de Corneille parlent avec la rhétorique des Comnène et des Ducas. Le rite de la cour, par l'entremise italienne des Médicis, vient du Palais aux terrasses étagées sur le Bosphore, et d'où les Turcs l'expulsèrent avec les derniers patrices. Le xvie siècle avait été germanique, outre latin, par les mœurs qu'instaurèrent les protestants des guerres de religion. Au contraire, le xviiie siècle semble purement, essentiellement français. Il conclut de la culture grecque, latine et chrétienne à l'urgence de la liberté. Seul âge de la race où elle invente de toutes pièces un style architectural propre, son ameublement gracieux aux courbes voluptueuses, sa science positive et pratique, mère des Papin, des Laplace, des Cuvier, des Lavoisier, sa philosophie encyclopédique, dont l'esprit passe en revue rapide les données de toutes les époques dans le dictionnaire de Bayle, pour créer, avant l'idéologie de Condorcet, et de M. de Tracy, les thèses sociales de Jean-Jacques, Voltaire, Diderot, Robespierre, et celles de Bonaparte, au moment de Brienne. Alors, le totalisateur est soldat, parce que l'énergie de la race se voue au désir de convaincre le vieux monde avec ses idées en armes, et parce qu'il faut anéantir l'opposition des tyrans barbares. Passé 1820, le totalisateur devient le parlementaire qui tente de mettre en harmonie les principes des trouvailles paternelles. Il s'appelle Guizot, Thiers, Gambetta. De loin, Saint-Simon, Pierre Leroux, les deux Blanqui l'inspirent.

Durant la seconde moitié du xixe siècle, le totalisateur semble plutôt appartenir aux littératures. Hugo, Balzac, Flaubert, Michelet, signifient les types les plus complets où se puisse représenter tout le génie des familles qui formèrent notre nation. Personne, avant ces expressions grandioses de l'humanité latine, n'avait essayé la synthèse des efforts nationaux.

Aujourd'hui, les politiciens se bornent à poursuivre, dans ses conséquences très particulières, l'œuvre encyclopédique. Ils ne totalisent plus. Ils se spécialisent avec une étroitesse des conceptions égoïstes qui sert les pires instincts du peuple et le met en mésaise. Ainsi, les députés du midi ruinèrent leurs électeurs vignerons en demandant pour eux des tarifs douaniers qui empêchèrent les vins étrangers de venir en concurrence sur nos places, mais qui déterminèrent, par réciprocité, la fermeture des marchés exotiques. Les partis en présence, à cette heure, se résignent à ne servir que des appétits simples du pays.

De nos jours, le financier semble celui qui totalise le plus les forces de la nation. Il régit, dans ses banques, le négoce intérieur, le crédit, la possibilité de la guerre coûteuse, celle de la civilisation portée au dehors dans les continents d'Afrique, d'Asie, d'Océanie. Il concentre la richesse, cause des luxes qui favorisent les arts et les applications des sciences à la vie quotidienne.

Avec lui, le littérateur idéologue synthétise les forces de la société, sentiments, passions, appétits, mœurs, évolution historique et sociale.

Je n'entends pas soutenir que la totalisation littéraire soit impeccable, et d'une exactitude intangible ; néanmoins, comme elle a dépassé l'analyse du sentiment pour élargir la psychologie, non plus de la passion seule, mais des passions humaines, son expérience, entre celles des politiciens, savants ou artistes même, condense le plus de vie nationale, et en présente l'ensemble à la réflexion des personnes pour qui les abstractions demeurent lettre morte.

Certes, le romancier est un vulgarisateur, rien autre. Il a lu et vécu. De ses lectures et de ses observations, il compose une synthèse. Il l'offre. Voilà tout. Le savant pourra lui reprocher des erreurs, le politicien des naïvetés, le philosophe des assertions téméraires, le poète des inutilités. Aucun de ces détracteurs n'aura tort. Cependant, le romancier fera connaître efficacement à la foule un groupe d'aperçus scientifiques, politiques, philosophiques et poétiques, lesquels, sans lui, elle ignorerait éternellement. Ainsi, la littérature présente à l'individu une image de la nation, et lui enseigne ses forces par des procédés d'assimilation mentale.

Peut-être faudrait-il estimer aussi facile d'écrire proprement sur des abstractions métaphysiques, scientifiques et poétiques, que de constater vulgairement les aventures de la rue, de l'alcôve et du cœur. Le difficile semble de créer un être qui participe aux fins sociales et animales. Décrire l'instinct seul, la pensée seule sont des besognes de spécialistes. Découvrir et faire prévaloir la vie d'un être où se fondent les idées de la race et les appétits de l'individu, sans doute, est-ce là le signe de la supériorité littéraire. Tolstoï nous paraît un maître prophétique, parce que ses héros sont pourvus à la fois d'idées, de sentiments et d'instincts. Ils luttent pour leur patrie ou leur rêve d'amélioration générale ; ils aiment par l'influence obscure du goût atavique les menant vers le type de sexualité apte à engendrer avec eux un être perfectible ; ils faiblissent selon leur nature animale extrêmement précise, bien pourvue de chair, d'habits, de tics et d'habitudes, qui en font des personnes. Lamartine, au contraire, borne ses investigations au rôle du cœur. Zola, pour grandiose qu'il se manifeste, s'est attaché à l'instinct ; Stendhal, à la volonté ; Ibsen, à la morale. Mais Balzac, en étudiant les trames de l'intrigue, inséra presque tous les caractères dans le tissu social ; mais Flaubert, ressuscitant l'évolution spirituelle depuis Salammbô jusqu'à Mme Bovary, ou, plutôt, de Carthage à Yonville, a fait, comme Tolstoï, ses preuves d'esprit totalisateur.

Je crois M. Henri de Régnier prêt à nous donner un exemple de cette suprématie. Sorti des visions poétiques où il excella, où il s'attarda par un goût très fort envers la solide rhétorique et l'art d'enclore des dogmes métaphysiques dans des symboles de beauté fabuleuse, il a reconstitué simplement l'âme du siècle français aux pages d'un roman, la *Double maîtresse*.

Ce n'est pas que M. de Galandot ni son neveu M. de Portebize aient joint la culture encyclopédiste à leurs moyens de provincial et de militaire. L'abbé Hubertet lui-même se borne à l'admiration des lettres grecques et latines, de la numismatique, de l'archéologie. Cependant, je découvre à travers lui tout ce que pourraient nous dire d'Alembert et Volney. Cet art de mener le lecteur à la limite de l'abstraction sans la lui imposer, est un très rare talent. Comme le disait Jean Lorrain, ce livre est frère de celui qu'Anatole France intitulait la *Rôtisserie de la reine Pédauque*. Ils se complètent. Dans la *Rôtisserie*, s'échangent les dissertations chères aux philosophes pères de nos mentalités, de nos enthousiasmes et de nos héroïsmes centenaires déjà. Les personnages de la *Double maîtresse*, soit qu'ils séjournent, soit qu'ils passent dans les domaines de Pont-aux-Belles et de Bas-le-Pré, ou chez la danseuse de Paris, évoquent, dans la plus admirable mesure, l'intelligence moyenne de la société, au vieux temps. Le gentil instinct de la race qui donne au monde l'amusement de ses adultères naît, croît et forme l'inoubliable caractère de la petite Julie avant que la débauchent les brochures galantes et l'imagerie érotique du gros capitaine de Portebize. De lui, le mariage conclu, il sera dit : « Ses cornes étaient d'abondance. »

Rien n'élucide mieux les vertus de l'effort national que ce vieux jeu d'universitaire nommé *le parallèle*. J'aimerais que les critiques de nos revues établissent des comparaisons entre deux petites filles françaises, la Chérie de Goncourt, et la Julie de Henri de Régnier. J'aimerais qu'ils missent en présence le timide et bon François de Galandot, souffleté par sa mère, séduit en vain par sa cousine, réduit au rôle de valet par la courtisane romaine Olympia, d'une part, et, d'autre part, Charles Bovary. Qu'ils sont parents, malgré la différence des castes et des siècles, différence marquée par l'art précis de magnifiques écrivains.

Outre les caractères de la *Double maîtresse*, qui sont, dès à présent, immortels, j'aimerais encore voir la critique étudier l'âme collective de l'existence provinciale au siècle dernier. L'avarice de Mme de Galandot la mère, son zèle à se composer des médecines en son cabinet, la folle de Bas-le-Pré qui, rendue démente par ses instincts de vierge laide et rancie, s'échappe pour aller faire pipi au bénitier de l'église, la chaste et charmante Mme du Fresnay qui passe la vie en confectionnant des sirops, des tartes et des friandises ; la manie musicale de son mari, bon gentilhomme, tout ce qui émane de ces milieux honnêtes, économes, résignés noblement à la vie intérieure, à l'art et à la dévotion, sans négliger toutefois de satisfaire gaiement de légitimes sensualités, voilà toute l'âme française dont notre bourgeoisie hérita, qu'elle imita et amplifia jusque la date contemporaine.

Comme Yonville, où s'anime Mme Bovary, Pont-aux-Belles, où prie Mme de Galandot, où Julie se développe, où François de Galandot traîne ses cannes, Pont-aux-Belles est un admirable cadre pour notre véritable caractère de race, car les personnages secondaires du livre possèdent la réalité même qu'Hoffmann prêtait à ses conseillers antiques et à ses mélomanes de petites cités allemandes.

Il faut se réjouir. Nous commençons à posséder la

figure exacte du Siècle français, celui pendant lequel les philosophes commencèrent à s'apercevoir que *l'homme descend du singe*. L'abbé Prévost, Voltaire, Diderot, Jean-Jacques, Anatole France, François de Nion et Henri de Régnier le perpétuent, palpitant, au cours de leurs œuvres. Rappelons-nous sans cesse que ce fut l'âge décisif de la nation, celui où elle atteignit à la puberté sanglante de l'époque révolutionnaire, celui où elle se libéra de la férule barbare pour vivre personnellement de toute sa libre âme gréco-latine. L'Académie vient de consacrer la gloire de l'écrivain qui sut fouiller aux creux de cette âme, M. Faguet, fut choisi pour son étude définitive du xviii° siècle. En même temps, M. Paul Hervieu y pénétrait, conduit par la merveilleuse âme athénienne du *Diogène* que, jadis, il rappela du Styx. Le Siècle français et son ancêtre grec sont entrés sous la coupole, côte à côte, le même jour. C'est d'un bon augure pour notre demain.

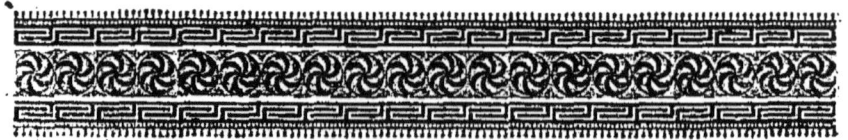

CHAPITRE VII

Le premier matin d'une année, je prétendis rendre mes devoirs aux ancêtres, du moins à leurs images que le Louvre contient. Une pancarte mise à la porte m'apprit que je ne pouvais faire ma visite, le palais étant interdit au public. Au 1ᵉʳ janvier, on en défend l'accès, comme si les quelques dates fériées adjointes aux cinquante-deux dimanches ne pouvaient légitimement devenir l'occasion d'admirer les chefs-d'œuvre pour les travailleurs retenus trois cents et des jours devant l'établi, le comptoir ou le pupitre. On ferme les musées, mais on laisse ouvrir les bars. L'application d'une règle inverse servirait mieux l'intérêt mental de la nation.

Je ne pus donc parcourir à mon aise les salles récemment allouées aux personnes de la cour des Valois, que peignirent, durant le xiiᵉ siècle, les trois Clouet, père, fils et petit-fils. Pourtant, ils y font paraître de façon magnifique la santé de leur art, qui perpétue les physiques de ces maigres gentilshommes aux barbes en

HENRI IV

pointe, aux fronts découverts et bossués, aux teints bleuâtres, aux mains squelettiques et aux jambes longues dans les chausses bourrelées, aristocratie malingre que la bile jaunit par-dessus les grosses fraises des collerettes. La haine, l'envie et la rancune, la méditation du crime paradent sur ces faces angulaires. C'est l'époque où la dague s'insinue entre les côtes du promeneur au moment de contourner la borne, sans qu'il ait entendu glisser la semelle du spadassin. Henri IV mourut de cette dague. Les Mignons portent les moustaches hérissées du chat guetteur et cruel. L'escrime, alors, est un art à l'apogée. Il faut l'apprendre tôt, si l'on tient à vivre quelque peu. A peine hors les jupes de la nourrice, l'enfant s'essaye à tenir le fleuret ; car tout à l'heure, sur la route, tel escogriffe, par simple manière de farce, dégainant sa rapière, fera mine de lui chatouiller les côtes, et rira s'il perce prestement. Montaigne dut, à Rome, servir de second à un proche ; témoins et adversaires, à peu près inconnus les uns des autres, entament un triple duel, sans raison, pour la joie féline de se griffer dangereusement avec les pointes de leurs fers. Dans l'officine de l'herboriste, les dames choisissent les poudres vénéneuses, les gants imprégnés de poison. Léonora Galigaï regardera bientôt se crisper en hurlant le chien qu'elle abreuve de son douteux élixir. Charles IX écoute discourir la petite tête coupée ensanglantant l'hostie qu'un prêtre consacra dans le sexe d'une fille nue en étal sur l'autel ; et le roi garde de ces horribles études un frisson qui l'agitera jusqu'à la mort. Dans le cauchemar de son existence se répondent les cris des huguenots égorgés, noyés, tandis que sonne le glas de la Saint-Barthélemy. Cependant Alexis et Corydon s'aiment en vers latins, changent leurs boucles d'oreilles et leurs bagues héraldiques. Les femmes récitent des strophes grecques à leurs galants érudits, qui savent les poèmes entiers d'Ovide, et y puisent des exemples de séduction. L'antiquité triomphe. Nul ne discuterait la sentence de Cicéron, le proverbe d'Horace, l'allégation d'Aristote. Les débauchés organisent leurs orgies sur le modèle de celles que Suétone reproche à Néron et à Tibère. On revêt l'emblémature des faunes au moyen de chausses en peau de bouc, afin de se ruer sur les filles qui viennent à la fontaine des Innocents puiser l'eau du toit. Une extraordinaire intelligence anime beaucoup de cerveaux. On prévoit tout de la médecine, de la chimie, de l'astronomie, de l'agriculture, de la navigation, de la stratégie, de la céramique. Ronsard chante, Marot raille. La Boétie invente l'amitié, prépare les « Droits de l'Homme ». François de Sales méditera l'inimitable psychologie de son *Introduction à la vie dévote*. La vie est intense, à la fois cérébrale, instructive, passionnée, cupide et mystique.

Et voici le visage... Un jeune homme à petite barbe jaunâtre ; son teint blême est troué d'yeux clairs et surpris ; sur sa tête rasée une toque de velours penche ; il ressemble, trait pour trait, à quelque vendeur de nos bazars modernes. Il en est de même dans tous les cadres. On dirait que les personnages en pourpoints côtelés quittèrent, pour la pose devant le peintre, à l'instant leur jaquette de comptable, le veston de l'électricien, la tunique du sergent, la blouse du typographe. Ces messeigneurs aux noms historiques diffèrent très peu, quant au visage, de nos types ouvriers actuels. Poussant la porte d'une taverne, au boulevard, nous saluerons des physionomies identiques malgré le col anglais, et le chapeau melon qu'on portait d'ailleurs à la date de Moncontour. Il apparaît que cette aristocratie vécut, il y a trois ou quatre cents années, dans les corps et sous les mines de nos travailleurs citadins. La gouaillerie même de nos ateliers anima sans doute les gaietés de leurs moqueries. Les rancunes de nos rues allumèrent leurs yeux malins. Avec les plaisanteries de nos mitrons, ils durent se provoquer dans les blancs vestibules des châteaux de Touraine et de Gascogne. La verve libre, triviale et spirituelle de Clément Marot, de Mathurin Régnier traduit assez bien cette similitude. Les plus fins de ces gentilshommes ressemblent comme des frères à nos étudiants de la province. Car la solennité de Versailles ne compose pas encore l'air et l'allure des grands. Henri IV est un soldat luron que réjouit l'espoir odorant de la poule au pot, et, pour ce philosophe de bivouac, « Paris vaut bien une messe. »

Ce n'est pas que des âmes hautes et pensives n'aient flori vers ce temps d'esprit audacieusement instruit. Mais, en nulle autre époque, l'homme ne fut plus complet. Aux joies intellectuelles, aux joies instinctives, aux élans des passions, il voua son avidité protéenne. Il faut relire le *Saint-Cendre*, de Maurice Maindron, avant que de faire visite en cet admirable Salon du Louvre où toute la puissance de la vigueur française s'épanouit en humeur créatrice, dans les portraits du xvie siècle. Il faut y suivre Blancador l'Avantageux, y jouir de son extraordinaire vie qui débute en 1589, grâce à l'art opulent et sûr de l'auteur, pour se nourrir de la moelle ancestrale, diriger ses origines, comprendre les souvenirs confus de l'hérédité qui meublent notre inconscient. Aux mêmes salles du Louvre, Philippe de Champaigne a fait survivre d'expressives et fortes images, bonnes pour illustrer l'œuvre de M. Hanotaux, qui restitue à l'histoire l'étonnante vérité de Richelieu. Celui-ci encore fut un caractère complet, fils des précédents. Littérateur pour instituer l'Académie; stratégiste pour assiéger La Rochelle et forcer le Pas de Suze; juge aux vices de sociologue pour mener les adversaires de l'unité française jusqu'au billot nécessaire ; politique sans pareil pour achever la tâche de Louis XI, la totalisation de la patrie, pour jeter les ennemis naturels de sa race dans la guerre de Trente ans, et les achever avec ses forces fraîches quand ils furent épuisés par cette lutte épique ; enfin, voluptueux, sagace et raffiné entre les complaisances de plusieurs amies ardentes et jeunes. L'homme complet du xvi° siècle subsiste encore sous la pourpre cardinalice, y triomphe et y meurt.

Au milieu du xvii° siècle, commence la spécialisation des caractères. Le guerrier, c'est Turenne le réfléchi, ou Condé le bouillant ; le savant, c'est Pascal ; le politique, c'est Colbert ; le littérateur, c'est Racine. Chacun se cantonne dans sa partie. Aux camps, aux jardins de Port-Royal, aux logis de la rue parisienne, dans les galeries de Versailles, le capitaine, le janséniste, le poète et le roi se différencient à l'extrême. L'esprit de Byzance, introduit par la progagande italienne des Médicis, l'emporte enfin. Louis XIV renouvelle la royauté quasi-divine des Comnènes. Colbert installe le particularisme des fonctions sur le modèle des dignités que les hérauts proclamaient dans l'hippodrome de la ville de Constantin. Le goût de l'érudition fléchit dans les intelligences qui ne font point profession d'instruire. La Bruyère va pouvoir écrire les portraits de ses contemporains, en les livrant chacun sous un type très précis et qui se limite, comme celui du Distrait. Molière, à son tour, exagérera l'étrange de ces âmes rétrécies au-

MONTAIGNE.

tour d'une seule passion : l'Avare, le Bourgeois, la Précieuse, Tartufe. L'homme cesse absolument de favoriser l'ensemble de ses tendances. Il les atrophie au bénéfice de la principale, et, de celle-ci, son orgueil crée, pour soi, un décor. Loin de l'ironie charmante et savante, en quoi Rabelais, Montaigne, Marot, Régnier embrassèrent les apparences totales du monde, Corneille édifie de solennelles architectures morales, clairement équilibrées, flanquées de l'aile gauche Passion, de l'aile droite Devoir ; puis il trace, devant cette façade magnifique et nue, les jardins rectilignes de sa rhétorique à syllogismes éloquents. Les portraits de Lebrun consacrent uniquement la noblesse théâtrale de l'attitude, au centre de draperies en nuages, qui signifient les atmosphères divines de l'Olympe, seules dignes de ces héros à perruques. C'est le temps du plus seyant costume masculin qui fut jamais porté par Vadius et Léandre. Mais Mme de Montespan ignore le latin, que savent parfaitement les dames de la Renaissance. Elle est simplement la Favorite, comme Ménalque est le Distrait, et Harpagon l'Avare. Au commencement du XVIIIe siècle, l'homme complet a disparu, en tant que type moyen de l'élite ; il est un caractère d'exception.

Les philosophes à la Jean-Jacques, les sensibles, les roués, les adeptes de l'illuminisme allemand, les philadelphes américains et français, donnent tout à l'intellectualisme, au sens métaphysique de la justice. Point de gentilhomme canonnier qui ne boute le feu en pensant servir les espoirs de l'Homme Sensible. Les bibliothèques et les cabinets de physique tiennent tout l'espace du plus humble manoir. Jean-Jacques n'osa point, jusqu'à un âge avancé de sa jeunesse, trousser les filles qui l'en priaient des yeux, du sourire et du geste. Panurge était bien mort. Casanova n'appartenait point à l'élite, mais à la tourbe des aigrefins.

Ce particularisme de la spiritualité sensible amena l'apogée de la spécialisation : le particularisme militaire de Napoléon, qui encastra la nation dans l'armée.

Aux pages de son *Manuel de la Littérature française*, Brunetière, de qui l'on connut les préférences touchant les règles de l'art, se demande, néanmoins, si la vie de la nature n'est pas le désordre, et si le désordre, reproché presque toujours au génie évocateur des grands maîtres, tels Gœthe, Shakespeare, si le désordre ne s'impose pas, nécessité pour quiconque désire embrasser toute la vie dans son œuvre, ou du moins pour qui prétend communiquer ses impressions les plus généralisatrices. C'est un problème à peu près insoluble. A ce compte, le xvi° siècle eut plus de génie ; le xvii° plus de talent. L'ordre et l'analyse, le désordre et la synthèse se développent parfois de concert. Nos pères ont qualifié de classique le xvii° siècle parce qu'il sut établir des catégories dans la manière touffue du xvi° ; parce que ces catégories étaient propres à conseiller nettement la moyenne des intelligences modernes qu'eût ébaubies la forme diffuse de l'époque antérieure. Cette méthode porta ses fruits. Un grand effort d'analyse fut tenté par le xviii°, puis par le xix° siècles, qu'inaugura la classification des sciences établie sous l'influence d'Auguste Comte. Prototype du génie moderne, Pasteur dut à l'analyse méticuleuse des éléments biologiques la merveille de ses découvertes, qui modifieront l'existence des peuples ; car il se prépare des miracles dans le laboratoire de la rue d'Ulm. Peut-être le travail de mise en ordre, de spécialisation, entrepris par les contemporains de Louis XIV, fut-il, dans les espoirs de la nature, le début de l'œuvre qui, en trois siècles, allait aboutir à l'acquisition par l'esprit humain des forces secrètes et formidables, auparavant cachées parmi les mystères de la transformation organique. D'abord, Proud'hon analysa les puissances de la collaboration sociale. Et Flaubert vint. Entre les visages de saint Antoine et de Bouvard, de Salammbô et d'Emma Bovary, il accrocha l'unique, l'éblouissante image des pensées et des sentiments humains successivement fleuris sur les bords de la Méditerranée, depuis l'Orient carthaginois et alexandrin, jusqu'à l'Occident français, au cours de vingt siècles. Comte et Pasteur furent le génie de l'analyse, Flaubert et Berthelot celui de la synthèse. Ils demeureront les deux cariatides qui soutiennent le tombeau du siècle fini.

Bien que l'existence de Flaubert se soit vouée aux seules spéculations de l'esprit, la diversité même de ses études le marque du caractère d'homme complet. Histoire, religion, philosophie, sentimentalité, stratégie des mercenaires, sciences positives de Bouvard et Pécuchet, politique de Homais, mysticisme de saint Julien, voluptés singulières des hérésiarques, il a tout vécu par l'effort de son cerveau prodigieux. Il importe peu que l'action ait été littéraire plutôt que physique. En lui, l'homme complet du xvie siècle ressuscita. Il semble anticiper par là sur l'ère future, où les entreprises de synthèse sans doute rassembleront les efforts des spécialisations et restitueront à l'homme de France ce caractère d'universalité, si patent dans les vies d'un Montaigne, d'un Marot, d'un Agrippa d'Aubigné, pour le réel, d'un Saint-Cendre et d'un Blancador pour l'imaginaire de l'art.

Après avoir rendu visite aux ancêtres, que les trois

Clouet peignirent, entrez, je vous prie, dans la première taverne, dans le premier théâtre ; vous reconnaîtrez les mêmes figures, avec les mêmes mines pareilles, naïvement avides, graves et malicieuses. L'esprit généralisateur de Gustave Flaubert commence à vivre derrière tous les yeux inquiets et penseurs. L'homme complet d'aujourd'hui ressemble à son aïeul du temps des Valois. Ce sont les mêmes physionomies aux têtes rasées, aux barbes en pointe, aux yeux surpris d'ignorer moins. Cette élite de travailleurs citadins règne plus certainement que les seigneurs du Louvre sur la France. Une société a remplacé l'autre et qui lui ressemble comme une sœur. Mais l'envie, la haine, la cruauté, le besoin de sorcelleries sanglantes, tous les défauts survivant jadis à la ruine du moyen âge se sont atténués. Notre haine se satisfait avec des criailleries électorales et des pugilats de réunion publique. Nous consultons seulement d'innocentes somnambules dans les roulottes de la foire. C'est à peine si, de loin en loin, quelque légataire besogneux laisse découvert le choubersky dans la chambre d'un parent riche et malade, si, plus souvent, quelques amants se tuent l'un l'autre ou se défigurent au nom de l'amour passionné, si quotidiennement un escarpe poignarde un noctambule. L'analyse et la spécialisation des travers a prémuni l'élite contre leur force nocive. Il ne lui reste plus guère que le physique du xvie siècle et sa curiosité de tout vivre. Ce peut devenir la vertu du nouvel homme complet.

CHAPITRE VIII

Les oriflammes de son exposition ont, un jour, pavoisé la ville d'Arras. Le beffroi, érigé dans sa dentelle de pierres, sonna les rythmes de la vieille joie flamande sur les deux places aux arcades de piliers trapus supportant les façades que terminent des faîtes à degrés ; tels ceux des maisons hanséatiques, dans Bruges et Gand. C'est une résurrection glorieuse de la vie provinciale. Ces expositions marquent tout l'effort que la contrée tente afin de participer à la grande collaboration française.

Dans le Pas-de-Calais, s'étalent d'immenses champs de betteraves, dont les lièvres dodus sautent les panaches verts et violets miroitant au soleil. Les tours roses des cheminées industrielles signalent les lieux où le végétal se transforme en sucre pour alimenter les épiceries d'Angleterre et garantir le fret de maints vapeurs traversant le détroit. Plus tôt fleurirent les milliers de tulipes gracieuses, blanches et violettes, dont la graine fournit l'huile d'œillette aux pressoirs que meut la vapeur des moulins semés au détour des villages. Et partout les faux des moissonneurs achèvent de raser les champs couverts tout à l'heure par la blonde mer des froments. A Lens, où Condé naquit, les mineurs extraient la houille ; et l'idée de libération sociale y secoue les cœurs laborieux. Au long des canaux rectilignes s'en vont les chalands chargés des farines que leur versèrent les ouvriers des minoteries énormes, actives, poudrées à frimas. Cependant que les chariots pleins d'escourgeon mûr viennent le livrer à la fermentation dans les brasseries.

Au milieu de ces richesses étalées sur les plaines, Arras, jadis, se dressait, comme un joyau, dans un cadre d'admirables remparts construits sur les indications de Vauban. De peupliers élégants avaient poussé dans la profondeur des douves, et ils élevaient leurs cimes plus haut que les murs abrupts. D'autres arbres s'épanouissaient sur les chemins de ronde. En sorte que la ville, sertie dans ce double anneau de verdures, semblait, de loin, un de ces châteaux-forts que les fondateurs peints sur les vitraux des cathédrales tiennent dans leur main gantée. Des marécages flanquaient la place sur un côté et baignaient les bases rondes des bastions. Jadis, la Scarpe sortait de la ville sous une herse de fer, par une voûte de défense, avant de porter vers les Flandres la porcelaine et les tapisseries d'Arras, merveilles confiées aux coches d'eau.

Là, dans cet anneau de briques rouges aux angles hardis et aux verdures délicieuses, les moments historiques de la France furent préparés. Armagnacs et Bourguignons se pourfendirent dans les marais qui supportent, aujourd'hui, des flottilles de grèbes plongeurs.

Des chevaliers s'en vinrent agoniser sous leur écorce de fer au milieu des roseaux que contournent les grenouilles coassantes. Là même, Louis XI recueillit le fruit de son intelligence extrême, prévoyante, adroite, énergique et doucereuse. Il scella le pacte qui réunit la Bourgogne à la France contre l'Anglais. Et ce fut l'heure marquant l'échec définitif de l'invasion qui avait triomphé sur les sols de Crécy, d'Azincourt, de Poitiers, d'Orléans, de Paris. Alors furent bâtis l'Hôtel de ville, chef-d'œuvre de la Renaissance française, et la cathédrale de Saint-Waast, autre chef-d'œuvre de cette même pensée. Plus tard Turenne battit les Espagnols et Condé assiégeait la place. Il les chassa de leurs tranchées, fut salué victorieux par les sonneries du carillon flamand qui module encore le même air de danse dans la tour précieuse, en haut de laquelle le lion héraldique lève dans l'air la hampe d'un soleil doré. L'essentiel de notre histoire s'accomplit autour de cette cité aux maisonnettes paisibles, tassées dans l'ombre des églises. Non loin de là, les Belgiques, les Hollandes et les Flandres luttèrent pour s'affranchir de la maison d'Autriche. Les échafauds rougirent sous le sang versé par le duc d'Albe. La liberté d'écrire, de penser, de philosopher grandit dans les Amsterdam et les Leyde. Les espoirs d'indépendance s'éveillèrent dans toutes les étroites maisons grises alignées devant les canaux colportant les richesses des négoces allemands, suisses et indiens. Les corporations se formèrent que peignit Franz Hals, avec leurs soldats ventripotents, alourdis par le poids des arquebuses et des pertuisanes orfévrées. Et ceux-ci, en buvant la bière des hanaps, crièrent à l'Europe que le travail des citoyens vaut le caprice des rois et le courage des chevaliers.

Pendant tout le xviie et le xviiie siècles, ce cri des libelles imprimés en Hollande agita les cervelles des pamphlétaires. Spinoza, Grotius et Descartes avaient pensé, là-bas, sous le soleil pâle échauffant les tulipes des minuscules jardins, et se mirant aux cuivres rouges de chaudrons pansus. Les prestiges de leurs noms illustres resplendissaient sur tout ce qui se transmettait des Pays-Bas et des Flandres. Et les loges maçonniques fondées dans les villes hanséatiques envoyaient aux encyclopédistes des orateurs admirés par avance.

Ce pays du Nord se prête le mieux à l'examen de l'évolution que subit une idée. Lorsqu'héritiers de la maison de Bourgogne, par leur alliance avec l'Autriche, les Espagnols de Charles-Quint imposèrent aux Flandres la politique oppressive de la monarchie très catholique, avec les impôts régaliens, toute cette population très dense de brasseurs, de tisserands, de batteurs de cuivre, de bateliers, d'armateurs et de marchands d'épices, toute cette population très riche, enorgueillie de son opulence, libérale par l'esprit de ses associations ouvrières fondées pour la résistance aux calculs des trafiquants et aux exigences des magistrats municipaux, toute cette population railleuse, comme les tableaux de Steen, supporta mal les vanités hiérarchiques de ses nouveaux maîtres et leur cupidité financière. La morgue espagnole excita les colères des artisans qui ne se considéraient pas comme inférieurs aux guerriers puisque, dès l'appel de leur tocsin, eux-mêmes devenaient hallebardiers, archers, chevaliers et canonniers, enseignes et tambours. Incidents de la rue, querelles de cabarets, duels à la lanterne, galanteries osées envers les filles de boutique et ripostes de leurs pères ou de leurs amants, carrosses empêchés de franchir les avenues populeuses des foires, cavaliers saisis à la botte pour un galop intempestif dans une ruelle encombrée de tonneaux et de forgerons au travail, disputes de préséances dans les églises et les processions, rivalités des échevins et des gouverneurs, rencontre de cortèges corporatifs et des régiments, bousculade, rixes, bagarres, émeutes, combats et batailles, incendies et massacres : voilà quelle fut la succession des hasards par quoi naquirent les rancunes privées; la haine publique entre les Flamands et les Espagnols.

Alors s'exaspéra le goût de la liberté. On réclama des franchises légales dûment scellées, paraphées au nom des parties, et consacrées par les cérémonies religieuses, jurées sur les Evangiles. La guerre suivit les faits les plus communs, suscités par des différences de caractères. Arabe à demi, féodal, fier de ses triomphes, même de l'Amérique découverte, conquise, exploitée, l'hidalgo ne comprenait pas le tempérament batailleur et orgueilleux de ces charrons, de ces ferronniers, de ces cabaretiers celtes qu'un coup de cloche travestissait en reîtres hardis et chevaleresques. Pour ceux-là, l'artisan était le serf, le vaincu, l'esclave, hier encore enchaîné à l'établi, au métier, comme au banc de la galère; tandis que celui-ci se considérait comme le créateur de toutes les richesses, grâce auxquelles paradent les princes et les reines moins somptueuses que les bourgeoises de Gand, que les abbesses de Bruges.

Après les heurts, la trêve. Il faut pourtant fabriquer pour manger. Les bateaux vides attendent leurs chargements au long des quais du Rhin, qui, par les canaux et les affluents, dans toutes les Allemagnes, répartira les cuivres de Dinan, les dentelles de Bruges, les draps de Louvain, les lunettes de Leyde, les livres, les orfèvreries, les tableaux de toutes les cités, et les trésors nouveaux arrivés des grandes Indes sur les bâtiments à trois étages de voilure. Donc, la paix, et, pour la paix, le contrat, l'entente, la loi qui assurera le respect des privilèges, qui matera la brutalité des orgueils, qui garantira la jouissance des biens acquis, qui réglera la part du lion et celles de ses rivaux. Le fait de lutte se métamorphose en motif de juridiction. Le droit consacre la force du vainqueur, puis ce qu'il accorde au vaincu en échange d'une soumission promise éternelle, loyale.

A rédiger et à discuter ces contrats, des théories se construisent dans les esprits des signataires, de ceux qui les élirent. En dehors du droit pratique immédiat, on imagine un droit sublime et une justice meilleure, ce que les générations à venir nommeront Les Droits de l'Homme. Bientôt, la convoitise d'acquérir ces avantages hante l'élite qui la communique à la foule, par la parole, par les écrits, par l'exemple de la révolte contre le pouvoir. Faite de mille aspirations vers le désir d'être respecté, aidé, secouru, exempté d'impôts et de corvées humiliantes, enfin soustrait aux règlements qui entravent la croissance du gain, la licence des apostolats et des marchés, cette aspiration générale devient le goût de la liberté. Mot vague, indéfini, dont chaque époque change la signification, et qui, seulement, indique l'influence sourde de l'idée latente près de se réaliser par l'entremise de ses organes humains encore incapables de la prévoir nettement, d'en deviner l'essence et les conséquences. La liberté voulue par le brasseur Artevelde n'était pas celle exigée par Robespierre, laquelle eût été hostile aux revendications de Jules Guesde. Les libérateurs d'hier deviennent les tyrans de demain, comme l'a démontré le lumineux génie du sociologue Eugène de Roberty dans un livre récent.

Voilà donc la genèse. Des individus aux caractères et aux appétits divergents se méconnaissent, se nuisent, combattent. C'est l'action des réflexes. Car les réflexes sociaux sont calculables aussi bien que les réflexes d'un muscle irrité par une piqûre de laboratoire. La série des faits réflexes aboutit à une sanction. La trêve, le contrat, la loi suivent le conflit. Cette trêve est le germe de l'idée philosophique que les élites développeront en méditant sur les causes des faits. Les savants établissent une théorie, qui est une face, parfois complète et suffisante, de l'idée devenue dès lors adulte. Cette théorie est vulgarisée par les arts, l'éloquence, la littérature, l'image satirique et symbolique, la statue élevée aux martyrs. Les arts suggèrent à la fois l'admiration de l'Idée, d'ailleurs, imparfaitement traduite. Surgit une génération nouvelle, chaude de ses enthousiasmes juvéniles, excitée par le prurit d'un sang nubile et par la fièvre des instincts adolescents, meurtrie par les déceptions premières, hantée par ses vives rancunes, par ses amours délirantes. Ces jeunes hommes cherchent un moyen d'agir contre la vie sociale hostile à l'effervescence de leurs passions. La mémoire leur offre les enseignements des arts. Les strophes des chansons et des poèmes, les récits des livres, les personnages des gravures les excitent contre le mal, l'ennemi, celui qui entrave, le chef, le dominateur, les maîtres. De ceux-ci vraiment émanent des règles intolérables et coercitives. Confuse, différemment interprétée par les arts, incarnée dans les appétits individuels, l'idée devient le sentiment inexplicable, dépourvu de logique, mais plus fort qu'elle-même. La foule exprime cet élan obscur par des formules : « On doit faire ceci. On ne doit pas faire cela. Il est honteux de... Il est noble de... » Et toutes les rages particulières se masquent de cette rage générale contre le joug de la loi. Un jour cette jeunesse le brise, au nom de la Liberté, de sa liberté propre, c'est-à-dire provisoire et toute dissemblable des libertés antérieures, postérieures.

Réflexe, conflit, trêve, contrat, loi, idée, arts, sentiment, liberté : tels sont les points nets du graphique social que l'historien peut tracer en observant l'évolution d'une idée, depuis sa naissance jusqu'à son déclin. Voilà pour l'idée patriotique. Pour l'idée religieuse le réflexe procède par réaction contre la peur des phénomènes naturels, orages, déluges, incendies, tremblements de terre que le peuple croit apaiser en passant un contrat de prières et de sacrifices rituels. Le prêtre ensuite établit sa théodicée didactique. Architecture des temples, tableaux d'idoles, éloquence de la chaire, livres sacrés, les arts travestissent la théologie en sentiment religieux. Chacun des faibles y colloque ses espoirs, ses rêveries, ses vertus, ses vices qui deviennent les légendes et les paraboles, les biographies des saints.

De même, pour la genèse des idées scientifiques, entre le fait d'observation immédiate, la théorie généralisatrice, la technique des applications machinales, et l'emploi utilisé par les ignorants.

A cause de leurs révoltes innombrables et successives, de leurs guerres acharnées, les gens des Hollandes et des Flandres acquirent un sentiment excessif et nerveux de la liberté. Il s'irradia sur le Nord entier, et sur l'Artois. Et Robespierre naquit dans Arras, se fit l'avocat des droits méconnus, pérora dans la compagnie libérale des Rosatis, pour apprêter la dissertion sur les Droits de l'Homme avec l'oratorien Fouché, professeur de sciences au collège de cette même ville. Robespierre et Fouché, ces deux intelligences de la Révolution, s'exaltèrent en causant par les beaux jours de promenade sur les remparts de Vauban. Sans doute, ils préparèrent le sort de la France républicaine, dans l'herbe des bastions qui foudroyèrent autrefois les Espagnols haïs des Flandres libertaires et chassés par Turenne, aux sons du tocsin en branle à la cime du beffroi.

Dans son anneau de maçonneries guerrières et verdoyantes, Arras était naguère le symbole attestant la magnificence de tout cet effort humain. Des brutes ignorantes ont rasé les remparts d'Arras, afin de remplir la bourse des démolisseurs et des entrepreneurs de maçonnerie, quand il eût été si facile de bâtir par delà ces boulevards illustres en les conservant comme une promenade centrale et somptueuse. On assure que le même crime s'accomplit à Rocroi, où Condé battit l'autocratisme espagnol. Ainsi, peu à peu, toute la gloire de la France est abolie par les nouveaux barbares. Puissent les bienfaits des expositions régionales pallier la hideur de ces absurdes sacrilèges ! Puissent les discours des congrès, en ressuscitant le passé de nos provinces, épargner la destruction des quartiers qui conservent encore quelques vestiges du grand labeur ancestral et divin comme l'idée qui l'inspira.

CHAPITRE IX

Dans Amsterdam, les délégués socialistes de toutes les nations reconstruisirent, pour un moment, il y a quelques années, la tour idéale et symbolique de Babel. Tels les peuples d'Orient furent réunis, jadis, par l'influence des mages chaldéens, afin de vivre fraternels, parlant un seul langage, et produisant les œuvres de la science civilisatrice. En crainte de voir ces hommes industrieux se rendre semblables à lui par le génie de leurs créations, le Baal jaloux suscita les rivalités entre ces races, les divisa jusqu'à ce qu'elles voulussent, pour se mieux haïr, employer, chacune, un patois inintelligible aux autres. De même un Baal contemporain excita M. Jules Guesde contre ses émules du Palais-Bourbon et inspira le conflit qui gêne le collectivisme européen.

On connaît le thème de la dispute. MM. Millerand et Jaurès en France, MM. Bernstein et Wollmar en Allemagne, M. Anselme en Belgique, prétendent que la révolution violente ne pouvant s'opérer dans l'état actuel des choses, le mieux est de conquérir le pouvoir par les moyens politiques. Aussi M. Millerand accepta-t-il de siéger dans le ministère Waldeck-Rousseau. Certainement l'histoire universelle enregistrera ce fait comme l'un des plus significatifs de l'évolution présente.

Or, beaucoup de socialistes sont réfractaires à cette manœuvre : les uns, comme les Anglais, déclarent inutile et dangereuse toute accession des leurs au Parlement ; les autres, comme Jules Guesde et Bebel, admettent la présence dans les Chambres, mais à condition de rester hostiles au pouvoir bourgeois, de ne le soutenir que sur les motions exclusivement favorables aux espérances ouvrières, sans l'aider en aucune autre circonstance, sans concerter de pacte avec les partis même radicaux.

La lutte dure depuis longtemps. Si le Congrès de 1900 condamna, malgré les efforts de M. Jaurès, la collaboration de M. Millerand à la tête gouvernementale, les élus des ouvriers australiens, par suite d'ententes parlementaires, parvinrent au pouvoir, comme ministres, sous la présidence de leur camarade, M. Watson. Bien que leur insuccès parût flagrant, et qu'ils eussent alors dû se retirer, ce nouveau fait consécutif de la démonstration française prouve assez l'avenir possible d'une pareille tactique. Que tel ou tel jour, dans un grand pays, les privilèges de la responsabilité officielle tombent aux mains des socialistes, ils sauraient contraindre l'Exécutif à sanctionner une série de lois consacrant les principales transformations réclamées par les prolétaires. En Nouvelle-Zélande et en Australie, l'épreuve se poursuit. La Révolution s'accomplirait pacifiquement, et même en parfaite légitimité. L'on fonderait sur des bases absolument solides le futur régime.

Mais les premiers succès de cette méthode inquiètent fort les intransigeants. D'abord les hommes qui se hissent au pouvoir absorbent toute l'importance jusqu'alors partagée entre les ambitions des autres apôtres, qui s'en offensent. Ensuite les pactes nécessaires convenus entre les radicaux et les socialistes obligent ceux-ci à taire leurs revendications trop audacieuses pendant toute la durée du contrat qui semble conclu, dès lors, au détriment du collectivisme et du communisme. Pour ces deux raisons, la première surtout, une querelle, digne de patriarches et d'hérésiarques byzantins, se développe depuis dix ans, avec des péripéties dont les écoliers de l'avenir auront peine à établir la succession dans leurs mémoires.

Car, il apparaît bien que, désormais, les réunions du socialisme international prendront la place des conciles catholiques dans les annales du monde. La controverse sur le cas Millerand, commencée en 1900 et qui se perpétue, sera, plus tard, estimée à l'égal des propositions traitées pendant le concile de Trente qui fixa les dogmes du catholicisme en réponse à la propagande armée des luthériens. Récemment encore, à Nancy comme à Stuttgart, ce sont les catholiques du collectivisme qui l'emportent contre les protestants du parti, c'est-à-dire les dogmatistes contre les libéraux désireux d'obtenir, en faveur de chacun, le droit de penser selon sa conscience et d'agir selon les conjonctures, afin de servir le but unique de tous les fidèles. Lors de ces grandes assemblées religieuses et aujourd'hui, les orateurs visèrent à la réunion des patries gouvernées par un même esprit altruiste, fils de l'esprit de charité chrétienne, comme l'internationalisme est fils du catholicisme qui, le premier, institua la trêve de Dieu, organisa l'alliance européenne des Croisés, et rêva d'être universel en dotant de la même langue latine tous les baptisés.

Rien ne me plairait autant que de composer un parallèle entre ces deux religions, l'une qui meurt, l'autre qui naît. Le même principe les engendra : la compassion envers les faibles. Les mêmes moyens les séduisent pour installer le paradis soit aux cieux, soit sur la terre : l'internationalisme et le communisme, si longtemps mis en pratique dans les couvents. On peut assurer que la filiation des deux thèses est évidente. Et nous assistons à un véritable parricide, lorsque les socialistes étouffent les derniers souffles du clergé. De la tour de Babel au monument d'Amsterdam, les idées bibliques, esséniennes, catholiques et babouvistes s'enchaînent maille à maille, comme un tissu ferme et régulier, depuis ce concile fabuleux des nations chaldéennes jusqu'à ces assises où sont conviées les délégations du monde, et qui se tiennent avec solennité, pour avertir les fidèles, *ex cathedra*, de la vérité apostolique, de ce qui est canonique et de ce qui est hérétique, jusqu'à ces affluences de pèlerins envahissant les quais innombrables de la populeuse Amsterdam, se rencontrant le long des canaux, derrière les rangées de vieux arbres trapus qui ombragent les files de chalands encombrés, et devisant au seuil des maisons grises, rouges, égayées par des lignes de couleur fraîche, par l'éclat de leurs cuivres fourbis.

Dans la maison Six, non loin d'un de ces ponts en dos d'âne qui enjambent la cohue des bateaux, le génie de Rembrandt laissa le portrait d'un bourgeois sévère et pensif, inconsciemment occupé de son gant. Cet homme semble hésiter à sortir. Ce qu'il va faire, le futur lui paraît grave. Il médite. Peut-être, ce bourgmestre, opulent triomphateur du catholicisme espagnol avec l'aide française, entrevoyait-il déjà les changements suggérés aux peuples par la victoire de sa richesse. Peut-être imaginait-il le succès voisin de Cromwell et la tête de Charles Ier roulant sur l'échafaud républicain de Westminster, puis le pullulement des loges maçonniques en Angleterre et en Hollande, la germination des croyances encyclopédistes, l'immense complot des illuminés allemands pour substituer la Loi aux Rois, la fortune de la loge des Neuf-Muses dont les membres instituèrent la Convention qui décapita le souverain franc, qui rétablit la suprématie de la raison latine, enfin, le siècle industriel et bourgeois de Saint-Simon et de Thiers, de Fourrier et de Guizot, de Ledru-Rollin et de Napoléon III, de Karl Marx et de Gambetta, de Domela Nieuwenhuis et de Pierpont Morgan, les syndicats ouvriers et les trusts capitalistes transformant la vieille Amsterdam des corporations marchandes en cette ville monstrueuse, au port immense, hérissé de mâtures, couvert de fumées, ébranlé par les beuglements des sirènes, les sifflets de la vapeur, les grincements des chaînes sur les poulies, les évolutions des grues monumentales et criardes, toute la vie turbulente, hâtive, tumultueuse, de ses quais indéfinis où les trains courent, côtoient les flottes en filé, leur offrent les biens de la terre germanique et scandinave pour en recevoir les produits des Amériques et de la Chine, les œuvres fragiles du Japon belliqueux. Au lieu des bronzes rares et contournés, que le bourgmestre Six attendait du Nippon, un petit homme verdâtre est venu, en redingote, les yeux bridés, la moustache féline ; devant la descendance attentive de l'homme peint par Rembrandt, ce nabot a serré la main d'un nihiliste russe en proclamant que les guerres sont les crimes des diplomates bourgeois, que les multitudes laborieuses refuseront leur sang, tout à l'heure, aux caprices des mikados et des tsars, conseillés par les spéculateurs de la finance.

A l'heure du xvii⁰ siècle, où il maniait son gant de daim, le bourgmestre Six avait-il entrevu ce résultat lointain de son œuvre libératrice ainsi métamorphosée en une force de destruction hostile aux trésors de son testament, aux négoces de ses petits-neveux, à toutes les prévisions de ses banquiers ? Si le pouvoir de méditer lui demeure derrière ce front austère que protège un large feutre gris, mesure-t-il quelle part de responsabilité formidable peut échoir à chacune de nos pensées actives ? Ayant voulu faciliter l'extension de ses commerces, en évinçant par les armes luthériennes la tyrannie de la catholique Espagne, cherche-t-il à s'expliquer pourquoi les conséquences successives et révolutionnaires de cette volonté précise, définie, ont créé les ennemis les plus redoutables de la bourgeoisie même, de ses traditions, de ses espoirs, de ses richesses. Les temps ont métamorphosé en un contraire la même idée pour laquelle il fût mort, sans doute, et pour laquelle il s'efforçait de toutes manières afin de la rendre immortelle, fidèle à sa descendance et à sa patrie.

Non, le bourgmestre Six ne pourrait résoudre ce problème démoniaque et qui, sans cesse, ricane aux lucarnes de l'Histoire. Le temps trompe la vie. Certes, il ne résoudrait pas mieux les quelques dilemmes posés aujourd'hui par un Sathan logicien à tous les conciles du socialisme. Savoir :

1° Toutes les revendications du prolétariat étant justes, si l'on réalisait seulement la plus juste, la hausse des salaires, l'industrie française, qui ne peut déjà lutter contre la concurrence allemande ou américaine, se verrait contrainte d'augmenter les prix de sa production, par suite, elle perdrait ses acheteurs ; elle serait, avant peu, obligée de fermer ses usines. A supposer qu'elle n'augmentât point ses prix mais qu'elle diminuât les dividendes, ses actionnaires cesseraient vite de la commanditer et porteraient au dehors leurs capitaux dans les pays germaniques, par exemple, où, le travailleur se contentant de moins, on fabrique à meilleur marché. Donc, ou bien la hausse des salaires anéantira l'industrie française, et alors l'ouvrier ne trouvera plus à gagner son pain, ou bien les salaires en resteront au taux actuel, et l'ouvrier continuera de souffrir. Dans les deux cas, il lui faut pâtir ;

2° A ce dilemme, point d'autre issue que la révolution, révolution qui bouleversera tout notre absurde système économique. Soit. Mais comment faire la révolution sans armes ? La seule chance de mettre le prolétariat en mesure de combattre, c'est de provoquer une guerre, qui, nécessitant la mobilisation en masse, pourvoira de fusils le peuple enrôlé. Or, le thème essentiel du socialisme est d'empêcher la moindre démonstration militaire. Donc, la révolution violente n'est pas moins impossible que la hausse illimitée des salaires.

C'est pourquoi la thèse du socialisme parlementaire semble la seule judicieuse. Avant tout, il importe de conquérir le pouvoir, et par tous les moyens, puis faire la révolution comme les conventionnels au conseil des ministres. C'eût été, je pense, la solution qu'eût prévue le bourgmestre Six. Dans sa maison d'Amsterdam, il se peut qu'il y songe en achevant d'ôter ou de remettre son gant de daim.

CHAPITRE X

Puisqu'un paysage est un état d'âme, le décor du logis où nous vivons, paysage intérieur, participe aux bénéfices de la définition célèbre. Monuments symboliques de nos pensées, les meubles intéressent quand le style d'une armoire, d'une table, d'un siège énonce le goût qu'adoptent nos imaginations par suite de leurs habitudes. Le luxe faux de la demeure, la camelote d'imitation révèlent la pauvre vanité d'un naïf à médiocre opulence. Au contraire, le délicat qui sait, avec une tenture de quatre sous, un vase en plâtre cru et les nuances du tapis étendu sur le sommier du divan, créer une harmonie ; le riche qui sait acquérir un mobilier selon les normes du savoir, révèlent à leurs visiteurs quelle intelligence guide l'élite de l'époque. Un appartement peut être un chef-d'œuvre d'art et de composition comme un tableau, une statue, une sonate, un livre, un costume. Au même titre qu'eux, il documentera les âges sur nos mérites ou nos erreurs.

A considérer, en 1900, les étalages spéciaux de l'Exposition, nous pûmes dire, en vertu de tels indices, que l'esprit français n'avait rien perdu de sa suprématie.

Lourds ou biscornus, les meubles de l'étranger déçurent tous le sens de la coordination. On excepta un curieux lavabo russe en céramique, et, dans la section américaine, plusieurs salles de bain tout à fait suggestives, aptes à devenir les cadres féeriques et lumineux de naïades ; enfin, surtout, une chambre de musique sous paroi de vitrail glauque, et qui contenait un piano à queue, des stalles de bois marqueté pour les auditeurs, des tonalités unifiantes et gris vert dignes de contenter les archangéliques personnages prérafaélites dessinés par Burne-Jones. Selon les dessins des albums, elle semblait, au reste, réalisée fidèlement.

Exemple notable de l'influence des littératures sur les habitudes, les mœurs, les âmes. Un sonnet de Dante Rosetti suggère un dessin que William Morris veut traduire au moyen de tentures et de formes mobilières fabriquées dans sa manufacture d'art. En Amérique, des imitateurs s'évertuent à surpasser les maîtres d'initiation. Voilà, soudain, la chambre à musique prête pour satisfaire le génie architectural d'un John Ruskin. Comment vivre dans ce décor sans connaître les rythmes et les idées de Rosetti ? Fatalement les réflexions de la rêverie seront inspirées par les courbes des lambris, l'aspect liturgique des stalles, les moulures de la cimaise. Point de miss, dans Baltimore, qui ne vise à paraître telle que ces vierges longues de corps, naïvement tristes aux yeux, et capables de chercher leurs âmes au fond de la vasque remplie d'eau céleste. Les toilettes, celles d'intérieur au moins, donc les gestes, les mines et les sourires se conformeront aux pensées du poète. Afin de plaire à la châtelaine, les snobs ne manqueront pas de s'instruire en cela. Qui saurait dire la part des préraféélites dans l'influence grandie de l'impérialisme anglo-saxon, si l'on songe aux chevaleries nobles et légendaires ressuscitées par cet art parmi les belles forêts scrupuleusement décrites de leurs dessins. Tout lieutenant de Cavaliers-Rouges en campagne contre les Espagnols de Cuba, tout lieutenant de Yeomanry en marche au Transvaal ne songeaient-ils point à égaler les formes pures que revêtirent les héros adolescents des toiles peintes en Angleterre durant les vingt dernières années ? Et M. Chamberlain ne fut-il pas remercié fervemment par l'élite de la gentry pour avoir accommodé à ce prestige la vie même des fiancés britanniques ?

L'excellence des ébénistes parisiens se manifesta particulièrement dans la reconstitution des meubles chers au Siècle français. Une vaste plaque de porphyre lisse, que supportaient des télamons en bois massif parfaitement sculpté et doré, tel secrétaire à cylindre construit d'après les formes de celui qui orne, au Louvre, la galerie du XVIIIe donnèrent l'une et l'autre des émotions esthétiques rares. L'époque entière de la Régence et de l'Encyclopédie apparut autour. Jean-Jacques dut écrire quelques pensées du *Contrat social* sur une semblable tablette lorsqu'il fut admis chez La Popelinière, comme Arouet dut s'appuyer contre une pareille masse de porphyre en conversant avec Chaulieu et le marquis de La Farè sur les audaces que propagerait un jour la publication des *Lettres philosophiques*. A cette époque privilégiée, les lignes du décor intérieur s'assouplissent aussi bien que l'esprit. La massivité solennelle du XVIIe siècle s'atténue. A Boule succède Cressent dont le Petit-Palais contint les deux admirables armoires conçues en l'honneur du Régent. Les cuivres olympiques de Boule deviennent de légères lianes de métal qui courent et ondulent autour des panneaux, qui écument comme les rides de l'eau, qui moussent comme les frisures des plumes, qui se bombent comme les coquilles de la mer. Bientôt les pieds des meubles répéteront la proéminence des hanches féminines après l'étranglement de la taille, pour suivre le galbe simplifié des jambes virginales et se poser légèrement. L'animalité vivante pénètre la matière de l'œuvre et l'anime. Il y a plus d'univers dans les lignes d'un guéridon à tric-trac que dans les façades fixes sous leurs ornements d'écaille inventées par l'art royal de Boule. On ne cherche plus à en imposer, mais à séduire. La force cède à la persuasion dans le goût des emblèmes. C'est une ère nouvelle et due toute aux vertus cérébrales de la nation. L'ameublement du xviii° siècle consacre ainsi la plus belle efflorescence de notre génie.

Logiquement, nos décorateurs modernes étudient la maîtrise de ce temps. Simples copies, objecteront beaucoup. Certes ; mais copies égales aux originaux, copies sans défaillances, et qui retiennent le miracle entier de la création. Par scrupule, les constructeurs utilisent uniquement les vieux bois séculaires. Ainsi, la matière et la forme s'adaptent selon les données exactes d'autrefois.

Grâce à ce labeur, les meubles qui furent jadis le rare, qui garnirent les seules demeures des grands, se trouveront dans plus de logis. Nous les admirerons chez nos amis. Ils nous instruiront et enrichiront nos âmes de souvenirs évoqués par leur présence décorative.

Qu'on ne dise point ceci : « L'expression mobilière des siècles défunts ne correspond pas aux idées du temps contemporain ; et des créations nouvelles siéraient mieux, adaptées aux exigences de nos désirs quotidiens. »

Non ; car les exigences de nos esprits diffèrent peu de celles que les encyclopédistes affirmèrent. Très lentement, nous continuons la même œuvre entreprise par leur bravoure morale. Presque tous les maux subsistent qui affligèrent Candide. Nous avons seulement convaincu le monde de l'urgence d'y porter remède. Mais la guérison est lointaine encore. Oh ! nous pouvons, sans modestie, nous accouder sur la table d'Arouet, écrire sur le secrétaire d'Helvétius, et méditer dans le fauteuil bas, à grand dossier de Jean-Jacques. Ce ne sont guère d'autres pensées que les leurs qui assailleront notre tristesse, malgré les prodigieux efforts de cent années.

Il convient donc de vivre dans les décors qui favorisèrent l'élan de leurs propos. Nos tapissiers connaissent savamment nos besoins moraux, s'ils nous présentent, dans les expositions, les meubles mêmes devant lesquels naquit et se proféra la première parole des philosophies libérales.

D'ailleurs, les architectes s'unissent aux ébénistes pour ce devoir de nous replacer dans la même ambiance de suggestions par les formes. Ils nous convient également à poursuivre la tâche. A l'ouest de Paris, les maisons des quartiers neufs sont édifiées de telle sorte qu'à chaque étage les galeries des anciens châteaux s'allongent derrière l'enfilade de vastes pièces blanches, rectilignes, percées de hautes fenêtres symétriques. Ces logis recevront également la large plaque de porphyre lisse sur ses télamons dorés, dans le milieu du salon, la vitrine à trois corps, en bois rose, avec ses appliques de cuivre ciselé ; avec ses panneaux évidés entre les moulures pour contenir un grillage d'or, gardien des livres

GRAND MEUBLE BAHUT POUR COLLECTIONNEUR
Par MAJORELLE.

(Noyer sculpté et Ferronnerie.)

ARMOIRE FAMILIALE DU XVIIIe SIÈCLE.
(*Musée des Arts Décoratifs.*)

reliés en veau plein, des figurines de Saxe, des tabatières à miniatures. Les photographies de Braun restitueront, très fidèlement, les sanguines de Watteau, seules dignes d'éveiller les symboles de la vie parmi l'éclat blanc de ces murailles. Le vide des autres pièces attend les chaises légères à petits panaches sculptés, la bergère en trois parties et son cannage peint ; les idylles au point d'Aubusson serties dans les médaillons des sièges et de leurs dossiers. Certes, la marquise du Châtelet peut venir prendre possession des appartements que fit naguère composer, avenue Henri-Martin, une musicienne excellente. L'amie de Voltaire s'installerait à l'aise et logerait au mieux les meubles et le clavecin de Cirey dans ces harmonieuses pièces claires dues aux conseils esthétiques de la vicomtesse de Tredern. Le rêve d'un encyclopédiste fleurirait là très heureusement.

Peut-être les ébénistes modernes, scrupuleux pour traduire l'exactitude des proportions anciennes, hésitent trop à transformer leurs modèles. Le siège du xviiie siècle ne suffit plus absolument à nos indolences. Si le grand fauteuil de la Régence, bas sur pieds courbes, profond, et de dossier large, accueille favorablement nos échines, nous regrettons cependant la mollesse du divan où la nervosité s'apaise, où les membres s'étirent, où, quelques minutes, le sommeil répare la fatigue du travail cérébral. Pour satisfaire à cette convoitise de notre neurasthénie, il siérait d'agrandir ces manières de canapé en cannage qui supportent des coussins de velours pers. Conservant les proportions relatives des pièces, rien n'empêcherait qu'on lui attribuât une longueur de deux toises, une largeur considérable. On se délasserait bien dans cette cage de paille dorée, avec le songe d'être quelque bizarre naturel des *Iles*, rapporté par le capitaine d'une frégate royale pour son amie célèbre à l' « OEil-de-Bœuf » comme aux Porcherons et à la loge du comte de Saint-Germain.

Hors ces copies du Siècle français, les innovations du mobilier sont fort nombreuses. Maints artistes célèbres, Majorelle, Charpentier, Jean Baffier, Carabin, entre beaucoup d'autres, purent instaurer, sinon un style, du moins les meilleures promesses d'un style inédit. Le fameux lit sculpté par Dampt marqua le premier triomphe de ces essais, au Champ-de-Mars, en 1896. Depuis, la technique progressa, et l'on peut dire que des boiseries sont inventées chaque jour, différentes de celles consacrées par la vénération du moyen âge et de la Renaissance, mais non moins belles. La variété des espèces ligneuses réunies dans le même champ, pour former les encadrements et les panneaux, les moulures et les pleins, offrent la surprise heureuse spéciale aux marqueteries. L'adjonction de miroirs encastrés étroitement aux courbes des bois accroîtra certainement les moyens de beauté et multipliera les perspectives. Mais l'art nouveau n'a point encore inventé le siège à la fois commode et de lignes eurythmiques. Soit qu'il ait eu recours aux modèles trop vilainement roides et fragiles du style anglais de Mapple, soit qu'il ait simplement copié les escabeaux du xive siècle, ses chaises et ses fauteuils semblent plutôt des chevalets de torture que des berceuses. Il y avait cependant à tirer parti du rocking-chair et du divan oriental en le transformant selon le dessin général du décor. Il n'en fut rien. Or, un art du mobilier que n'invente pas son siège évite le principal et le difficile. Il demeure incomplet. Nous possédons des lits nouveaux, des lambris nouveaux, quelques tables même, quelques dressoirs et bibliothèques, mais aucun siège dont l'emblémature s'accorde avec la conception générale et la synthétise. Le siège du Siècle français est, au contraire, admirable. Fauteuil aux médaillons rembourrés, ou bergère aux pieds de biche munie de son velours d'Utrecht, chaise étroite ayant pour dossier tantôt une lyre d'or, tantôt un ovale exquis canné en grisaille, le siège concentre en soi tous les caractères de la décoration intérieure. Il est un centre, un édicule étalon par le moyen duquel l'œil mesure l'eurythmie des relations proportionnelles entre les objets.

Dans les *Sept Lampes de l'architecture*, John Ruskin écrivit : « Ayez un grand motif et plusieurs autres plus petits, ou bien ayez un motif principal et plusieurs autres inférieurs, et liez-les bien ensemble... Qu'une chose domine le reste, soit par la dimension, soit par son rôle, soit par son intérêt. » Grâce à ces qualités, le siège du xviii° siècle fixe en soi le centre du décor dont il explique les juxtapositions, les développements, la nécessité. L'art nouveau manque d'un centre, d'un meuble-type, c'est-à-dire de l'essentiel pour créer une harmonie aux proportions évidentes et triomphales.

Les meilleures des trouvailles sont celles de la ferronnerie moderne. Certaines directions roides et vives de cuivre rouge, qui ornent de leurs lignes brisées les battants d'une porte nue, valent de surprenantes impressions. Les tracés de la foudre dans le ciel inspirèrent probablement ces compositions ornementales. Elles me paraissent merveilleuses. Une armoire de cuisine en sapin cru, munie de ces seules cuivrures, formerait déjà l'ensemble d'un beau meuble. Quelques vitraux enchâssés dans des arabesques de plomb semblent des fleurs monstrueuses et vivantes. Ils constituent des portes à la fois diaphanes, toutes emplies de lumière, et ausi très mystérieuses pour clore une chambre. L'appartement s'éclairerait fort qùi les contiendrait en nombre.

Mais les formes du Siècle français prévalent sans conteste. Aimons-les d'abord. Choyons-les. Qu'elles nourrissent la force de notre pensée par leurs symboles de persuasion et d'amour, par leurs courbes vivantes. Déjà, tels bazars fondés, afin de plaire, par la mise en vente de leurs marchandises, au nombre de la bourgeoisie plutôt qu'à des aristocraties raffinées, offrent des modèles de décor intérieur noblement reconstitués selon la méthode de Crescent et de ses successeurs. Soigneuse de son esprit, leur clientèle ne veut plus être choquée par les disproportions. Quand l'acheteur du bazar commence à goûter le subtil et le délicat de l'art décoratif, pour son usage, c'est un signe de relèvement intellectuel.

CHAPITRE XI

Entre les innombrables statues élevées à la gloire des citoyens qui marquèrent par leurs actes la signification des pensées chères aux élites françaises, l'effigie de La Fayette conseilla fort bien aux passants la curiosité d'apprendre une biographie en laquelle se résume, sous la forme la plus merveilleusement romanesque, l'essentiel des idées dont s'étonna le monde à la fin du siècle précédent, au commencement de celui-ci.

Il est surprenant que l'épopée du marquis n'ait pas encore tenté quelqu'un des jeunes poètes obstinés à la louange des yeux noirs et des chevelures blondes, des tailles souples et des seins frais. Encore que mettre en bouts-rimés alexandrins ces compliments dus à la reconnaissance comme à l'appétit ne soit pas un exercice de syntaxe inutile, le temps passe de chanter les orteils des dames galantes. Il siérait que les éphèbes doués de lyrisme et d'érudition employassent à de meilleurs sujets leurs aptitudes toujours plus nourries d'art. Ce que l'on comptait pour du génie en 1840 est à peine nommé talent aujourd'hui, tant augmenta le nombre et la puissance des essais littéraires. Sur cent brochures de vers que l'on ouvre, il en est fort peu de mauvaises, un tiers à peine de médiocres. La moitié présente de hautes idées servies par des styles sûrs et un sens excellent du rythme. Il faut déplorer qu'à un pareil accroissement des intelligences supérieures ne corresponde pas une sympathie pour les grandes vues observatrices. Pourquoi, tel groupe de poète réuni sous la bannière de sa revue n'assume-t-il pas la tâche de créer la figure d'un de ceux ou de celles qui mêlèrent leurs vies intimes à l'énorme effort du Siècle français ? Jusqu'à présent ces besognes ne furent entreprises que par de tristes archivistes, de méticuleux professeurs soucieux uniquement de vérifier des dates, de collationner des documents secs, de critiquer des assertions et de confronter des jugements. A chacun de ces travaux manque le souffle de vie; cette résurrection artiste du décor et cette analyse profonde du sentiment qui dressent dans la mémoire du lecteur l'évocation du personnage à la place de la fiche historique. La jeunesse consacre en ce moment la plupart de ses revues à la glorification de la nature. On ne peut qu'applaudir. Cela fini, que n'emploie-t-elle la même ardeur instruite et créatrice à ressusciter les heures palpitantes connues par telle merveilleuse dont les amours, le goût pour l'antique et les intrigues se confondirent avec les énormes événements de la Révolution ? Quel romancier la choisissant comme héroïne ne trouverait en elle un motif d'immortaliser son geste ? Et pourquoi le fait d'avoir existé historiquement rendrait-il cette femme indigne de la prose ?

Les origines de la République ne sont pas si lointaines que nous ne puissions retrouver les détails des sentiments usités à sa naissance. Les documents abondent, divers, et se contrôlent. Lier les débuts du xx⁰ siècle à ceux du xix⁰ par une chaîne d'œuvres littéraires, toutes vibrantes de pensées, toutes fières de leurs décors réapparus, toutes comblées de leurs foules révolutionnaires et militaires, toutes pleines des amours différents et des passions diaprées, toutes férues des philosophies et des sciences successives, quelle tâche synthétique et quelle gloire pour l'élite française qui présenterait au monde ce portrait de la Nation.

Le souci d'exactitude absolue est puéril. Flaubert reconstitua Carthage. Les savants chicanent et critiquent. Ils ont raison, à titre de savants. Mais combien de personnes ne garderaient de Carthage que la vague et imprécise image perçue au cours de leurs études latines du lycée si Flaubert n'avait écrit son immortelle évocation ? Il a donc fait mille fois plus que les professeurs pour enseigner aux hommes l'âme phénicienne et la psychologie des mercenaires. Qu'on ajoute à la fin du livre un erratum condensant les rectifications, et nous aurons satisfait à la fois les deux partis. L'art est une besogne de vulgarisation. Il doit faire comprendre aux grandes élites les beautés des dogmes entrevus par le philosophe, le savant et l'historien qui laissent ces dogmes inaccessibles à la foule, faute de méthodes attirantes.

Entre tous, le roman de La Fayette peut séduire les littérateurs. Il serait si curieux de remonter les cours des idées qui préparèrent les convictions de 1789. On irait ainsi jusqu'à Vicence, au milieu du xvi⁰ siècle. On y saluerait un réformateur protestant, ami de ce Mélanchthon qui rédigea la *Confession d'Augsbourg*, Lelio Socin.

Dans sa lutte contre les évêques et les seigneurs ecclésiastiques de l'Italie, celui-ci proclama l'urgence d'admettre l'égalité entre les hommes, condition indispensable du droit pour chacun de commenter les Ecritures Saintes selon les principes de la conscience individuelle. Il niait la prédestination, c'est-à-dire la théorie religieuse admettant un dessein de Dieu, conçu de toute éternité, pour conduire certains privilégiés, par la grâce, jusqu'au salut éternel. Lelio Socin niait une aristocratie des fidèles, la possibilité d'une caste à privilèges et de droit divin. Son neveu Fausto Socin propage la réfutation à Zurich, par toute l'Allemagne, en Pologne, dans la ville de Rakow, qui devint un centre de doctrines égalitaires, et se transforma en phalanstère comprenant des fabriques, des gymnases, des bibliothèques. Le gouvernement, qu'effraye le progrès des sociniens, les chasse de Pologne. Ils se dispersent, voyagent jusqu'en Angleterre. Ils y forment la Société chrétienne des Amis et des Philadelphes, c'est-à-dire des fraternels. Une fraction de la société deviendra la secte de ces quakers qui vont blâmant l'orgueil des papistes et des pasteurs, dénonçant les faux poids au marché, la mauvaise qualité des vivres et des hardes en vente, déclamant contre l'ivrognerie dans les tavernes, qui refusent de se découvrir devant les juges et le roi, de prêter serment, de tuer le prochain sous prétexte de guerre, qui, par raffinement d'égalitarisme, impriment leurs livres sans majuscules. Ils adoptent la plupart des principes en honneur dans les loges maçonniques écossaises qu'avaient établies les derniers druides à l'heure où triomphait le christianisme. Ils convertissent à leur foi révolutionnaire le fils d'un vice-amiral, lui commissaire de l'amirauté, William Penn. En paiement d'une créance sur l'Etat, il obtient du roi

WILLIAM PENN.

Charles II, rétabli par l'entreprise des loges maçonniques, la propriété, en Amérique, d'une région couverte de forêts, et qu'il nomme Sylvania, puis Pennsylvania, hommage à la mémoire de son père. Il émigre avec les quakers et les sociniens, fonde, en 1682 la ville de Philadelphie, ou Fraternité, réunit les colons en assemblée nationale et leur propose une convention politique de vingt-quatre articles : la Charte de Penn. Celle-ci devait servir de modèle, en 1776, à la Constitution des Etats-Unis quand ils proclamèrent leur indépendance, dans la cité maçonnique.

Là, cinquante ans plus tard, Benjamin Franklin acquit sa renommée, étonna par sa science, et constitua la puissance de l'autonomie américaine. Quand las d'être des colons anglais soumis à l'arbitraire de la cour de Londres, les Philadelphes se révoltèrent contre le monarque de la Tamise, Franklin gagna la France, visita les loges maçoniques de Paris pour requérir auprès des frères et des illuminés égalitaires l'aide obligatoire entre adeptes. Il y rencontra La Fayette.

Très probablement, à Metz, en 1774, lorsqu'il eut rejoint son régiment de dragons, le jeune marquis avait été initié à l'art royal, comme il était de mode. Depuis 1759, les soldats de cavalerie s'affiliaient à la loge la *Parfaite Union* ; et tous les jeunes officiers, tel Saint-Martin, prêtaient leurs loisirs à l'étude de l'illuminisme qui, d'Allemagne, envahissait la France. Dès cette époque, Son Altesse Sérénissime Louis-Philippe Joseph d'Orléans, duc de Chartres, est grand maître de l'ordre fondé en 1726 à Paris, dans la loge Saint-Thomas, chez Hure, traiteur, rue des Boucheries-Saint-Germain. Toute la noble société d'alors joue aux adeptes. Tant de carrosses s'alignent en file à la porte de certains ateliers qu'il faut instituer une brigade de police spéciale afin d'assurer la circulation. On y fait de la musique et de la fantasmagorie. Le fameux comte de Saint-Germain parle de François 1er comme d'un ami quitté la veille. En 1778, Mesmer commencera les expériences du baquet ; et en 1780 Cagliostro éblouira le monde par ses cures miraculeuses, par sa faconde. Le marquis et la marquise de La Fayette, qui folâtraient en joyeuse compagnie aux Porcherons, ne manquèrent certainement pas de courir les loges, ainsi que l'on court maintenant les cabarets de Montmartre. Cependant, les hommes s'y entretenaient des théories de Jean-Jacques, du retour à la nature, du *Contrat social*, du sensualisme et du paratonnerre.

Agé de dix-neuf ans, La Fayette s'enthousiasma pour les théories des philadelphes, pour les destins de leur État. Il prend au sérieux son rôle de F., se fait réformer et offre son épée aux égalitaires de Pennsylvanie. On sait comment il alla combattre aux côtés de Washington et comment, à son retour, il obtint des grands seigneurs affiliés l'envoi d'un corps d'armée et d'une flotte pour soutenir la révolte des Américains contre l'Angleterre. Rochambeau commandait les forces françaises. La Fayette lutta sous l'uniforme de l'Union. L'indépendance fut conquise.

En 1777, le marquis écrivait déjà tout naturellement : « Nous autres républicains... L'homme le plus riche et le plus pauvre sont de niveau... » Et il pense à l'affranchissement des nègres. Sa rentrée en France fut triomphale. Les poissardes lui apportèrent des branches de laurier ; et tous les Frères lui firent des ovations qui se reproduisirent sans cesse. En 1782, comme il visitait la loge Saint-Jean d'Ecosse du *Contrat social*, loge-mère du rite écossais, il fut, contrairement à toutes les règles, nommé sans scrutin, par acclamations unanimes, membre de l'atelier. En mars 1789, il veut se faire élire, à Riom, député du Tiers ; mais les Frères lui représentent qu'il rendra plus de services en défendant auprès de la noblesse les idées nouvelles. A contre-cœur, les nobles lui décernent, malgré son immense popularité, cent quatre-vingt-dix-huit suffrages sur trois cent quatre-vingt-treize votants.

Dès lors, il se voue aux idées de l'illuminisme. Le premier, il présente un texte de la Déclaration des droits de l'homme. Les Philadelphes américains le surveillent et lui donnent des avis. Gouverneur Morris, délégué des Etats-Unis, le conseille. Après la prise de la Bastille, La

BENJAMIN FRANKLIN.

Fayette constate son pouvoir. On le porte en triomphe. Il est nommé général de la milice parisienne, à laquelle il donne la cocarde tricolore, et il organise ainsi les forces premières des fameuses demi-brigades qui, commandées par des états-majors maçonniques, renseignées, aidées, soutenues par les intrigues des illuminés autrichiens et allemands, traverseront l'Europe sous les drapeaux de la victoire. La plupart des officiers seront des philadelphes ; ils choisirent, tour à tour, pour chef, Moreau, Oudet, Malet, Bernadotte, lorsque La Fayette, prisonnier des Autrichiens, languira dans un cachot d'Olmütz ou lorsque la politique jalouse de Bonaparte le forcera de demeurer inactif dans ses terres.

Ce milieu des loges du xviiiᵉ siècle offrirait à l'écrivain les plus curieux sujets d'études sur les mœurs, les illusions du temps, sur l'étonnante fortune de quelques charlatans, sur les spéculations d'admirables mystiques, sur l'organisation du mouvement révolutionnaire. C'est Alexis de Noailles, proche parent de La Fayette, qui proposa l'abolition des privilèges au 4 août. La Révolution française est faite par les nobles et les bourgeois lettrés. La presse n'étant pas libre, ils s'assemblent, pour causer, entre les colonnes du temple, et prétendent mettre en pratique les théories, soudain réalisées en Amérique, d'un pauvre réformateur italien qu'agaça l'arrogance des princes de l'Eglise vers le milieu du xviᵉ siècle. En sorte que, par simple antithèse, c'est encore de Rome même, du catholicisme même, que sortit l'idée sociale devant aboutir au triomphe de 1800.

L'intrigue romanesque se lie fort étroitement à l'évolution politique. C'est d'abord la psychologie d'un ménage dont le mari a seize ans et demi, la femme quatorze ans, puis une aventure avec une jeune sauvage, mentionnée dans la correspondance de Grimm ; ensuite le jeune mestre de camp ravit au duc de Chartres l'amour de la comtesse d'Hunolstein qui l'avait éconduit avant le premier voyage en Amérique, qui lui accorda ses bonnes grâces en récompense de la gloire acquise, au retour. Plus tard, il y eut passion violente entre Mᵐᵉ de Simiane et le héros. M. de Simiane faillit se tuer dans un accès de jalousie. D'autres histoires amoureuses agrémentèrent les années du marquis. Les lectrices ne se plaindraient de rien.

A proprement parler, La Fayette fut le type de ces libéraux qui enfantèrent les esprits de Laffitte, Casimir Perier, Guizot, Thiers, de leurs disciples. Il voulait une Constitution permettant la liberté de la presse, le contrôle du pouvoir par une assemblée de personnes compétentes élues au suffrage restreint, et une famille royale, indispensable, selon lui, au maintien de la centralisation étatiste. Son idéal visait à la liberté d'expression, à l'égalité politique, mais ne concevait rien des déformes économiques et sociales. La peur de la décentralisation lui fit abandonner la cause du peuple lorsqu'au 10 août 1792 la royauté succomba.

Mis en accusation pour avoir convié ses troupes à reconnaître encore le pouvoir de Louis XVI, il dut franchir la frontière. Or les Impériaux le considéraient comme un traître à la cause du royalisme. Ils ne lui pardonnaient pas d'avoir joué, lui, légat naturel de la noblesse, le rôle de *protecteur de la canaille*. Ils l'accusèrent de tous les malheurs qui accablaient le roi de France dont il avait affaibli l'autorité en mutilant les traditions. On refusa de lui laisser atteindre un territoire neutre. Enfermé à Olmütz il n'en sortit qu'en 1797, sans pouvoir rentrer en France, du reste, avant le lendemain

LE GÉNÉRAL MALET,
dans sa prison.

du 18 Brumaire et sous un nom supposé. Bonaparte se souciait peu de voir à Paris cet homme populaire, ami des thermidoriens. Il ne lui permit la résidence qu'à la condition de se retirer en Brie. Après le complot de la machine infernale, il le reçut cependant, et répéta les propositions que lui faisaient les royalistes s'il consentait à se souvenir du pacte passé entre eux et lui, avant le coup d'Etat : « Ils me promettent une statue, où je serai représenté tendant la couronne au roi. J'ai répondu que je craindrais d'être enfermé dans le piédestal. »

A la suite de cette entrevue, La Fayette comprit le projet du Corse et cessa les avances. Dès 1802, il recevait les réprimandes consulaires et répondait : « J'habite la campagne, je vis dans la retraite, j'évite les occasions de parler ; mais toutes les fois qu'on viendra me demander si votre régime est conforme à mes idées de liberté, je répondrai que non ; car, enfin, général, je veux bien être prudent, mais je ne veux pas être renégat. » Et le marquis entretint des relations amicales avec Moreau, tandis qu'il mariait son fils Georges à la fille de Destutt de Tracy, l'idéologue sensualiste, membre de l'infime minorité opposante au Sénat.

Philadelphe, La Fayette donnait à Moreau, quand il partit pour l'exil des Etats-Unis, plusieurs lettres de recommandation. En juillet 1808, Napoléon essaya de compromettre le philadelphe dans un des complots du général Malet, et, sans doute, il y avait quelques raisons valables.

Le marquis le démontra en 1814, quand il essaya, le 30 mars, d'ameuter les gardes nationales afin de contraindre l'empereur à la déchéance et, en 1815, quand il lança, du haut de la tribune parlementaire, après Waterloo, la proclamation de cette déchéance, pour achever la ruine du despote.

Pendant la Restauration, il devint, comme l'on sait, le maître de la Haute-Vente des carbonari français. Elle comprenait tous les demi-soldes, tous les anciens philadelphes. Par leurs forces, il réussit à faire triompher le principe libéral aux Trois Glorieuses.

J'ignore quelle vie fournirait au poète la matière d'une plus étonnante étude romanesque et véritable.

Réception de Francs-Maçons

AU XVIIIe SIÈCLE

Estampes de l'Epoque.

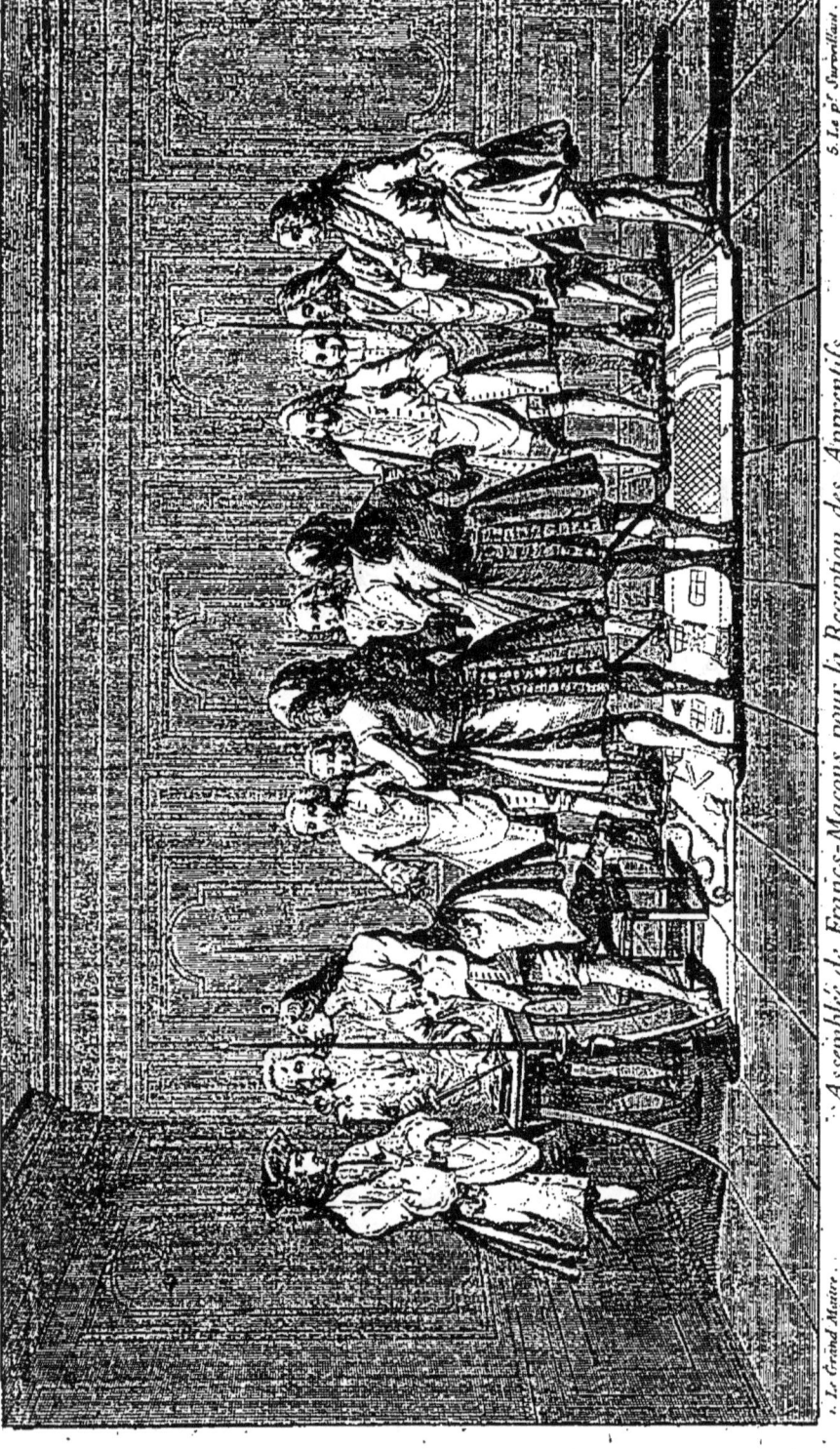

Assemblée de Francs-Maçons, pour la Reception des Apprentifs.

Le Recipiendaire fait serment, avec imprecation la main sur l'Evangile
de ne jamais reveler les mysteres de la Maçonnerie.

Dedié au trés Galant, trés sincere et très veridique Frere profane Leonard Gabanon, Auteur du Catechisme des Francs-Maçons.

1. Le Grand Maitre.
2. l'Orateur.
3. Le Recipiendaire.
4. Le Secretaire.
5. Le p.^r Surveillant.
6. Le 2.^d Surveillant.
7. Le Trésorier.

Assemblée de Francs-Maçons pour la Reception des Maitres.
Entrée du Recipiendaire dans la Loge.

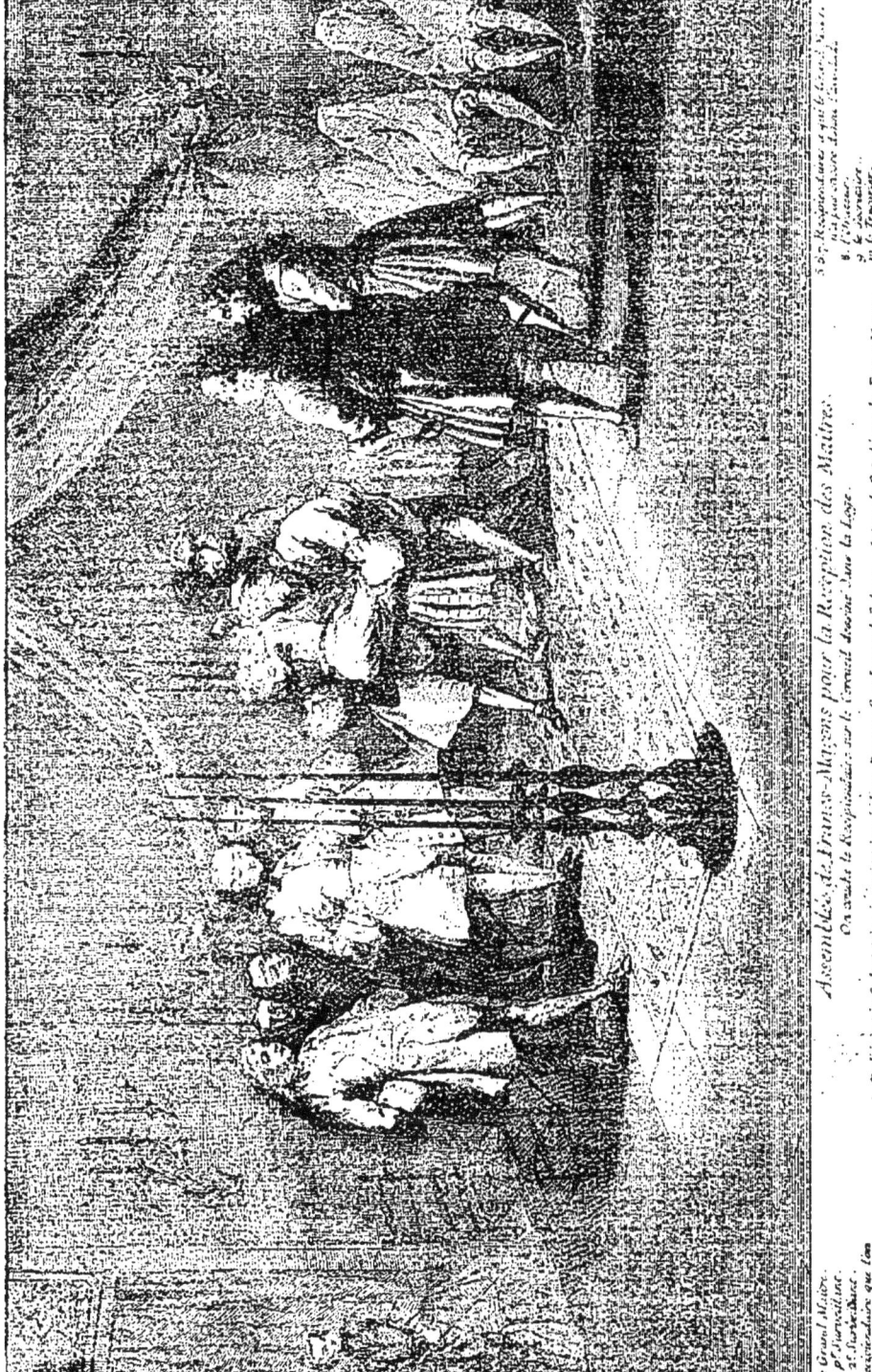

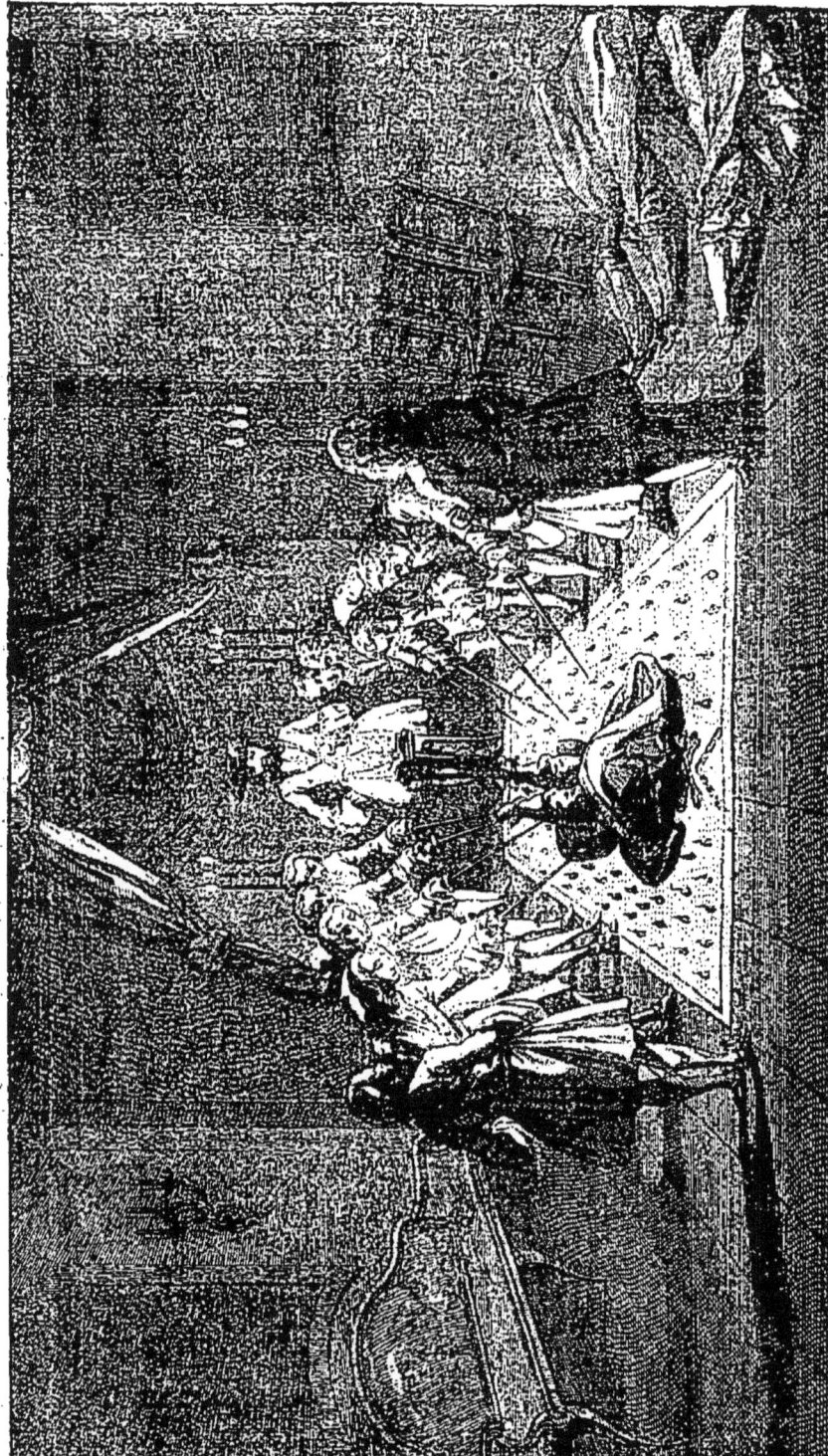

Assemblée de Francs-Maçons pour la Reception des Maîtres.

Le Grand Maître releve le Recipiendaire en luy donnant l'attouchement, l'acollade et en luy disant le mot du Maître.

Dedié au très Galant, très sincere et très veridique Frere profane Leonard Gabanon, Auteur du Catechisme des Francs-Maçons.

1. Le Grand Maître.
2. Le p.r Surveillant.
3. Le 2.d Surveillant.
4. Le Recipiendaire.
5. L'Orateur.
6. Le Tresorier.
7. Le Secretaire.

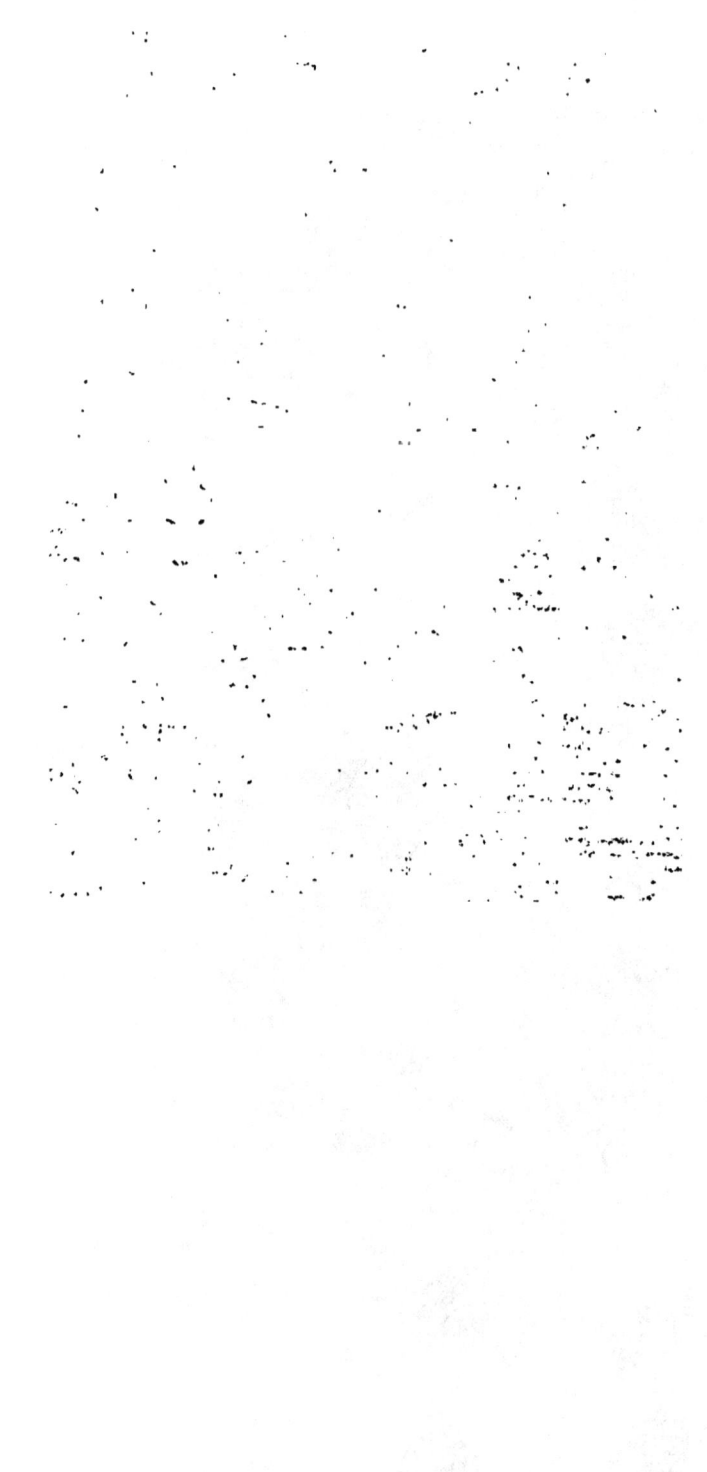

CHAPITRE XII

Lorsque des actes hostiles sont perpétrés, de temps à autre, par les troupes adversaires de la Colombie et du Venezuela, ces aventures perpétuent l'état de luttes entre la Révolution et l'Inquisition qui commença vers les premières années du siècle, sur les côtes de la mer des Antilles, à l'heure où les troupes de la République française, victorieuses en Piémont, reprenaient l'avantage contre les bandes calabraises du cardinal Ruffo et de Ferdinand de Bourbon, trop sûres d'avoir rétabli en 1799 l'autorité royale et cléricale des Deux-Siciles dans la péninsule, après les défaites des républicains italiens en Pouille et la retraite de notre général en chef Macdonald, débordé au Sud par cette innombrable armée de la Foi, menacé au Nord par les Russes de Souvaroff.

Les victoires de Hohenlinden et de Marengo, remportées en 1800 par les deux chefs jacobins, Moreau et Desaix, après celle de Zurich gagnée par Masséna, replacèrent l'Italie sous la domination de l'idée encyclopédiste. Ce retour des choses eut un énorme retentissement par le monde. La nouvelle émut particulièrement les Espagnols de l'Amérique latine que le pouvoir discrétionnaire des gouverneurs métropolitains et des moines opprimait. En ce temps, les fils de planteurs allaient parfaire en Espagne leur éducation. Ils n'étaient pas sans apprendre quelque peu la prodigieuse évolution mentale qui s'accomplissait alors en France, en Allemagne et en Russie, depuis les initiatives de Jean-Jacques Rousseau, des Illuminés, et l'accueil fait aux philosophes dans les cours de Frédéric de Prusse et de Catherine II. Instruits des nouveaux axiomes pendant leur stage d'officiers aux régiments de Castille ou de Catalogne, initiés presque tous dans les loges maçonniques, les jouvenceaux revenaient au Venezuela, en Colombie, au Pérou, tout imbus de désirs révolutionnaires, et les propageaient aisément parmi les gens que régentaient encore les duretés sanguinaires mises en honneur par Cortez, Pizarre et les dominicains, au xvie siècle.

Entre ces jeunes hommes qui se firent les premiers apôtres de la liberté, don Francisco de Miranda semble le plus remarquable. On peut dire qu'il fut l'esprit de la révolution en Nouvelle-Grenade, comme Bolivar en fut l'action. Celui-ci réalisa ce que l'autre avait rêvé, préparé et tenté.

Miranda vint à dix-sept ans de Caracas étudier en Espagne vers 1770, entra dans l'armée, reçut le grade de capitaine. Curieux d'apprendre davantage, il prétendit se rendre à Paris. C'était l'époque où florissait la gloire du célèbre abbé Barthélemy qui savait, outre le grec et le latin, l'hébreu, le chaldéen, l'arabe, les mathématiques, qui avait suivi M. de Choiseul dans son ambassade à Rome et venait de publier son livre *Les Antiquités d'Herculanum*, d'où vint le goût général de reconstituer la civilisation latine au moyen de l'architecture, du mobilier, de la statuaire et de la peinture. Vien éduquait David dans son atelier, entre Gros et Gérard. Gabriel édifiait partout les colonnes romaines et des temples antiques. L'esprit latin de Brutus ressuscitait, triomphait contre l'autocratie franque des Capétiens.

Les tuteurs des jeunes officiers espagnols appréhendaient, pour les serviteurs de l'Escurial, l'influence d'un tel milieu. Le voyage fut interdit à Miranda. Cependant, il put se faire expédier les livres des philosophes et les étudia forcenément jusqu'à ce que la Sainte Inquisition, après enquête, les lui eût confisqués. Il répara cette perte, et ne modifia point ses convictions, car, ayant fait la preuve de ses talents militaires sur la côte marocaine, au siège de Mélilla, il obtint de s'enrôler dans le corps de Rochambeau, que les Loges maçonniques françaises, à la requête de Franklin, envoyaient aux Philadelphes de l'Amérique septentrionale, afin de les aider à chasser l'aristocratie anglaise de leurs villes libérales, et à conquérir l'indépendance. Celle-ci obtenue, il voyagea par l'Europe, de Loge en Loge, selon la mode intellectuelle du temps. Partout, il exposait la misérable situation morale de ses compatriotes soumis à l'arbitraire d'un pouvoir sans contrôle et aux simplicités terrifiantes de l'Inquisition. Partout, il recevait des encouragements, recueillait des promesses. Son ambition était d'obtenir pour l'Amérique du Sud ce que Franklin avait obtenu pour l'Amérique du Nord : un mouvement d'opinion européenne favorable à l'émancipation des hommes sensibles et des philosophes qui souffraient en Nouvelle-

Grenade. Il souhaitait des secours politiques, financiers, militaires, le dévouement d'un autre Lafayette, et l'amitié d'un souverain puissant.

Miranda pensa quelques instants l'avoir trouvé dans la personne de Catherine II à qui le présenta Potemkin. Qu'un Espagnol, pour s'instruire, eût visité l'Angleterre, la Prusse, l'Autriche, l'Italie, la Grèce, la Turquie, la Crimée, cela parut admirable à la tsarine. Elle l'invita tout de suite à prendre du service dans l'armée russe. « L'Espagne, assura-t-elle, n'est pas le pays qui vous convient. On vous y brûlerait ! » L'amie de Diderot lui déclara qu'elle serait la première à soutenir les vœux de l'Amérique espagnole. Elle lui accorda le brevet de colonel et fit adresser une circulaire à tous ses ambassadeurs dans les cours de l'Europe, leur enjoignant de protéger Miranda de la manière la plus efficace. Elle l'autorisa même à tirer sur le Trésor impérial pour défrayer ses dépenses personnelles.

En 1790, il traversait la France et se rendait à Londres, d'où les grands seigneurs aux ancêtres jacobites étaient partis, dès le début du xviiie siècle, pour fonder à Paris la première Loge. Miranda pensait que dans ce pays de contrôle parlementaire, alors unique, il obtiendrait aisément le nécessaire. Pitt le reçut. L'Angleterre protestante et l'Espagne catholique persistaient dans un antagonisme qui avait valu récemment au roi Charles III de récupérer la Floride et Minorque, sur les petits-fils des Têtes-Rondes, en vertu du Pacte de famille, conclu avec Louis XV et observé par Louis XVI. Pitt n'eût point été fâché de prendre une revanche indiscrète sur la catholicité.

L'affaire échoua, cette amabilité du ministre ayant servi surtout à prévenir le gouvernement de Madrid de l'acquisition d'une arme neuve. Miranda revint à Paris. On vivait les heures de la Révolution. Or, Brissot, Pétion, les Girondins étaient ses amis, ses F... Le triomphe de la Révolution, c'était celui de la philosophie encyclopédiste, et par suite, l'appui certain donné au soulèvement libertaire de l'Amérique latine. Indépendant de par sa fortune, Miranda demanda de combattre les armées de la tyrannie, et se créa, ainsi, des droits à la reconnaissance de la République. Il suivit Dumouriez à Valmy, sabra les Prussiens, fit la campagne de Belgique et protégea la retraite des Français battus à Nerwinden, pendant que Brissot proposait de lui offrir le commandement des troupes rassemblées à Saint-Domingue, d'où l'on pouvait répondre à l'appel des libéraux de Caracas.

Avant la défaite, Dumouriez, devant ses généraux, avait marqué l'intention de marcher sur Paris et la Convention, à la tête de ses brigades. Déjà, les royalistes l'avaient convaincu de jouer le rôle qu'accepta plus tard Bonaparte, et d'exécuter le plan du duc d'Enghien, comme il fut exécuté, acte pour mot, le 18 Brumaire. Encyclopédiste intransigeant, Miranda s'était écrié : « Général, vous n'êtes point César pour franchir le Rubicon, et l'armée n'est point composée des légions du vainqueur des Gaules; si l'on vous soupçonnait d'avoir tenu un pareil propos, l'armée entière vous répondrait à coups de fusil ! »

Redoutant la dénonciation auprès du tribunal révolutionnaire, surtout quand le sort des batailles lui devint pitoyable, Dumouriez se hâta d'accuser l'accusateur possible en lui imputant l'insuccès de Nerwinden, pour avoir méconnu les ordres supérieurs de l'état-major. Peu après, sous les coups de fusil de ses soldats, il

8.

passait dans les lignes ennemies, accompagné de Louis-Philippe d'Orléans, le futur roi de 1830. Acquitté par le tribunal révolutionnaire sur ce chef dérisoire, Miranda fut bientôt incarcéré, à cause de son modérantisme, par les protagonistes de la Terreur. Jusqu'en Thermidor, il supporta dignement les excès contraires à son opinion, sur la terre de la liberté, alors criminelle et sanguinaire.

En 1795, une députation de Mexicains le vint trouver à Paris pour discuter la question de l'indépendance sud-américaine. Cette année-là, Charles IV et Godoy traitèrent avec la République française; ils durent, aux termes de l'arrangement, attaquer le Portugal et l'Angleterre. Miranda pensa le moment venu de recourir à Pitt. Au nom de leurs commettants, les délégués mexicains offrirent au gouvernement britannique 30,000,000 de livres sterling, un traité de commerce très avantageux, la cession de toutes les îles espagnoles, excepté Cuba, l'ouverture de l'isthme de Panama, la communication entre l'Atlantique et le Pacifique, une association de la Banque de Londres avec celles de Lima et Mexico chargées de fournir les métaux précieux au commerce de la Cité. Durant ces négociations laborieuses qui l'obligeaient à des correspondances fréquentes de Paris à Londres, Miranda fut, à l'instigation des ministres espagnols, nos alliés de l'heure, soupçonné d'intelligences anglo-royalistes et condamné à la déportation en même temps que Pichegru et Carnot, au coup d'Etat de Fructidor. Il gagna promptement l'Angleterre et fit accepter par Pitt les principes de ce plan. Mais, au printemps de 1798, tout échoua de nouveau.

Miranda était à Paris, sollicitant des consuls qu'on lui confirmât le titre de général lorsque la machine infernale éclata, rue Saint-Nicaise. Ses relations avec Pitt lui valurent le même discrédit qu'en Fructidor. Loin d'obtenir son grade, il fut poursuivi, jeté en prison, inculpé de connivence dans l'attentat, et difficilement relâché, sur l'intervention du sénateur Lanjuinais. Les consuls préféraient alors contenter leurs alliés d'Espagne, seul royaume fidèle à la République, et dont la flotte appuierait la flotte française. Ni le Directoire ni Bonaparte ne pouvaient donc politiquement le favoriser.

De 1801 à 1804, nouvelles diplomaties à Londres. Elles avortent comme les précédentes. D'autres intérêts sollicitent lord Sidmouth et Pitt. Renonçant à toute aide, Miranda s'embarque pour les Etats-Unis, récolte de bonnes paroles, puis, appelé par des amis de Caracas et de Santa-Fé, débarque, certain jour, à Coro, sur la côte du Venezuéla, mais ne peut s'y maintenir et regagne l'Angleterre.

Tout à coup, Napoléon attire, dans le guet-apens de Bayonne, Charles IV et son fils, les contraint à l'abdication et envahit l'Espagne afin d'installer Joseph Bonaparte sur le trône des Castilles. Aussitôt l'Angleterre prépare une expédition pour lui soustraire au moins les possessions du Nouveau-Monde ; et l'on offre à Miranda de débarquer à la tête. Il ne s'accorde pas, sur la question politique, avec sir Wellesley, entiché d'aristocratie. D'ailleurs, cette force est soudain dirigée sur le Portugal, et Miranda convié à vaincre les Français en dirigeant les guerillas de la métropole. Il refuse de tirer l'épée contre ses anciens compagnons d'armes, les soldats de la République, quel que soit le despotisme du dictateur choisi pour défendre le camp d'Hiram, attaqué de toutes parts.

Déçu complètement, il se résigne (1811) à l'action isolée. Il fait voile pour Caracas, y trouve l'élite exaltée, férue de libéralisme et de révolution. Il obtient le succès. Il occupe militairement la ville. En 1812, il détient la côte voisine, les ports. Alors la métropole envoie le général Monteverde pour déloger les partisans.

A peine les opérations de guerre ont-elles commencé, et, d'ailleurs, au bénéfice des royalistes, qu'un effroyable tremblement de terre détruit la ville de Caracas, siège du gouvernement de l'indépendance. Les moines attestent le miracle. La colère divine châtie les libres penseurs. A leurs voix, les paysans et le peuple, quantité de soldats républicains se soumettent aux étendards de la légitimité.

Bolivar avait aussi étudié en Espagne, visité l'Europe et admis les idéologies libérales. Il s'unit à Miranda. Alors commence l'épopée qui durera jusqu'en 1824, mettant aux prises les encyclopédistes du Venezuela, de la Colombie, du Pérou, et les généraux absolutistes. Victoires et revers alternent dans les deux camps. D'épouvantables cruautés avilissent l'honneur des combattants. Assiégé dans le port de la Guaïra, puis affamé, Miranda dut se rendre pour aller agoniser jusqu'en 1816 dans une prison de Cadix, parce que, jaloux de sa popularité, Bolivar avait négligé de secourir la place. L'Espagnol Monteverde répand la terreur absolutiste à Caracas, exaspère les citoyens par les atrocités chères à ses lieutenants et à ses troupes. On se soulève de toutes parts. Bolivar accourt de la Nouvelle-Grenade et bat Monteverde, qui se réfugie à Puerto-Cabello. Bolivar entre à Caracas. Les royalistes sont partout vaincus, malgré l'appel aux bataillons de nègres, qui fusillent les populations en masse, tuent les prisonniers et achèvent les blessés. En matière de représailles, Bolivar fait exécuter huit cents Espagnols qui s'étaient rendus, puis va se faire battre dans les plaines par la cavalerie régulière. Il doit s'embarquer et se réfugier à Carthagène de Colombie.

Triomphe des absolutistes. Caracas arbore les couleurs royales. Morillo, arrivé d'Espagne en avril 1815, emportait en décembre Carthagène, pendant que Bolivar était allé chercher des renforts à la Jamaïque. Les absolutistes trouvèrent cinq mille individus morts de faim, après avoir dévoré les cuirs des malles et des chaises.

Morillo renonce à continuer la guerre dans de pareilles conditions. Le seul siège de Carthagène a épuisé ses troupes. Il emploie la barbarie, et tente de tout soumettre par l'épouvante. Donc, répressions atroces, terreur blanche, supplices. Et les planteurs, à bout de lâcheté, reprennent les armes, forment des guérillas, battent Morillo, qui transporte à Santa-Fé ses échafauds. « Il règne en pacha sanguinaire. Sa volonté et celle de cent officiers de son armée, tyrans ignobles, exercent toutes les violences. » Bolivar débarque. Et les phases du grand duel se poursuivent. L'Europe palpite au spectacle.

Dans Paris même, les jeunes ultras se coiffent de chapeaux Morillo, à bords plats, à forme basse. Les admirateurs de Manuel et du général Foy se parent du chapeau Bolivar, de forme haute, évasée, à bords recourbés ; et, dans les rues, ces deux sortes d'élégants se dévisagent, parfois se croisent.

Enfin, Bolivar l'emporte. A son exemple, les troupes de la métropole se sont révoltées en 1820, et ont proclamé la Constitution à Madrid. Lui-même, il a réuni, sous le nom de Colombie, dès 1819, la Nouvelle-Grenade et le Vénézuéla, fondé, en 1822, l'Etat de Bolivie, dans le haut Pérou, que délivrèrent ses troupes. En 1824, l'indépendance était acquise, au nord de l'Amazone. Accusé constamment d'aspirer à la dictature, Bolivar, échappé au poignard de maint assassin, périt de chagrin, après s'être démis du pouvoir en 1830, et à l'heure de s'embarquer pour l'Europe.

Depuis, la lutte se ralluma continuellement entre l'Inquisition et la Révolution. Les républicains du Venezuéla soutiennent, aujourd'hui, les insurgés de Colombie, menés par le général Uribe à l'assaut du pouvoir clérical. La Colombie reste fidèle aux traditions espagnoles. Le Vénézuela ne trahit point les conceptions jacobines. Les deux idées opposent les uns aux autres des milliers d'hommes.

Parce que don Francisco de Miranda connut Rochambeau, Pétion et Brissot, parce qu'il fut des encyclopédistes chers à Catherine II, parce qu'il se battit à Valmy, deux principes se heurtent encore, et leurs zélateurs s'entr'égorgent.

Cependant, les Yankees guettent la minute propice à l'intervention. C'est la menace dont le congrès panaméricain retarde seulement les effets. Encore un peu de temps, et les cuirassés de l'oncle Jonathan débarqueront les milices de l'Union sur ces territoires ivres de sang latin.

Le sort de ces Républiques est d'être conquises par les forces du Nord. Un seul remède les sauverait. Une alliance qui souderait ensemble toutes les puissances de l'Amérique du Sud : Brésil, Argentine, Chili, Pérou, Bolivie, Equateur, Colombie, Venezuéla...

Or, cette unité ne se peut conclure si chaque peuple délègue au Congrès ses plus marquants citoyens, imbus de leurs suprématies particulières, orgueilleux de les faire triompher chacune, aux dépens des concurrentes. Un siècle d'expérience démontre surabondamment cette faiblesse de tout congrès analogue.

Il faudrait que cette assemblée remît le pouvoir centralisateur à une centaine de personnages, latins de race, italiens, espagnols ou français, choisis parmi les sociologues, les philosophes, les historiens, les généraux et les savants réputés du vieux monde. Il faudrait que les cent magistrats rétablissent une constitution étrangère aux constitutions en vigueur, et copiée, du moins quant aux formes, sur la République romaine que vénérait Miranda, par exemple, sur les usages du Forum, au temps des consuls, de manière à rompre d'un seul coup avec les errements néfastes. Cela seul peut empêcher l'Amérique latine d'être absorbée par l'Amérique saxonne, scandinave et germanique ; cela seul peut sauver les âmes catholiques de l'absorption protestante.

CHAPITRE XIII

En 1791, à Valence, un second lieutenant d'artillerie, soucieux d'accroître ses maigres ressources, tente d'emporter le prix de douze cents livres offerts par l'Académie de Lyon au signataire du meilleur discours qu'inspirerait ce texte : « Quelles vérités et quel sentiments importe-t-il le plus d'inculquer aux hommes pour leur bonheur ? »

Voici, selon la rhétorique à la mode vers l'époque, les passages en saillie de cette dissertation :

« L'homme, en naissant, porte avec lui des droits sur la portion des fruits de la terre nécessaires à son existence... Son bras vigoureux, de concert avec ses besoins, demande du travail ; il jette un regard autour de lui, — il voit la terre, partagée en peu de mains, servir d'aliment au luxe et à la superfluité ; il se demande quels sont les titres de ces gens-là. Pourquoi le fainéant a-t-il tout, l'homme qui travaille presque rien ? Pourquoi, enfin, à moi qui ai une femme, un père et une mère décrépits à nourrir, ne m'ont-ils rien laissé ?... Il court chez le ministre, dépositaire de sa confiance, lui expose ses doutes : « Homme, lui répond le prêtre... crois,

« obéis,ne raisonne jamais et travaille;voilà les devoirs. »
Une âme fière, un cœur sensible, une raison naturelle
ne peut être satisfaite de cette réponse. Il porte ailleurs
ses doutes et ses inquiétudes. Il arrive chez le plus
savant du pays ; c'est un notaire. L'homme savant rit
de sa simplicité, le conduit dans son étude, et là, d'acte
en acte, de contrat en contrat, de testament en testament, il lui prouve la légitimité des partages dont il
(le visiteur) se plaint... « Quoi ! ce sont là les titres de
« ces messieurs ? s'écrie-t-il indigné. Les miens sont
« plus sacrés, plus incontestables, plus universels. Ils se
« renouvellent avec ma transpiration, circulent avec mon
« sang, sont écrits sur mes nerfs, dans mon cœur. C'est
« la nécessité de mon existence et surtout de mon bon-
« heur! » En achevant ces paroles,il saisit ces paperasses
qu'il jette aux flammes. Il ne tarde pas à craindre le
bras du Puissant que l'on appelle Justice ; il se réfugie
dans sa cabane pour se jeter tout ému sur le corps glacé
de son père...

« — Mon père !... des ravisseurs se sont tout partagé,
je n'ai que mes bras, parce qu'ils n'ont pu me les ôter.
O mon père, je suis donc condamné au travail le plus
continuel !... Au soleil d'août comme aux frimas de
janvier, il n'y aura donc jamais de repos pour votre
fils ! Pour prix d'un si grand travail, d'autres cueille-
ront donc les moissons acquises à la sueur de mon
front !... O mon père, je vivrai hébété, misérable, peut-
être même méchant, je vivrai malheureux ! Suis-je donc
né pour cela ? »

Le lecteur contemporain dont le regard découvre ces
lignes dans un livre ouvert au hasard s'imagine volontiers parcourir le factum d'un disciple de Gracchus
Babeuf, cet anarchiste guillotiné en 1797, sur l'ordre de

Barras, à Vendôme, pour crime de conspiration agrarienne.

En effet, le lieutenant d'artillerie était l'ami et l'obligé du Pisan Michel Buonarotti, l'un de ces conspirateurs mêmes, et qui, d'abord expulsé de Toscane à cause d'opinions républicaines, puis passé en Corse, où il édita un journal : L'*Ami de la Liberté italienne*, fut condamné à la déportation par la cour d'assises de Vendôme. Plus tard, réfugié en Belgique, il publia, dans l'année 1828, l'*Histoire de la Conspiration pour l'Egalité, dite de Babeuf*. Dans une lettre, destinée à son frère Joseph, l'officier note, en 1790, parmi d'autres comptes à régler : « Il est urgent de donner les douze écus que l'on doit à Buonarotti. Il me les a demandés plusieurs fois. C'est une créance honteuse, c'est une isolation de dépôt... Dis à maman qu'elle me trouve les douze écus qu'elle me doit, » etc...

Cette maman se nommait alors Mme Letizia Buonaparte, née Ramolino. Ce frère Joseph devait, un jour, occuper le trône d'Espagne. Ce militaire littérateur, anarchiste et besogneux, était Napolione, en congé de semestre dans son pays natal, où il venait de faire prendre la cocarde tricolore à ses concitoyens du maquis en retard sur les événements ; car ils saluaient toujours avec respect les officiers royalistes conservant la cocarde blanche, et mettant au panier, de connivence avec le gouverneur de l'île, les décrets de l'Assemblée nationale. Napoléon avait conseillé d'ouvrir un club ; l'uniforme d'artilleur revêtait sa personne d'un prestige officiel. Il avait été entendu. Toute la famille Buonaparte en tumulte avait révolutionné Ajaccio et constitué le premier noyau de la garde nationale. Le peuple s'était légalement armé pour la conquête de ses droits proclamés

MICHEL BUONAROTTI.

par Mirabeau. Corses royalistes et Corses patriotes luttèrent. Sous prétexte de craindre que la campagne ne fût privée de bras, après le rassemblement de la garde nationale, le gouverneur interdit ce rassemblement. Napoléon courut à Bastia, siège officiel du pouvoir, et distribua des cocardes tricolores aux artilleurs du roi. Malgré la défense de leurs officiers, ils la portèrent ostensiblement, si bien qu'on fut contraint de tolérer l'insigne nouveau. Quelques jours après, la milice nationale, secrètement organisée, parut en armes dans les rues, échangea des coups de feu avec les chasseurs du régiment, pilla les magasins de la citadelle, s'empara des fusils et des munitions, réclama de l'Assemblée de Paris la légalisation de ses actes, l'obtint. Après une seconde émeute en juin 1790, pendant laquelle furent incarcérés les réacteurs, Napoléon, Joseph et Lucien Buonaparte avaient définitivement installé la Révolution dans leur patrie natale, avec le rêve d'y établir le communisme agraire, inauguré vers 1760 par le général Paoli, après ses victoires sur la tyrannie génoise. Le libérateur de la Corse, acclamé à Paris par l'Assemblée nationale, revenait alors d'exil. Napoléon fut lui porter l'adresse des patriotes d'Ajaccio.

« Peut-être, écrit M. Masson dans son ouvrage sur *Napoléon inconnu*, cet homme vieilli, fatigué, anglicisé par ses vingt ans de séjour en Angleterre, ayant sans cesse à la bouche la Constitution anglaise, pris par sa reconnaissance pour les dons des particuliers anglais, pour les deux mille livres sterling de pension du gouvernement anglais, apparut-il à Napoléon tel qu'il était : le passé, tandis que lui était l'avenir. »

Sans doute, pour opposer au libérateur attiédi par l'âge le souvenir de ses idées anciennes, le lieutenant d'artillerie, revenu dans sa garnison, écrivit, au cœur du discours composé pour l'Académie de Lyon, ces curieux paragraphes :

« Mais, à nos yeux, le principal mérite de M. Paoli est d'avoir paru pénétré du principe qu'en consacrant la loi civile le législateur devait conserver à chaque homme une portion de propriété telle qu'avec un médiocre travail elle pût suffire à son entretien. Pour cela, il distingua les territoires de chaque village en deux espèces : ceux de la première furent les plaines bonnes aux semailles et aux pâturages ; ceux de la seconde furent les montagnes propres à la culture de l'olivier, de la vigne, du châtaignier, de l'arbre de toute espèce. Les terres de la première espèce, appelées *piage*, devinrent la propriété publique et l'usufruit particulier. Tous les trois ans, le *piage* de chaque village se partageait entre les habitants. Les terres de la seconde espèce, susceptibles d'une culture particulière, restèrent sous l'inspection de la cupidité individuelle. Par cette sage disposition, tout citoyen naissait propriétaire, sans détruire l'industrie, sans nuire aux progrès de l'agriculture, enfin, sans avoir d'ilotes... Mais tous les législateurs ne se sont pas trouvés dans les mêmes circonstances. Ils ont exclu de la société ceux qui ne possédaient rien ou qui ne payaient pas telle imposition... Pourquoi cette seconde injustice ?... Raison politique sans doute... Mais aux yeux de la morale ! Mais aux yeux de l'humanité !... Quand je verrai un de ces infortunés transgresser la loi d'Etat, être supplicié, je me dirai : « C'est le fort qui « victime le faible... » Il me semblera voir l'Américain périr pour avoir violé la loi de l'Espagnol... Vous direz au riche : « Combien de jeunes ménages qui deviennent « méchants parce qu'il leur manque ce qui produit dans

« toi cette inquiétude ! Tu as trop, et eux pas assez. Votre
« sort est égal, avec la différence que toi, plus sage, pour-
« rais y remédier, au lieu qu'eux ne peuvent que gémir.
« Homme froid, ton cœur ne palpita donc jamais ? Je te
« plains et t'abhorre. Tu es malheureux et tu fais le mal-
« heur des autres. »

Quand il rédige ce discours, Napoléon Buonaparte a quelque vingt ans. C'est sans doute l'époque où, affilié depuis plusieurs années à la maçonnerie militaire de la Calotte, il se fait recevoir à l'Orient de Valence, dans la loge La Sagesse, dont le vénérable, M. de Planta, était un officier de cavalerie ? Certainement, les congés de longueur insolite qu'on lui accorde et qui durent jusque plus d'une année, de septembre 1789 à février 1791, il les doit à l'influence des frères de Bastia, dont sa famille aide l'agitation révolutionnaire, en compagnie du babouviste Buonarotti. M. Masson, dans ses livres admirables d'exactitude, remarque comment se gêne peu le jeune officier de n'être pas en règle avec la discipline. De fait, tout s'arrange à merveille, chaque fois, quand il rentre au régiment. On lui verse même sans aucune difficulté les termes d'appointements échus pendant son absence. Chose très singulière, ce stratège qui doit étonner le monde par son génie militaire ne marque alors aucun goût pour son métier. Il passe dans les rangs le moins de jours possible, sollicite toujours le congé de semestre qui lui permettra de se livrer à la politique, sa préoccupation essentielle. A Valence, chez sa logeuse, s'assemble la Société des Amis de la Constitution. Napoléon déclame un discours très applaudi, à l'occasion de la fuite du roi et du nouveau serment demandé aux soldats, serment qu'il prononce aussitôt.

« Je jure d'employer les armes remises entre mes mains à la défense de la patrie et de maintenir contre ses ennemis du dedans et du dehors la Constitution décrétée par l'Assemblée nationale, de mourir plutôt que de souffrir l'invasion du territoire français par les troupes étrangères et de n'obéir qu'aux ordres qui me seront donnés en vertu des décrets de l'Assemblée nationale. »

Il lit aux sous-officiers les journaux des sans-culottes. Sa correspondance exprime un juvénile enthousiasme : « Le sang méridional qui coule dans mes veines avec la rapidité du Rhône. »

En septembre 1791, le voilà de retour en Corse. Son astuce active de politicien manigance l'élection de Joseph au directoire départemental, la sienne propre comme lieutenant-colonel de la garde nationale. Aussitôt il ordonne à ses hommes de réprimer une émeute que provoquent les prêtres insermentés, les cléricaux et les royalistes contre les prêtres constitutionnels. En avril 1792, le lieutenant Rocadella Sera est tué à ses côtés par les fanatiques. Dès lors, il agit avec le député Saliceti, le seul des mandataires corses à la Convention qui prenne les allures d'un terroriste.

A peine âgé de dix-huit ans, Lucien Bonaparte pérore parmi les *Amis du peuple* de Corte. Adversaires de Paoli et de Pozzo di Borgo, les frères engagent contre ceux-ci la lutte. Elle compromet tant l'officier d'artillerie qu'il lui faut courir se justifier dans la capitale. Là, il juge bon de paraître moins révolutionnaire, dans le moment qu'on l'accuse ; néanmoins il écrira bientôt au cours d'une lettre relatant l'invasion des Tuileries par le peuple, le 20 juin 1792 : « Le roi s'est bien montré, il a mis le bonnet rouge. La reine et le prince royal en ont fait autant. »

JOSEPH BONAPARTE.

Le refroidissement de son frère pour les idées excessives est mal jugé par Lucien : « J'ai toujours démêlé dans Napoléon une ambition pas tout à fait égoïste, mais qui surpasse en lui son amour pour le bien public ; je crois que, dans un Etat libre, c'est un homme dangereux... Il me semble bien penché à être tyran et je crois qu'il le serait fort bien s'il fût roi et que son nom serait pour la postérité et pour le patriote sensible un nom d'horreur. Je vois, et ce n'est pas d'aujourd'hui, que dans le cas d'une révolution, Napoléon tâcherait de se soutenir sur le niveau et même, pour sa fortune, je le crois capable de volter casaque... » Cela est daté 24 juin, an IV de la Liberté (1792). Singulière clairvoyance.

En 1807, Napoléon tiendra l'Europe sous ses talons. L'enthousiasme du monde l'acclamera. Il aura dans la main la plus magnifique armée de conquête, adorante et soumise. Sans tradition familiale qui l'attache, instruit de tout le rêve encyclopédiste, la mémoire pleine des ferveurs émises dans le discours à l'Académie de Lyon, cet homme qui eût pu contraindre l'Europe à la fraternité sociale, qui eût pu se souvenir de Buonarotti et de Babeuf, cet homme-là ne proclamera comme sienne qu'une gloire : celle d'avoir terrassé les Jacobins. Il peut tout, pendant trois ans, de 1807 à 1810. Comme il pouvait tout, il a simplement recherché en mariage la fille des anciens maîtres. Et ce lui a suffi de réussir en cela, de réussir à constituer une cour de maréchaux, une noblesse militaire, une horde de courtisans ingrats, dont 1814 marquera l'avilissement sur la route d'Essonnes à Paris. Il eût pu réaliser le rêve de Babeuf, à tout le moins celui de Brissot, il a pétri l'âme de Marmont.

... Ceux qui l'approuvent assurent que les théories jacobines occupèrent seulement sa prime jeunesse et que l'âge de la réflexion les effaça par hommage à la sagesse. Il n'en est rien. Les mêmes idées le meuvent jusqu'en 1796. Suivons-le plutôt. Rayé sur les listes d'officiers, pour absence illicite, il obtient sa réintégration le 10 juillet 1792. En même temps, les délits d'émeute commis par lui en Corse sont déclarés non militaires par le ministre compétent. Il échappe à la cour martiale. Comme les officiers nobles émigrent en masse, il reçoit le brevet de capitaine, avec cette injonction : « Je ne puis vous dissimuler, monsieur, qu'il serait à désirer que votre service dans la garde nationale (Corse) pût vous permettre dans ce moment, où votre régiment est dans la plus grande activité, d'aller y remplir vos fonctions de capitaine. » Bonaparte n'en tient compte. La politique l'intéresse mieux que l'artillerie. Sous prétexte de ramener dans sa famille sa sœur Marianna, élève de la maison de Saint-Cyr que ferme la Révolution, il s'embarque en octobre 1792 pour la Corse. Il y restera jusqu'en juin 1793, afin de lutter contre le parti des constitutionnels anglais, contre Paoli, qui représente presque les idées de Lafayette. Lucien dénonce à Toulon leur adversaire, de telle sorte que le député du Var, Escudier, obtient de la Convention un décret de mise hors la loi. Le vieux Paoli est compris dans la proscription qui atteint Dumouriez passé à l'ennemi. Il se donne aux Anglais. Dès lors, c'est la guerre civile en Corse. Appuyé par Saliceti, représentant du peuple, Napoléon tente, avec les Jacobins, de reconquérir l'île. Vainement. Proscrit avec toute sa famille, il fuit à grand'peine sur un mauvais bateau et débarque à Toulon.

A ce moment, l'arrestation des Girondins exaspérait

la province. Lyon, Marseille et Toulon refusaient obéissance au comité du Salut public, qui ne comptait plus que quinze départements fidèles, l'insurrection vendéenne ayant gagné tout l'ouest. Les Bonaparte devaient, semble-t-il, de par leur passé et leurs traditions de hobereaux, s'unir à la révolte. Bien au contraire. Le disciple de Buonarotti se met à la disposition de Carteaux, aide à reprendre Avignon sur les Marseillais et publie sa brochure du *Souper de Beaucaire*, où il glorifie les actes de la Montagne et justifie la condamnation prochaine des Girondins. On l'imprime aux frais du Trésor public. Et c'est contre les défenseurs des Girondins que le capitaine Bonaparte, appelé sous les murs de Toulon, dresse les batteries. Barras, Robespierre jeune, enchantés de son civisme, le choisissent pour leur homme. En quelques semaines, il reçoit, du 19 octobre au 22 décembre, les grades intermédiaires entre le sien et celui du général, puis ce titre même. Le politicien anarchiste obtient, en outre, par réquisition, l'hôtel d'un émigré, M. de Cimières, pour loger à Marseille sa famille. Incarcéré comme terroriste au 9 thermidor, puis relâché, le ministre le désigne pour commander une brigade d'infanterie en Vendée. Napoléon élude l'ordre de combattre au loin les Chouans, feint la maladie, se cache à Paris dans un pauvre hôtel, attend aux bureaux de la guerre l'heure où Barras aura besoin de sa vigueur révolutionnaire pour canonner dans la rue Saint-Roch les bandes royalistes. Vendémiaire le consacre. Le mariage avec Joséphine, favorite de Barras, vaut le commandement de l'armée d'Italie, où le génie du stratège saura laurer de gloire l'habileté de l'agitateur.

Au 18 Brumaire, si Moreau, si Bernadotte, si Jourdan, si Dubois-Crancé, les républicains, ne s'opposent guère au coup d'État, c'est qu'ils attendent de ce passé un avenir jacobin. On sait comment ils se trompèrent, comment les troupes d'esprit révolutionnaire, les vainqueurs de Hohenlinden, les soldats de Moreau en exil furent expédiés à Saint-Domingue pour y être anéantis par la fièvre jaune.

Ce restera le plus étonnant problème que cette volteface prévue par Lucien. A quels mobiles, à quels pactes secrets le jacobin de Corse, le lieutenant du discours à l'Académie de Lyon, le capitaine du *Souper de Beaucaire*, l'artilleur conventionnel de Toulon, le général de vendémiaire, dut-il sa déloyauté envers soi-même ? On ne le comprend point.

Ce que l'on sait parfaitement, c'est que lui-même reconnut en 1814 son erreur, dans la nuit la plus tragique, au camp de Fontainebleau. Il chargea Macdonald de rentrer à Paris pour traiter de l'abdication avec Alexandre ; et il l'en chargea, bien que celui-ci, depuis les revendications jacobines de son ami Moreau, en 1803, se fût tenu à l'écart de l'amitié impériale. A cette heure de l'abdication, Napoléon demande à l'émissaire : « Duc de Tarente, me gardez-vous encore rancune ? — Sire, depuis 1809, j'ai cessé d'en vouloir à votre Majesté. — Eh bien, je vous en remercie, mais je voulais vous dire ceci : C'était moi qui avais tort en 1803. »

En 1814, Napoléon donnait raison à Moreau, vers l'heure où le tsar Alexandre, l'illuminé et le philadelphe, engageait Talleyrand à remettre l'empire à Bernadotte, le jacobin.

En 1807, Napoléon aurait pu du moins établir sur toute l'Europe le système politique de 1907. Il a fait perdre aux peuples confiants un siècle d'évolution.

CHAPITRE XIV

A cette époque, en septembre 1806, les plus hardis des garçons boulangers parisiens ne s'assemblaient pas en meetings pour réclamer de patrons têtus le principe du loisir par roulement. Il s'enrôlaient dans les bureaux de l'intendance militaire afin de courir la poste jusqu'aux camps où se préparait l'illustre manœuvre d'Iéna. De Paris à Mayence, mille et mille charrettes les transportaient sur les chemins humides, dans les senteurs de l'automne, vers la forêt germanique. Enrubannés, patriotes et libertaires, ils chantaient à tue-tête les refrains de la Révolution pour se répéter les glorieux motifs de combattre les tyrans et leurs sicaires, puis de délivrer les nations. Ils allaient pétrir le pain des soldats qu'espérait le génie de Gœthe écœuré par les radotages des hobereaux allemands.

Quoique l'empire eût été proclamé, quoique Napoléon commençât prématurément à devenir dieu, cela ne gênait point les idées jacobines de ses zélateurs. En deçà comme au delà des frontières, les peuples et les aristocraties le considéraient ainsi que le *Robespierre à cheval*, le fléau des rois et des nobles, le destructeur des anciens régimes autoritaires, l'instaurateur de la fraternité. Dans toutes les loges maçonniques rouvertes, les frères échangeaient le mot d'ordre depuis Brest jusqu'à Moscou : « Il fallait, pour un temps, réfréner, en France, l'enthousiasme réformateur ; il fallait s'en tenir aux modifications consacrées par les lois consulaires ; la Gaule tout entière était le camp d'Hiram où retentissaient les armes des apprentis, des compagnons, des maîtres acceptant la discipline nécessaire et momentanée des Bonaparte afin de jeter bas, dans toutes les capitales d'Europe, les orgueils du despotisme, après avoir détruit ses armées autrichiennes, anglaises, allemandes, russes. A cette heure, le rendez-vous des champions était aux bords de la Saale et de l'Inn. Encore une fois les amis des peuples et les amis des rois allaient furieusement défendre leurs principes par la voix du canon et les clameurs des brigades ruées. »

Instruits de la sorte par les chefs de leur corporation et par les rites unissant les compagnons du Devoir, les gindres de Paris laissaient joyeusement le rogomme des auberges griser leurs chœurs de jeunes barytons cahotés au trot des charrettes sur la route de la guerre. Aux relais nombreux et bien fournis par les soins de l'état-major, ils trouvaient les files d'autres véhicules emmenant aussi les grenadiers sur le terrain de lutte. Vétérans des Pyramides et boulangers du faubourg Saint-Marceau trinquaient à l'envi en se prédisant le désastre des vils esclaves soudoyés par les agents de Pitt et Cobourg. Bien que le premier fût mort, son esprit continuait à régir les monarchies. L'or anglais se déversait dans les arsenaux prussiens et moscovites. Parmi les vendangeurs accourus, tous s'exaltaient et se remerciaient de répondre à l'appel des multitudes asservies : « Nous allons pétrir, avec la farine de France, le pain qui vaudra tant de vigueur à nos guerriers, nous allons pétrir le pain de la gloire ! »

On sait quelle force ils communiquèrent, par ce moyen, aux troupes. Les marches d'Iéna sont aujourd'hui encore désignées dans les ouvrages de stratégie comme l'exemple de la plus belle endurance militaire. Au contraire des autres campagnes où les revers et les succès se suivirent, celle-ci ne connut qu'un prompt triomphe. Jamais, sauf en 1814, le talent de Bonaparte ne réalisa de miracles aussi grandioses. Celui de Davout l'égala près d'Auerstaedt. Les généraux furent dignes de l'effort accompli par leurs soldats pour servir l'idée du commandement. Il semble qu'à cette date la nation ait voulu parfaire son excellence et, de cela, montrer au monde la preuve éclatante. En dépit des chemins détestables, de la pluie opiniâtre, de la boue collante, les apôtres de l'encyclopédie vainquirent d'abord l'espace et le temps, par l'énergie de leurs jarrets, par la constance de leur discipline. Ils endurèrent tout ce que peut souffrir le fantassin criblé d'eau, levant au bout de la guêtre, à chaque pas, des livres de glaise, sentant les courroies du sac pénétrer la chair, échauffer les aisselles. Ils allaient sous le faix, par les chemins creux et les pentes bourbeuses, avant de coucher sur la paille de la grange ou dans le fossé noyé. Nulle armée de l'ère moderne ne développa tant de vaillance, la plus difficile, celle que n'excitent ni la fureur du combat ni l'espoir du pillage prochain. Avec la seule volonté religieuse de délivrer les Allemands, nos pères se sont obstinés, magnifiques

Lorsque, à travers le brouillard, ils se virent, un matin d'automne, concentrés en masses sur le plateau de Landgrafenberg, ils surent, avant le premier coup de fusil, que leurs jambes avaient assuré la victoire. Ceux de Lannes au centre, ceux d'Augereau à gauche, ceux de Soult à droite formaient une puissante face matérielle pour l'âme de la Révolution qui, terriblement, gronda.

En cet octobre de 1806, la France s'est surpassée.

Maintenant, avec soin, par la pratique des sports, nous essayons de recouvrer cette vigueur légendaire devant laquelle, vingt ans, s'effondrèrent les trônes. Il semble qu'inconsciemment nous pensions à quelque lutte pareille, tout à l'heure révélée comme certaine. De toutes façons, dans les airs, sur terre, à la surface des eaux, nous éprouvons notre adresse, notre souplesse et notre ténacité. Curieuses et anxieuses, les foules se précipitent pour applaudir les exploits des aéronautes, des automobilistes, des cyclistes, des réservistes en manœuvres. La fièvre d'Austerlitz et d'Iéna palpite, depuis trois années, en nos cœurs obscurs. Apparemment, les lois mystérieuses de la destinée nous habituent à ce qu'elles préparent de fatal et de noble. Entre la nation qui, la première, se déclarera socialiste et les patries où persistera l'autorité des anciens principes, la lutte ne tardera guère, peut-être. Et le problème sera débattu comme il le fut il y a cent ans.

Puissent les boulangers de notre Bourse du Travail pétrir alors, et pour la seconde fois, le pain de gloire que leurs aïeux enfournèrent dans les camps d'Iéna, d'Auerstaedt et de Lubeck, puis d'Eylau, de Friedland. Avec la farine de France, une incomparable force fut nourrie qui renouvela la vie du monde. Cette humble boule de mie bise et de croûte brune bouta le feu dans les corps des quarante mille héros qui, près d'Iéna, bousculèrent les soixante-dix mille Prussiens qui, d'une traite, coururent ensuite à Berlin établir sur les places de la ville des marchés de bric à brac où s'entassèrent les cannes, les harnais, les nécessaires, les montres et les armes de luxe laissés sur le terrain par les fuyards. Jovial et farceur, sa cuiller d'étain dans la ganse du bicorne, son chien couché à ses pieds célèbres, le loustic de la Bastille vendit son butin, sur les quais de la Sprée, aux compères en bas bleus fumant leurs longues pipes de porcelaine, aux commères en jupes rouges secouant les thalers dans leurs sacs de toile.

Vraiment, nous sommes trop oublieux de notre première République et de ses triomphes libertaires. Le 14 octobre 1906, injustement, Paris manqua des cortèges, des lampions et des fusées qui commémorent les actions sublimes d'un grand peuple et les transforment en exemples pour les générations successives.

CHAPITRE XV

En ce moment, l'âme française évolue très vite. Les qualités intermédiaires des individus, des élites, des entreprises cessent de contenter. Dans la politique, les groupes de juste milieu s'effondrent, vont disparaître. Les élections de chaque dimanche le prouvent. La tradition et la Révolution absorbent la pensée des citoyens, les divisent en deux immenses partis contraires, au détriment des sectes mitoyennes. Ce qui se nommait hier opportunisme, progressisme, devient souvenir. Voilà que périssent les factions du marchandage parlementaire, du trafic de principes tantôt inclinant à gauche, tantôt inclinant à droite, selon la tactique des couloirs. Nous atterrissons enfin à l'époque où deux forces également respectables, savantes et sincères se vont partager le pouvoir, comme en Angleterre, et peut-être offrir à la France le prestige des belles luttes loyales. Le louche, l'hypocrite et l'hybride commencent à nous déplaire. Il est curieux d'admirer qu'en politique et en art vulgaire ce même sentiment des foules s'impose, à la même heure. Que Jules Lemaître ou Jean Jaurès deviennent dictateurs, le pays ne saura que grandir sous leur direction, par des voies opposées, à tout le moins énergiques et franches.

C'est la haine de l'ancienne morale utilitaire alternativement dévouée aux théories adverses qui nous rend sévères encore pour la mémoire des hommes versatiles en 1814 et 1815. On dénie parfois à la famille de Bourmont le droit de modifier les jugements de l'histoire dont elle souffre. On sait que le général de Bourmont, d'abord chouan vendéen et compromis dans le complot royaliste de la machine infernale qui faillit, à quelques secondes près, faire sauter la voiture du Premier Consul, puis, emprisonné pour cela, consentit en 1810, au moment où Napoléon se transformait en monarque absolu, à recevoir un titre de colonel dans les armées impériales. En 1814, selon l'exemple des maréchaux et généraux, de Joseph Bonaparte, roi d'Espagne, livrant Paris à 60,000 Prussiens et Russes, refusant d'armer les 200,000 anciens soldats et miliciens qui réclamaient, pour se rendre aux positions défensives, les fusils et les canons enfermés dans les magasins ou gardés inutiles dans les parcs, M. de Bourmont accepta de servir la Sainte Alliance, puis Louis XVIII. Aux Cent Jours, il accepta de Napoléon un commandement. Il se mit en marche avec l'armée de Waterloo. Avant la bataille de Ligny, il franchit les grand'gardes françaises, piqua la cocarde blanche à son chapeau et galopa jusqu'à l'état-major de Blücher, qui le traita rudement du reste. Le transfuge prit aussitôt la route de Gand et rejoignit le roi.

Dans son œuvre définitive sur l'an 1815, M. Henry

Houssaye rappelle sans miséricorde cette versatilité d'opinions. Cela navre la descendance du général, car le livre de M. Henry Houssaye, comme celui sur 1814 et celui sur *La Terreur Blanche*, servira de preuve éternelle aux sanctions de l'histoire. Sans vouloir autrement défendre l'acte tout cru de M. de Bourmont, je crois juste cependant de rétablir l'état des esprits en cette extraordinaire période de 1799-1830, où la Tradition et la Révolution perpétuèrent un conflit qui ensanglanta l'Europe. On va voir comment il était difficile d'adopter les vœux nets d'un parti.

Sous la Restauration, dans le collège jésuite de Saint-Acheul, que dirigea le fameux P. Loriquet, un mien grand-oncle, né en 1809, fut éduqué. Sa sœur, ma grand'mère maternelle, que j'interrogeai beaucoup durant mon adolescence, me rapporta certaines vérités relatives aux leçons bizarres qu'on y donnait sur les événements presque contemporains. Voici :

En 1799, lorsque les amis de Sieyès, Talleyrand et Roger-Ducos résolurent de substituer un gouvernement militaire à celui du Directoire, la Révolution était en péril. Achille de Vaulabelle, républicain de 1848, membre de l'opposition sous Charles X et Louis-Philippe, écrit textuellement dans son *Histoire des deux Restaurations* : « En déjouant à son retour d'Egypte tous les plans préparés pour une restauration bourbonnienne, alors imminente, et en retardant cette restauration, à force de victoires, jusqu'en 1814, le chef de l'Empire donna aux institutions fondées par les pouvoirs révolutionnaires de ses devanciers l'élément indispensable à la solidité de toute œuvre humaine. » Ce ministre de la République de Février, qui naquit en 1799, qui fut élevé parmi les témoins oculaires de la Révolution et de qui le caractère reste un religieux exemple civique, admet la possibilité d'une restauration légitimiste en 1799. Il confirme ainsi les dires du P. Loriquet. D'ailleurs, le 4 septembre 1797, il avait fallu faire le coup d'Etat de fructidor, pour empêcher le général Pichegru, en accord avec Carnot, Barthélemy, avec les royalistes très nombreux aux Cinq-Cents et aux Anciens, de perpétrer deux années plus tôt l'aventure du 18 Brumaire, Pichegru, nul ne l'ignore, avait accepté des Bourbons les subsides et les secours de toute nature. On l'arrêta. Le Directoire annula les élections royalistes ; on supprima les journaux de cette opinion ; on bannit les principaux meneurs. Malgré cela, les réactionnaires accrurent leur influence et finirent par posséder toute l'importance au Conseil des Anciens. « Les étrangers et les royalistes, assure un autre écrivain, dépensaient en France plus d'argent pour corrompre et diviser que le pouvoir n'en avait à sa disposition pour le maintien de l'ordre de choses établi. La liberté de la presse était plus entière qu'elle ne l'a jamais été. Les pouvoirs étaient publiquement insultés ; les lois républicaines qu'on parvenait à faire voter naissaient flétries d'avance par les royalistes et les journaux ; les feuilles appartenant aux partis extrêmes déclamaient à leur aise contre le Directoire ; le blâme et le ridicule étaient déversés à pleines mains sur ses actes et sur ses membres. En France on aime le pouvoir qui éblouit et dont l'allure est altière ; on trouvait la République trop bourgeoise. Le parti royaliste, parfaitement organisé par les nombreux agents des Bourbons, conspirait à Clichy et cherchait un Monk parmi nos généraux... » Ayant manqué son coup au 18 Fructidor, Pichegru fut remplacé par Bonaparte dans les espérances des Bourbons. Malheureusement, il était en Egypte. On tâta Moreau, Bernadotte, Jourdan, Augereau. Ils refusèrent, se déclarant dévoués à la République des jacobins. Alors les frères de Bonaparte lui expédièrent par des navires de commerce plusieurs lettres pressantes. A leur réception, il planta là son armée et ses généraux, s'embarqua tout de suite, vint succéder à Pichegru. Le P. Loriquet assurait qu'à son entrée en France, avant même qu'il atteignît Lyon, les agents du roi échangèrent son engagement de ramener Louis XVIII, le comte de Lille, comme on disait alors, contre la promesse de leur appui et celui des Anciens. Il y aurait eu même une sorte de pacte signé, en tous cas des preuves écrites. Cela seul explique comment le navire qui portait le Corse franchit aisément le blocus étroit installé par la flotte anglaise depuis sa victoire d'Aboukir. L'amiral avait reçu des ordres. Il savait les négociations et que Bonaparte recevait le titre à vie de lieutenant général des armées du roi.

C'est pourquoi, dans l'histoire célèbre du P. Loriquet, il ne fut pas nommé d'autre façon.

On sait le reste, la tragi-comédie de Brumaire, les Anciens ratifiant la nouvelle Constitution ; puis Marengo, victoire de Desaix, mort sur le champ de bataille; Hohenlinden, victoire de Moreau, qui rentre extrêmement populaire, idole des officiers jacobins, lesquels continuent de s'affilier en masse aux Philadelphes pour sauvegarder l'œuvre révolutionnaire entreprise dès 1727 par les maçons écossais et les illuminés d'Allemagne. Au contraire, les officiers thermidoriens s'attachent à la fortune de Bonaparte, entraînant à leur suite toute l'armée d'Italie. Pour gages de royalisme, les consuls rouvrent les portes aux émigrés, restituent les églises aux cultes, rappellent les prêtres non assermentés. Des

PICHEGRU.

(Collection de M. Dorbon.)

émissaires viennent d'Angleterre avertir Bonaparte que l'heure sonne d'introduire le roi. Or Marengo et Hohenlinden avaient changé la face des choses. Le Premier Consul refuse de se souvenir. Il ajourne l'avènement. Les royalistes le condamnent à mort pour cette trahison. La machine infernale éclate. Inutilement. Alors, ils menacent Bonaparte de livrer à Moreau, ce rival en popularité, le pacte de Lyon, afin qu'il soit publié, et que les Philadelphes vouent à l'exécration des républicains le « faux vainqueur de Marengo ». Celui-ci hausse les épaules. Jamais le roi ni les Bourbons n'oseraient apprendre à l'Europe des monarques qu'ils ont secrètement traité avec lui. Les émissaires font savoir que le duc d'Enghien, arrivé sur la frontière française, garde en portefeuille les pièces mystérieuses du pacte, la preuve, et qu'il peut les transmettre à Moreau. Les négociations se poursuivent jusqu'en 1803. Pichegru et Cadoudal débarquent alors, portant les ordres du roi, las de tant de délais. Aux Champs-Elysées, Pichegru rencontre Moreau, le soir, lui explique tout. Veut-il consentir à la restauration ? Moreau se dérobe, laisse entendre que, s'il assumait la tâche de perdre Bonaparte, ce serait à son propre avantage, à l'avantage de la République et non en faveur des Bourbons.

On a soutenu que Moreau s'était converti à la thèse légitimiste de Cadoudal et Pichegru. Ce semble absolument faux, car le complot eût été mis à exécution. Au contraire, Cadoudal fut arrêté près du carrefour de l'Odéon quand il allait repartir pour l'Angleterre, ayant renoncé. Moreau prétendait agir seul avec les Philadelphes et son armée du Rhin. Obligés de se soumettre à son ambition très naturelle, les royalistes acceptèrent enfin de lui faire tenir les documents de Lyon pour qu'il s'en servît à son propre et unique avantage. Mais plusieurs d'entre eux avertirent Bonaparte, espérant que du conflit prêt à naître entre les deux généraux la guerre civile pouvait surgir. Après quoi, les Bourbons fussent apparus en sauveurs au milieu de l'anarchie publique.

En une brochure vendue vers les premiers temps de la Restauration, Ch. Nodier, ancien secrétaire de Pichegru, prétendit que les Philadelphes étaient des conspirateurs royalistes. Et beaucoup de personnes, trompées par cette allégation, la propagent. Il n'en est rien. Les Philadelphes, francs-maçons de l'ordre de Mizraïm, établirent leur première loge à Narbonne, au xviii° siècle, et, comme tous les frères d'alors, préparèrent la Révolution, qui sortit totale de l'atelier des Neuf Sœurs à Paris, dont les membres formèrent le Club des jacobins. Aux premiers temps de la seconde Restauration, le roi menaçait de poursuites et de mise à la demi-solde tous les militaires appartenant à des sociétés jacobines. Le nombre de ceux-ci relevé par les mouchards effraya les ministres. Mouchard avéré, Nodier publia son écrit sur l'ordre de la police. Ainsi fut évitée une répression impossible et dangereuse. La foule ignora par ce mensonge le trop grand nombre d'officiers républicains. Ceux-ci, d'ailleurs, acceptèrent la royauté avec effusion, soucieux de conserver leur grade et leur solde, à l'exemple des maréchaux d'empire.

Le Premier Consul, par contre, n'ignorait guère, en 1803-1804, la puissance républicaine des Philadelphes et de Moreau. Dès qu'il eut été averti de l'entente, il fit arrêter Cadoudal, Pichegru, enlever le duc d'Enghien et ses papiers par le général Ordener, commandant un peloton de cuirassiers, qui, au mépris des conventions internationales, viola le territoire étranger de Bade. Enghien, fusillé dans la nuit même de son arrivée à Vincennes, ne put parler. La preuve fut anéantie par la commission militaire. Cadoudal, royaliste ardent et mystique, ne pouvait trahir le secret de son maître en contant au jury d'assises les marchandages qui se poursuivaient depuis six ou sept ans entre les abbés émissaires et les généraux du Directoire. On le fit passer en jugement. Moreau ne possédait aucune preuve du pacte. Sa situation de jacobin eût été compromise s'il avait publiquement avoué des relations avec Pichegru et Enghien-Condé. On put donc le déférer au tribunal, malgré l'émeute et les grondements de la rue. Le jury voulut l'acquitter. Bonaparte envoya dans la salle des délibérations Savary, le gendarme *à tout faire*, qui garda les captifs jusqu'à l'heure tardive où ils rendirent un verdict justifiant une peine de deux années de prison, commuée bientôt en bannissement. Quant à Pichegru, qui menaçait de tout dire à l'audience, un mameluk l'étrangla dans sa prison, après l'avoir torturé en lui écrasant les pouces entre les chiens et les platines de deux pistolets.

Un de mes aïeux, lieutenant, qui tenait pour Moreau, fut alors cassé au grade et ne put reprendre du service que dans l'armée italienne du prince Eugène. On usa des mêmes rigueurs envers tous les officiers à principes irréductibles. Les soldats de pareille opinion avaient été embarqués pour Saint-Domingue. Ils y périrent en masse de la fièvre jaune et dans des combats sans gloire que la presse asservie mentionnait à peine. Alors, Bonaparte se fit proclamer empereur.

Voilà ce que le P. Loriquet enseigna dans le collège

de Saint-Acheul à mon grand-oncle. Voilà pourquoi, sous la Restauration, les jésuites et les royalistes écrivirent des campagnes de 1800 à 1814 qu'elles avaient été menées par M. de Buonaparte, lieutenant général des armées du roi. Il l'était, en effet, de par le pacte de Lyon.

En fin de compte, M. de Bourmont pouvait mal savoir s'il se devait à l'empereur ou bien au roi.

Loin de moi l'idée de faire ici le procès de Napoléon. Ces façons ne lui étaient point particulières. Il succédait à Barras et à Tallien dont les mœurs valaient moins encore. S'il obtint le commandement de l'armée d'Italie, en épousant la Beauharnais dont les amants s'avouaient las, c'était là un mode fort ordinaire à tous les gentilshommes de l'ancienne cour. Casanova de Seingalt ne meurt qu'en 1803. Chacun a lu ses mémoires, où, le plus naïvement du monde, il nous dit comment il trichait au jeu et — n'étant pas chargé de l'avertir — transperçait son adversaire de duel avant que celui-ci eût pu se mettre en garde. Buonaparte vécut ainsi que Casanova, que Barras, Tallien, que l'étonnant escroc Beaumarchais, que toute la société d'alors. Plaisons-nous aux débuts de mœurs sur cette époque assez lointaine pour être jugée sans parti pris, assez proche pour être contrôlée par les témoignages oraux, écrits de nos grands-pères contant à nos pères.

La presse du Consulat et de l'Empire ne put jamais offrir que des vérités officielles. Sous la Restauration, il en fut de même. Néanmoins, dans les salons, les causeurs se confiaient ce qu'on n'imprimait pas. Les royalistes, engagés en nombre, dès 1803, dans l'armée impériale, connaissaient les dessous de l'histoire, en riaient couramment. La publication des mémoires de Fouché, d'ailleurs apocryphes, mit au jour le total de ces propos presque tous exacts. Ils montrent assez qu'un colonel d'empire pouvait se croire bourbonien en touchant la solde que lui allouait le lieutenant-général des armées royales excusé d'usurper l'empire à cause de son génie militaire et de sa gloire. Seulement, lorsque la défaite survint, il se trouva que les liens factices se rompirent net qui attachaient le maître aux chefs. Le général de Bourmont fut un de ceux-là. Il eut tort de passer à l'ennemi soudain. La vérité probable de l'histoire pallie cependant la vilaine apparence de l'escapade.

Ne jugeons pas avec l'esprit présent. Nous sommes plus sévères qu'on ne l'était alors, voire plus honnêtes.

CHAPITRE XVI

Voici un autre cas.

Engagé volontaire à seize ans, le maréchal Soult, duc de Dalmatie, conquit ses grades dans les armées de la République, sa fortune et ses titres dans celles de l'Empire. Comme les avantages étaient importants, il demanda, malgré la différence des principes, que la Restauration les lui conservât, en 1814. Napoléon abdiquait. Afin d'obtenir de nouvelles faveurs, il provoqua l'érection d'un monument aux royalistes de Quiberon, puis lança une proclamation traitant Buonaparte d'usurpateur, d'aventurier, dès que celui-ci eut mis le pied à Fréjus, au retour de l'île d'Elbe. Le roi Murat, le duc Ney, pourvus de même par la Révolution et l'Empire, étaient déjà passés à la coalition des monarques. Adopté roi de Suède, Bernadotte avait battu les Français à Gross-Beeren. Masséna obtenait du comte d'Artois le maintien de sa situation de gouverneur militaire à Marseille. Ancien maître de dessin, sans-culotte en 1792

BERNADOTTE.

et capitaine au bataillon des chasseurs républicains; Gouvion Saint-Cyr acceptait alors la pairie royaliste. Le maréchal Mortier se ralliait au nouveau pouvoir en même temps que le maréchal Oudinot, duc de Reggio, et que Dupont de Létang, héros de Valmy. L'exemple de la défection avait été donné par Marmont, duc de Raguse, qui, oublieux d'avoir servi devant Toulon, en 1793, parmi les officiers terroristes, livrait, en 1814, son armée d'Essonnes à Talleyrand, et, avec elle, l'Empire, transformation militaire de la Convention nationale. Gorgés par Napoléon, ils le trahissaient à la façon de tous les prétoriens historiques.

On justifierait ces volte-face, en alléguant le réel désir d'une Charte constitutionnelle que refusait Napoléon, que concédait Louis XVIII, désir évidemment très sincère chez un La Fayette, chez un Fouché. Ils vouaient moins leur loyalisme à un parti qu'à l'idée libérale. C'était bien l'esprit de la Révolution. D'autre part, on tuait, on pillait, depuis dix-huit ans. Les peuples étaient las de mourir et les généraux de faire massacrer. Les défaites de 1813-1814 paraissaient aux maréchaux mêmes la punition attendue. Ils avaient en outre acquis du bien. Ils n'étaient plus les gueux de 1792, mais chamarrés, dotés et rentés, ducs, princes, rois. Les imaginations de leur adolescence famélique les intéressaient moins. A la guerre, les droits de l'homme sont quotidiennement piétinés. Agissant comme des leudes mérovingiens, ils devaient en venir à souhaiter la forme sociale que fondèrent les barbades de Chilpéric. Ni Bernadotte en Suède, ni Murat dans Naples, ni Bonaparte à Paris, ne songèrent à régir leurs Etats selon les écrits de Jean-Jacques Rousseau, de Voltaire ou les visées de Danton qu'ils aimaient, autrefois. Soldats, ils restaurèrent le pouvoir autocratique propre aux meneurs d'invasion.

Cela se put accomplir très simplement, très naturellement. Tels actes entraînent telles conséquences, d'après les lois sociologiques. En 1830, on verra Marmont, ancien officier de la Convention, réprimer au nom du roi l'émeute de bourgeois parisiens réclamant le respect de la Charte.

Ces militaires professaient sur la conscience du citoyen des théories confuses qui s'adaptèrent à leurs besoins du moment. Après s'être tous alliés au comte de Provence, lorsque le sort de leur maître parut définitivement compromis, quelques gens ne s'étonnèrent point de s'offrir à Napoléon, puisqu'au retour de l'île d'Elbe il semblait reprendre du prestige. Murat tenait à son royaume. Ney se vengea d'humiliations subies à la Cour. Soult accepta de l'*Usurpateur*, de l'*Aventurier*, malmené dans sa proclamation royaliste, le titre de Major Général, et publia tout à coup un ordre du jour vilipendant les Bourbons. Les malins suivirent Louis XVIII à Gand. Ils devinèrent l'inutilité d'une lutte contre le monde excédé de meurtres, désireux de paix, surtout déçu dans ses espoirs de liberté par le monarchisme absolu de Bonaparte, l'ancien capitaine jacobin, l'ancien ami des Cabouyistes. Sauf Murat et Ney, qui périrent de leurs étourderies, ces braves maréchaux s'éveillent, après les Cent Jours, pairs de France, ultras, ministres. Gouvion Saint-Cyr a le portefeuille de la guerre. En 1819, Soult reçoit de la caisse royale 200,000 francs. Dupont de l'Estang, le jacobin de Valmy, énonce à la Chambre d'outrecuidantes propositions ultra-réactionnaires, de 1815 à 1830. Oudinot, qui, en 1791, avait été chef du bataillon des volontaires de la Meuse, se retire

BERTHIER

de la vie publique, après 1830, tant lui répugne le libéralisme de Louis-Philippe.

Il est drôle de constater quel résultat obtint l'exemple de Napoléon, professeur d'énergie, sur ses disciples immédiats. La fermeté des convictions ne semble pas avoir été acquise. Soucieux de leurs dotations et de leurs titres, cupides, ils servirent la chance... loyalement. Peut-être une discipline morale différente nous séduirait-elle davantage ? Par-dessus toutes les énergies ils eurent celle de sauver la caisse. La Ruse l'emportait sur la Force.

Ce phénomène de versatilité utilitaire ne serait qu'un épisode comique de l'histoire si les conséquences ne paraissaient avoir profondément modifié l'âme de la bourgeoisie française. Ce que les maréchaux d'Empire accomplirent résolument, des généraux, des colonels, des majors, des capitaines, le firent timidement. Revenus dans leurs familles des provinces, ils professèrent une philosophie du succès, dont la ruse excusa les alternatives de leurs croyances. Or, pendant l'époque impériale, les belles idées du stoïcisme romain, enseignées déjà sous le règne de Louis XVI, promulguées par la Révolution, s'étaient incluses dans les âmes de province fort en retard. Le scepticisme parisien ne les avait pas atteintes. On y élevait les générations dans le goût d'imiter les vertus de Caton et de Brutus. Pour une vie rigoureusement honnête on estimait des messieurs ratés qui ne changeaient guère de linge. Même ce masque de pauvreté demeura nécessaire à beaucoup dont les coffres se garnirent secrètement. Balzac a montré l'origine des fortunes sous la Restauration et la monarchie de Juillet. Deux générations peinèrent sordidement, économisèrent, pour offrir à leur descendance la parade du succès que les maréchaux de Napoléon consacrèrent en devenant pairs de France et chevaliers de Saint-Louis.

Nous paraissons bien plus rigoristes à présent. Le politicien qui suivrait aussi naïvement que ceux-là les conseils de son ambition particulière serait vite perdu. Mais, en ce temps, il subsistait de l'indulgence. Les officiers impérialistes qui, pareils à Philippe Brideau, ne restèrent pas irréductibles, corrompirent l'esprit de leur descendance, en leur offrant, pour exemple, la religion du succès. Les richesses qui s'amassèrent qui s'accrurent avec l'invention des chemins de fer, le développement soudain de l'industrie, la culture de la betterave sucrière, pourvurent à satisfaire les besoins de triomphe. Eduqués par la ruse, Julien Sorel, Rastignac, Rubempré, se ruèrent à Paris. Ils convoitèrent la puissance de Nucingen, éblouirent, par le récit de leurs hauts faits, l'enfance de Mᵐᵉ Bovary. La spéculation fut plus audacieuse afin de contenter les exigences de Mᵐᵉ Marneffe. L'argent régna. Les maréchaux de Napoléon avaient créé cette omnipotence, parce qu'ils lui avaient, lestement, de 1814 à 1815, sacrifié l'honneur.

Toute une génération, ou du moins son élite, ne renie pas, d'un coup, les espoirs de sa jeunesse, ne dément pas son idéal, sans réduire à peu de chose la morale d'un pays. Ces jacobins devenus ultra-royalistes, au bénéfice d'une avidité manifeste, gâtèrent tout l'œuvre de la vertu emphatique prêchée aux masses par les conventionnels. Nous leur devons, et à eux seuls, le culte du triomphe barbare, de l'argent qui le procure.

Aux funérailles d'Henri Becque, je songeais à cela. Car, ayant prétendu lutter contre la ruse, il subit l'hostilité des élites et du nombre. Du dernier cabotin aux princes des premières représentations, chacun s'insurgea contre le génie qui offensait la déesse, en lui opposant la vérité atroce de ses moyens.

La littérature de cent années peut être anéantie. Il suffit que les *Corbeaux* et la *Parisienne*, ses deux drames, subsistent. On y écoutera vivre toute l'âme du siècle. Dumas ne fut qu'un médiocre défenseur de féminisme qui dialogua des articles de journaux, pour excuser l'adultère, réhabiliter le bâtard et la fille-mère, imposer aux honnêtes gens la promiscuité des catins audacieuses dont il pleura les infortunes. Les femmes, et ceux qui en vivent, l'applaudirent. Il avait pu mépriser la vertu, vanter les courtisanes, un seul sanglot d'émotion l'approuva. Henri Becque osa flétrir la Ruse. Ce fut le haro. Il dévoila l'infamie des notaires. Qui n'avait dans sa famille un notaire ? Il démasqua la réalité de l'épouse niaise ou fausse qui renie, au hasard du passant, le pacte conjugal et qui se réjouit du mensonge. Les amants s'indignèrent. On mettait à nu la pauvreté de leur histoire. Henri Becque mourut désolé. Ne touchez pas aux ruses de l'argent ni aux ruses de l'amour ! Ne tirez pas la Vérité du puits ! Elle y dort pour le repos de la plupart.

Aussi l'injustice s'acharne contre Henri Becque, qui composa les deux seules tragédies de la vie française ; car celles de Racine, de Corneille, pour exemplaires qu'elles soient, témoignent seulement de l'esprit byzantin venu à la cour de Louis XIII par les Médicis ; car celles de Hugo naquirent du romantisme germain, et l'imitent. L'œuvre de Henry Becque est la seule œuvre romantique française, comme l'œuvre d'Eschyle est l'œuvre hellénique. On le nia parce qu'on sentait la Ruse atteinte.

La Ruse ! qualité vraiment bourgeoise de notre race. C'est elle qui pare des mensonges grandiloquents les plus adroits calculs, c'est elle qui couvrit, avec le sentimentalisme de Musset, de Lamartine, les excès de la passion incapable de franchise. Par elle, la bourgeoisie trompa le peuple sacrifié à son seul avantage, en 1830, en 1848, en 1871.

La Ruse s'est substituée à la Force en 1815. A l'adoration de la victoire réalisée par l'effort loyal, elle a substitué l'adoration du triomphe obtenu par des feintes, des subtilités sociales et politiques, par des intrigues et des manigances, par des dialectiques.

CHAPITRE XVII

Que Bismark, passée la quarantaine, ait tiré de sa culotte les pans de sa chemise et imité de son mieux le « cancan » français du second Empire, afin de rivaliser avec plusieurs princes d'Europe soupant à Bade, ivres, parmi des actrices et des courtisanes parisiennes ; que ces mêmes gens, plus tard, aient trouvé drôle de renverser, munis de cordes, les orangers d'une promenade publique, puis d'allumer des pétards au milieu de la salle de jeu pour voir les pontes effarés se vautrer sur leur or ; qu'un Hamilton, neveu de la reine de Prusse, ayant gagné de l'argent plein son chapeau, ait voulu, vers trois heures du matin, frapper à la porte de sa tante, criant : « Ouvrez-moi ! J'ai de l'or, des billets ; je veux coucher avec la reine de Prusse ! Ouvrez-moi, je veux coucher avec Augusta ! » ; que tout ce monde des cours allemandes ait fait une fête de vidangeurs après la paye, cela nous rassure un peu sur les péchés que la sage Teutonia blâmait, blâme encore comme particuliers à notre race composite. Dans la vie intense et concise de ses mémoires, Marie Colombier nous apprend, de la sorte, qu'avant la guerre elle vit bassement stupides ceux qui préparaient le désastre de 1870, en nourrissant la presse luthérienne d'articles destinés à émouvoir l'opinion germanique, par la description des danses de Mabille. Je crois que peu de livres nous peuvent mieux réconcilier avec nous-mêmes. Celui-ci riposte aux dires de M. Augustin Filon qui justifie, dans le *Journal des Débats*, l'hostilité anglaise à notre égard par ce même chef d'immoralité. Excellemment M. Jules Lemaître, pour lui répondre, montra combien la débauche hollandaise l'emporte en impudence sur la nôtre. Hambourg et Londres couvent une prostitution énorme et naïve. Par ses vices, Budapest étonne les noceurs du monde. Tous les lupanars des ports, en Asie et en Amérique, sont peuplés d'Allemandes, d'Espagnoles. Les photographies obscènes viennent de Londres et d'Amsterdam, de Bavière. Je défie d'en acheter facilement à Paris ; tandis qu'à Bruxelles et à Berlin, elles forment le bénéfice ordinaire des papeteries. La légende de notre immoralité est due à notre candeur. Moins que les autres peuples, nous aimons dissimuler et, plus vifs d'esprit, nous concevons que les nécessités de la reproduction ne sont pas plus infamantes que celles de la nourriture.

L'époque de la Régence commença de nous valoir par le monde cette réputation de vice. Le règne de Louis XV confirma l'impression. Depuis, la France passe toujours pour le pays qui fournit au monde les filles les plus accortes, les cuisiniers les plus habiles et les meilleurs comédiens.

Les nouveautés de la République jacobine, avant la

résurrection romaine du premier Empire et la marche de la Grande Armée jusqu'à Moscou firent penser différemment. Ensuite le catholicisme de la Restauration monarchique, due aux alliés germains, slaves et saxons, obtint leurs éloges. Mais la Révolution de 1848 ayant jeté le mot de Socialisme aux quatre vents de l'Europe, perturbé les régimes autocratiques, installé le contrôle parlementaire en maint pays, toutes les rancunes des souverains fermentèrent contre la nation où fonctionnait le suffrage universel ; et la vieille calomnie attaqua ceux du second Empire lorsque les victoires de Magenta, de Solférino, après la conquête de Crimée, eurent fait craindre au monde d'autres Iéna, d'autres Friedland, d'autres Wagram.

Il faut dire que les mœurs d'alors, à Paris, furent assez comiques. Les gestes des courtisanes fournirent le motif de toute la chronique. On vit des personnages recruter, pour les Tuileries, des ballerines, des sauteuses et des modistes. Au Palais de Saint-Cloud, arrivaient, plusieurs fois la semaine, vers trois heures de l'après-midi, un fiacre contenant la créature que les maréchaux entremetteurs offraient à la sieste impériale. L'intelligent vieillard que fut Napoléon III ne réalisa rien de ces conceptions parce qu'il se laissait abêtir par les innombrables caresses des femmes de la cour, des actrices et des professionnelles. Son oncle perdit, par le même abus, ses facultés mentales. A partir de 1810, il dormait l'après-midi au lieu d'entretenir ses ministres et ses maréchaux, car les visites féminines l'avaient lassé. Or, la jalousie de son ambition lui faisait écarter tout homme d'initiative qui l'eût suppléé. Les humbles, les serviles de son entourage n'osaient point agir par eux-mêmes. Ils connurent la Bérésina, Leipzig et Waterloo, comme

Morny; sa bande, Mocquart, le maréchal Fleury, ayant à leur tour étouffé l'énergie du neveu, passé le pouvoir à la Montijo et aux collégiens farceurs qui sautaient autour d'elle, nous valurent Freschwiller, Rezonville, Gravelotte et Sedan.

Marie Colombier le démontre avec exactitude : ce monde de 1860 était composé d'écoliers et d'écolières en vacances. Les hommes avaient tous quatorze ans, malgré leurs mèches grises. La raison d'aucun n'atteignit l'âge mûr. Se saouler de cet abominable vin de Champagne qui gonfle l'estomac; poursuivre des cochons dans le parc en fête; remonter à quatre pattes les Champs-Elysées une nuit de verglas, et en rire toute l'année ; tirer les cordons de sonnette ; s'arroser avec des siphons d'eau de seltz : tels étaient les amusements de ceux qui commandaient aux destins des peuples, qu'ils fussent allemands, français ou turcs. Un lord descendait de la Courtille, juché, en habit, sur les détritus d'un tombereau à ordures ; Rigolboche marchait sur les mains au milieu du bal de l'Opéra, et ce, pour le plaisir des gens quadragénaires.

Ils appelaient cela s'amuser. Il leur fallut bien de l'optimisme. Maintenant, nous trouverions que le tombereau à ordures sent mauvais, que l'eau du syphon donne une sensation désagréable sur la peau tiède et détruit l'harmonie de notre tenue, que les orangers d'une promenade sont beaux à voir debout, qu'il est barbare de les jeter à terre, pour abolir la magnificence du jardin. Nous avons vingt-cinq ans, pour le moins.

Cependant, les hommes qui vécurent alors ont gardé de ce temps un bon souvenir. On les voit encore suivre les femmes dans la rue. Ils se croiraient sans honneur s'ils manquaient au devoir d'assaillir la dame qui reste seule, dix minutes, en leur présence. Que ce soient des enfants impubères ou de vieilles personnes colorées par l'art des coiffeurs, des masseuses, ils les mettent à mal, et s'en vantent. J'en connais qui ne rendent point de visites sans laisser une veuve dans leur coupé. Ils vous attirent au coin des salons afin de vous confier le nombre de leurs enfants naturels, vous dire leurs ennuis et leurs machiavélismes à cause des deux ou trois ménages qu'ils se flattent d'entretenir. Et ils sont ahuris que cela ne nous intéresse guère, que nous n'ayons pas les mêmes confidences à leur livrer. Toutes les aventures leur arrivent. Baronnes, comtesses et marquises, annoncent-ils, se succèdent dans leur logis à seule fin de s'y coucher une heure. On regarde ces vieillards. Leur dentier tremble. Les jambes flageolent. Quelques cheveux mal collés au crâne se hérissent. On se demande quelle joie ils peuvent encore ressentir à voir, pour la dix-millième fois, une fille se déshabiller, leur montrer son corps pareil à tous les corps, la même gorge, la même croupe, le même dos que les gorges, les croupes et les dos dénudés, palpés depuis leur adolescence. Leurs yeux cherchent dans les vôtres l'expression d'une jalousie qui les enorgueillirait. Ils n'y trouvent que surprise un peu dégoûtée. Ils s'étonnent. Tout le labeur de leur existence fut de souffler au lit avec une blanchisseuse. Pour cela, ils s'ingénièrent en finance, en politique, en héroïsme militaire, en astuce diplomatique, en art. Nous ne les comprenons plus. Ils vivent encore les convoitises et les gloires que déjà nous avions oubliées à dix-sept ans. Ce sont de vieux parents, qui tirent toujours les pieds de biche des sonnettes, quand, par hasard, ils en découvrent à la place du bouton électrique.

Avec cela, ils affectent le sentiment. Une pléiade

d'écrivains médiocres, les Feuillet, les Albéric, les About, les Charles de Bernard leur proposèrent pour travestir ces habitudes d'écoliers l'excuse des fadaises sentimentales et de passions fausses. Nos romanciers naturalistes les navrèrent en remettant les choses au point exact de l'instinct qu'ils ne voulurent pas s'avouer.

Le livre si curieux de Marie Colombier leur enlève le masque. Ce sont bien des barbares, des sauvages qui éprouvent le besoin de danser et de hurler comme au temps préhistorique, de manifester leur force brutale avec de gros rires paysans.

Je crois que l'auteur de ces Mémoires, encore qu'elle s'en défende, dut éprouver, mille fois, les sensations de la magicienne Circé lorsqu'elle eut changé les compagnons d'Ulysse en pourceaux. Spirituelle, loyale, causeuse experte, mêlée, toute sa vie, à une compagnie d'excellents lettrés et d'hommes de valeur, elle dut se donner le triomphe de mépriser, en certaines fêtes, bien des convives aux couronnes fermées, que sa beauté d'Eve légendaire mit tout grouillants à ses genoux.

Je l'ai connue plus tard, quand le siècle allait finir. Les écoliers de l'Empire soignaient au loin leurs catarrhes. Merveilleuse maîtresse de maison, elle recevait à sa table les gens illustres, de la littérature, de la politique, de la diplomatie. Feu le baron de Billing y fréquentait et révélait les dessous des ambassades. J'y ai mangé, une nuit de réveillon, une soupe aux oignons faite par les mains de Séverine, et pour laquelle un Bonaparte avait épluché des légumes. Il y avait longtemps qu'on ne se permettait plus, auprès d'elle, d'être gamins, comme sous l'Empire. L'admirable portrait que Manet fit de sa personne, l'une des plus belles œuvres du maître, lui imposait l'intelligence d'un sourire très spécial mais terrible pour la sottise qui s'égarait autour de sa table épiscopale.

Car, à tout prendre, si la mentalité des bourgeois et des rustres se développe trop lentement, et nous sert des ministres pitoyables, l'élite a fort accru son avoir. Les jeunes hommes d'à présent écrivent un bon livre plus facilement que nos pères, à un âge pareil, n'écrivaient une jolie lettre. Cet accroissement de l'esprit change les mœurs.

CHAPITRE XVIII

Le XIXe siècle comprit la série des épreuves imposées par le destin à chacune des politiques antagonistes nées dans la période révolutionnaire. La Restauration fut un jugement d'appel, pour la royauté, arguant de la violence qui l'avait éliminée sans procédure en 1793. Et les seconds juges condamnèrent en 1830. La monarchie de juillet fut la mise en expérience des idées de Necker, de Turgot, de Saint-Simon, reprises par Thiers. Et cette expérience démontra l'insuffisance de pareilles disciplines. La révolution de 1848 tenta de réaliser l'idéal girondin et périt de même que la première fois sacrifiée aux revendications de la Montagne. L'Empire, condamné à Waterloo, en appela, le 2 décembre. Il vécut d'après le même principe guerrier et disparut dans le même désastre : ce qui prouve que les gouvernements militaires n'assurent guère la victoire de la Nation. La troisième République récapitule les débats du XIXe siècle. Toutes les anciennes politiques ont perdu leur procès, parce qu'elles plaidèrent l'autocratie de leur principe, au lieu d'admettre le libre jeu des libertés différentes sous une hégémonie très souple et variable selon les besoins des moments.

A cette forme, le succès définitif doit échoir. Pour la sagesse de chaque secte, il importera de conquérir non la suprématie absolue, pouvoir fragile et toujours condamné en naissant par les compétiteurs, mais les libertés fédérales, les autonomies provinciales et municipales, le droit d'être nationaliste à Angoulême, clérical à Rennes, communiste à Roubaix, collectiviste à Saint-Etienne, conservateur à Angers, libre à Paris. L'Autriche-Hongrie et sa querelle des langues offrent l'exemple du conflit essentiel. L'unité centralisatrice ne fut indipensable qu'aux temps où la barbarie des coutumes et l'insuffisance des polices permettaient aux communes de s'armer pour résoudre un grief de péage. Cette période est lointaine. Nos juridictions, mieux pourvues, peuvent du moins prévenir les bagarres.

L'unité, excellent moyen de jadis, est aujourd'hui tyrannique si on la veut imposer, car elle se maintient d'elle-même non par des lois, mais par les obligations des usages commerciaux, par la rapidité des transports, l'abondance des échanges, les jeux constants du télégraphe et des postes.

Au siècle des appels que fut le xixe succédera un siècle de verdicts allouant leurs parts à toutes les forces de la Nation ou des Nations. Les impérialismes ne manqueront pas de s'écrouler un jour dans le monde, comme les pouvoirs centralisateurs au dedans des Etats. Ceux-ci commenceront par adopter, à l'intérieur, le gouvernement fédéral. Dans la suite, ils transformeront les suprématies, les faiblesses des peuples en une seule fédération européenne des empires, des républiques, des royaumes, et qui les totalisera lentement, sûrement.

Abjurant les suprématies des sectes, le fédéralisme déniera logiquement les suprématies des peuples, qui sont les sectes du monde. Ceux-ci deviendront altruistes, à l'exemple des citoyens qui les composent, non par bonté ou philosophie, mais par intérêt économique et besoin d'accroître les échanges.

Ce changement dans la théorie des pouvoirs ne se consacrera point sans guerres probables, sans quelques spasmes révolutionnaires. Le sang humain est la cire rouge qui doit sceller les grands pactes.

En désignant des catastrophes, les Isaïe et les Ezéchiel de toutes les époques purent se croire certains de ne pas mentir. Le malheur des peuples et des rois fut toujours abondamment nourri de cataclysmes par la colère des Forces. On prédit à coup sûr en parlant de ruines et de mort. Squelette, la Dame à la Faux marque la plupart des heures historiques comme dans le symbole naïf des vieilles horloges. Qu'un oiselet, se trompant à voir ce bras sec ainsi qu'une branche d'hiver, s'y perche, puis se réfugie au centre de la cage vide du thorax, pour y palpiter à la place du cœur, pour y expirer un parfum de compassion, de joie vivante et d'amour ; c'est l'image de l'illusion et de la vie. Admirable poète, Saint-Pol Roux inventa cette métaphore pour faire, autour, bondir les passions d'une tragédie. La Dame à la Faux besogne éternellement parmi les œuvres, les peuples, les hommes et les vœux des races, afin de faciliter la tâche des pessimistes.

Il nous faudra bien des ans ou des siècles encore avant de nous habituer à une philosophie qui considérera les malheurs, stoïquement, comme les effets de la mécanique universelle, lois réglées sans doute par une minutie pareille à celle déterminant les propositions mathématiques déjà connues. De même que nous respectons les propriétés du triangle ou les vertus des logarithmes, ainsi nous respecterons sereinement les sensations convulsives des sociétés, puis celles de notre âme. Aucune détresse ne paraîtra plus inique, parce qu'on saura définir la série normale des causes qui la préparèrent. Justes enfin, nous attribuerons à la seule imperfection de notre science, la soudaineté des désastres, ou bien, les ayant devinés, de longues dissertations préalables auront épuisé avant qu'elle survienne la rage de la défaite qui s'accomplira, prévue, jugée, consentie.

La notion des équilibres sociaux économiques, sentimentaux, et de leur nécessité aura diminué les haines ignorantes des partis. Chaque lumière aura compris qu'elle ne peut exister sans le concours de l'ombre. Croyons que les catastrophes sociales dont va souffrir le nouveau siècle engendreront dans la douleur cette sérénité de l'homme prochain. Il deviendra le juste dans le sens indiqué par les Ecritures Saintes, c'est-à-dire le penseur dont l'orgueil se résigne à l'admiration des puissances qui l'écrasent, mais qu'il sait. Il ne sera point seulement juste envers autrui, mais aussi envers Dieu, l'ensemble des Forces, qu'elles apportent le malheur ou le triomphe.

La science actuelle, si l'on veut l'entendre, corrobore essentiellement les dogmes légendaires et religieux. Il semble que la victoire du xxe siècle sera la fusion absolue des deux vérités qui achèvent de se combattre. L'antiquité et le modernisme se reconnaîtront frères, enivrés du même espoir d'harmonie qu'ils suivirent par des voies différentes avant qu'elles se rejoignent en une seule route large, heureuse et magnifique se déroulant par les campagnes de paix, les champs d'abondance, les forêts du repos social. Quelles que soient les formes revêtues par les caractères de chacun, l'attente de ce changement est unanime. M. Bazin cite une conversation entre le fermier breton et son propriétaire, réunis dans le but de renouveler le bail de métayage. Jusqu'à ce jour, les baux s'étaient conclus pour trente années. Le paysan refusa de le renouveler pour plus de six ans parce que, dit-il, « dans cinq ans d'ici, les fermes reviendront aux fermiers ; la terre changera de maître. » Bien que naïvement fausse, cette conception est remarquable, dans les provinces estimées les plus réfractaires à l'afflux des idées bruyantes. Les rustres eux-mêmes cessent de croire à l'invariabilité des principes anciens. Les gens du XXe siècle assisteront à des choses immenses. On les conçoit mal parce que, les apercevant avec les vues étroites de son parti, chacun les imagine conformes aux seuls vœux de ce parti. Au contraire, la nature du changement procédera de toutes les sectes.

Car la solidarité sera mieux comprise à mesure que se développera la science. On télégraphie par ondes hertziennes de la tour Eiffel à Tanger. Le dirigeable plane à son gré sur nos boulevards, tourne, virevolte, va, vient, parcourt les airs à raison de quarante kilomètres par heure. Nous télégraphions sans fil sur une distance de cinq kilomètres.

Acceptant les contrats de compagnies européennes qui réclament la construction de voies ferrées, d'usines, l'extraction minière, l'entreprise des cultures intensives, voici que la Chine s'industrialise, avec sa main-d'œuvre à bon marché, ses innombrables multitudes productrices, industrieuses, fort intelligentes, très aptes à s'assimiler nos goûts de science et de faste. Un voyageur à l'érudition très intelligente, M. Charles Saglio, expliquait naguère par un exemple frappant cette faculté du Chinois pour adopter nos habitudes et y exceller vite. Quelques agioteurs aux yeux bridés, ayant connu la valeur que les Anglais attribuent aux chevaux de courses, résolurent d'imiter l'élevage de l'outsider. Tels de leurs jeunes employés étudièrent un an la question, puis furent en Australie acquérir des poulains de bonne qualité. Ils choisirent si bien que leur favori gagna les grands prix dès la première épreuve, à Shanghaï, Hong-Kong et Calcutta. Maintenant, les chevaux des écuries chinoises battent constamment ceux des écuries anglaises sur les hippodromes de l'Inde même, pour la gloire malicieuse de gros Célestes effondrés, en habits de soie et en chapeaux melons, dans d'impeccables équipages que mènent de roides cochers hindous à turban de mousseline éblouissante. M. Saglio estime que cette vertu d'assimilation est applicable à la majeure partie de nos commerces, de nos connaissances industrielles et scientifiques. Quelle immense production déversera sur la planète ce peuple sobre de quatre cents millions d'êtres quand ses mines seront exploitées avec les moyens du machinisme, quand les voies ferrées traverseront ses provinces en tous sens. Alors les trois quarts des objets de consommation nous seront fournis par eux au tiers du prix naturel. Ils pourvoiront l'humanité de vêtements, de riz, de machines, de denrées alimentaires diverses. Moyennant de minimes sommes, l'Occidental se procurera le nécessaire qui lui coûte aujourd'hui ce qu'il gagne, et davantage. Pouvons-nous supputer les modifications qu'implantera dans la vie du monde cet autre facteur économique ?

Peut-être le capital européen devra-t-il se transporter en Asie s'il veut subsister, car son industrie ne supportera point la concurrence de la production chinoise. Quel déplacement formidable des intérêts généraux, banques et bourses allant s'installer sur les bords du Yang-Tsé-Kiang, avec les luxes et les arts, tandis que le vieil Occident, ruiné, devra, pour vivre de soi, se résoudre à l'antique existence agricole et patriarcale !

Le XXe siècle pourra connaître de tels changements. La mystérieuse Afrique donnera d'autres surprises encore, comme l'Amérique latine, qui s'apaise, s'organise, se met à l'œuvre ; comme l'Australie qui se découvre toujours plus de richesses. Depuis cent années, l'Angleterre tend à unifier la planète dans sa large hégémonie en bloquant le monde aux points de production parce qu'elle devina la première que là étaient les réservoirs de la force future. Aujourd'hui les autres peuples se réveillent, s'étonnent de sa puissance. L'Allemagne prétend la lui disputer.

La Dame à la Faux travaillera, peut-être. Mais, quand sera venue l'heure de son repos, l'oiselet qui se perchera sur le bras semblable à une branche d'hiver, l'oiselet qui viendra prendre, dans la cage vide du thorax, la place d'un cœur palpitant, d'une joie vivante, y chantera un hymne d'amour fraternel, l'hymne d'une ère plus heureuse.

CHAPITRE XIX

Dans les matches de football entre équipes d'écoliers français et d'écoliers anglais, ceux-ci gagnent le plus souvent parce que le joueur qui attrape le ballon le passe, dès l'instant nécessaire, au champion immédiatement capable d'en faire un meilleur usage ; au contraire, ceux-là perdent parce qu'avides de gloire particulière et dédaigneux des compagnons, nul d'entre eux ne lâche à temps le jouet qu'il tient. L'adolescent anglo-saxon compte son propre avantage pour rien si son groupe n'y participe ; il est un animal solidaire. Le Latin préfère le désastre de ses compagnons au triomphe d'un émule. C'est un animal individualiste. Parmi les exemples historiques de cette infirmité nationale, on citerait le cas de Bazaine qui laissa Canrobert sans artillerie et sans munitions à Gravelotte, plutôt que d'aider à la victoire d'un maréchal avec lequel il rivalisait. Ainsi Bernadotte, refusant d'appuyer Davoust à la bataille d'Auerstaedt, espéra la défaite et la honte d'un chef dont la renommée trop précise gênait sa jalousie. Chacun de nous, s'il observe son milieu, peut constater aisément les multiples résultats de cette tare que, dans son livre sur la psychologie du socialisme, M. Gustave Le Bon étudie avec une logique très judicieuse.

En imaginant que le football se pût jouer à trois équipes, l'Allemand se distinguerait par ce caractère que ses champions ne quitteraient point des yeux les signes d'un chef, devanceraient son désir, obéiraient au clin d'œil, l'acclameraient frénétiquement, vainqueurs, le consoleraient et vanteraient ses mérites déçus par le hasard, en cas d'échec. Le Germain est un animal discipliné.

La solidarité et la discipline étant des forces manifestes, l'orgueil individualiste est-il une faiblesse irrémédiable ? M. Gustave Le Bon conclut à la déchéance des races latines. Cela semble une opinion bien absolue. Jusqu'à présent on tenta surtout d'imposer à leur caractère des institutions empruntées ailleurs. La conquête des barbares goths, germains et francs nous a, quinze siècles, obligés à des mœurs antipathiques. Depuis cent années, les luttes d'affranchissement se perpétuent, sans nous permettre le loisir d'élaborer une méthode adaptant nos qualités à la vie des sociétés contemporaines. Au nom du patriotisme, les réactionnaires nous offrent la servilité germanique et les opportunistes la solidarité anglaise. Ne vaudrait-il pas mieux s'efforcer de mettre en harmonie les individualismes et d'employer leurs forces selon les méthodes propres à notre nature ? Aujourd'hui nous commençons de savoir exactement les défauts et les puissances sociologiques des peuples. Des milles leçons écrites ou agies qui les présentent, il ne paraît pas impossible de tirer un enseignement efficace.

Longtemps le germanisme a triomphé des Gallo-Romains, mais ce n'est pas avec des méthodes du monarchisme allemand, secouées depuis 1789, qu'on nous conduira désormais. La Révolution a trop influencé l'esprit de l'Europe.

Quand elles se réunissent en congrès international des étudiants, les jeunes élites du monde formulent des vœux fort libéraux que leur inspire l'étude des sciences, des belles lettres, de l'histoire, de la philosophie et de la législation. L'esprit de ces assemblées ne marque pas une grande sympathie pour les choses des anciens régimes, mais une claire perception des nécessités nouvelles et même futures.

Il ne semble pas que les basochiens venus à Paris aient puisé dans les livres grecs et latins quelques raisons de restaurer les vieilles méthodes d'organisation sociale, ni même de conserver inaltérablement les principes contemporains qui sont les survivances transformées de ces méthodes. Leur intelligence s'apparente à celle qui domina vers 1830 et 1848 pour conquérir, dans les monarchies, la liberté de la presse et le contrôle parlementaire. Latins individualistes, Anglo-Saxons positifs et solidaires, Germains disciplinés, unanimement, s'accordent sur le vœu d'admettre ces modifications : l'égalité de l'homme et de la femme investis des mêmes titres, des mêmes droits que confèrent les diplômes ; l'égalité militaire entre les classes intellectuelles et les classes du prolétariat ; la disparition, dans les codes, de tous articles rappelant les haines religieuses anciennes. Ne sont-ce point là les conceptions égalitaires de l'individualisme latin, par quoi chacun refuse de se soumettre ?

Et l'on peut dire ceci : en un des congrès internationaux, celui des générations nées à la suite de Sedan, et après la défaite matérielle de la suprématie latine, cette suprématie même s'affirma sur la pensée des fils des vainqueurs.

La Révolution faite par l'esprit du municipe gallo-romain préoccupe seule la descendance des conquérants. Est-ce là un signe d'abaissement définitif ?

Vraiment non. Charlemagne sollicita de Byzance le mariage avec la grande Irène qui l'eût fait successeur des Césars. Cependant il possédait les Gaules et les Allemagnes, la Lombardie, tandis que l'impératrice du Bosphore, commandait à un état troublé comparativement petit. L'orgueil des Grecs ne toléra point cette union qu'ils considéraient comme la pire mésalliance. Un prétendant fut suscité : Nicéphore chaussa les souliers de pourpre. Irène alla, dans Lesbos, filer la laine jusqu'à sa mort pour gagner le pain de chaque jour, parce qu'elle avait douté de la grandeur romaine en accueillant l'offre de Charlemagne.

Cela ne se passait point aux temps héroïques des Catons et des Cincinnatus, mais vers l'an 800 de l'ère chrétienne, à l'époque de ce qu'on appelle improprement la décadence du Bas-Empire. La jeune élite de l'Europe conserve les goûts de Charlemagne pour la culture de la tradition gréco-latine.

Cette culture constitue l'essentiel de la puissance pour vingt races diverses associées entre les Alpes, les Pyrénées, l'Océan et les Vosges, afin de vivre un même idéal libertaire. Aussi ne faut-il point accepter vite les critiques abondantes de ceux qui blâment l'enseignement universitaire des langues mortes. Parce qu'ils s'estiment parents spirituels de Brutus et de César, les bacheliers bretons, basques, provençaux, picards, flamands, israélites et lorrains, se coalisent sous un même drapeau. Sans doute leur diplôme les munit de vanité avant de leur fournir un emploi. Sans doute ils forment ces « inadaptés artificiels » dont parle le sociologue, et qui grossissent les rangs de la révolte, parce qu'aucun salaire suffisant n'est versé à leurs appétits. Sans doute ils augmentent la foule des Rubempré, des Rastignac, des Adolphe et des Julien Sorel, qui entendent, par le moyen des femmes et de l'intrigue, conquérir la première place, la première ligne sur le palmarès de la vie ; et, sans doute, est-ce là un grave péril. Mais ces inadaptés au mode économique de l'existence contemporaine constituent quand même une élite qui produit de la pensée. Entre mille Lucien de Rubempré, l'un est Balzac, qui exprime l'âme totale de sa génération et qui promulgue l'enseignement sublime de leurs défaillances, de leurs espoirs, de leurs passions. Balzac, Dickens et Tolstoï apprennent aux races quels sentiments animent la plupart des Français, des Anglais, des Russes. Et leur œuvre vaut celle de l'histoire, celle de la philosophie. Ces inadaptés sont des critiques précieux. Ils indiquent les tares. D'autres cherchent les remèdes. Les uns et les autres fondent la thérapeutique sociale.

L'enseignement gréco-latin semble seulement exclusif à l'excès. Il a trop absorbé l'enfance et la jeunesse de nos fils. On n'y a pas suffisamment adjoint les données pratiques des sciences. Certes, il soumet tout à la théorie. Mais cette théorie, à certaines dates, est capable de provoquer les enthousiasmes sublimes. L'orgueil individualiste qu'elle excite est, assure-t-on, destructeur du caractère guerrier. La réponse est tout entière écrite dans les mémoires du baron de Comeau, un émigré à la solde de la Bavière et qui suivit, dès 1805, l'état-major de Napoléon. Il montre comment le génie militaire de l'empereur se gardait de vouloir imposer à ses troupes une discipline intolérable pour elles. En 1805, pendant la campagne d'Ulm et d'Austerlitz, le baron de Comeau rencontre des hordes innombrables, courant au hasard, foules tumultueuses, si mal équipées, montées, commandées, qu'à la reddition d'Ulm, Napoléon fait ranger les régiments bavarois, ses alliés, devant la place, pour recevoir les armes des vaincus, et cache derrière leurs lignes correctes ses bandes de cavaliers sans chevaux, de piétons sans uniforme, d'artilleurs tirant leurs canons à la corde. Une seule consigne, celle de marcher vite, est observée par tous. Ce peuple de soldats se rue et galope à travers la vallée du Danube. Quand l'ennemi est annoncé tout à coup, les cohues se forment en carrés instantanément, sans souci de discerner leurs bataillons. Si l'attaque n'est pas immédiate, les aides de camp crient : « Messieurs les généraux de brigade, formez vos brigades ! » Alors seulement les chefs débrouillent ces masses. A la veille d'une bataille prévue, les colonnes s'arrangent en bel ordre ; mais, durant les marches, tous se précipitent par groupes de camarades. Il n'y a guère que le tambour-major, les sapeurs et les musiciens pour entrer en ligne dans les villes conquises. En 1806, quand elle pénètre dans Berlin, après Iéna, cette multitude de coureurs chargés de butin, traînant des chiens en laisse, enveloppés de pèlerines de moines, étonnent les bourgeois allemands. Quoi ! cette cohue d'escogriffes insolents a pu battre les beaux régiments du roi de Prusse, si nets, si dorés, si mécaniques et passifs, si bien emboîtés les uns dans les autres, si doctement alignés par les cannes des officiers et les hallebardes des sergents ? Le baron de Comeau n'en revient

NAPOLÉON.

pas. L'admirable armée autrichienne casse comme une barre de verre au choc de ces émeutiers jacobins. Le torrent des gamins et des clubistes emporte tout, kaïserlicks, grenadiers à mitres d'or, cosaques et chevaliers gardes. L'affaire finie, le tiers reste en route et maraude. Par milliers, les traînards couvrent les routes à deux, trois journées de marche en arrière de l'étatmajor. Au lieu de sévir, Napoléon laisse faire. Tout à l'heure il utilisera cette indiscipline. Voici venir les bataillons de recrues amenés des villages beaucerons ou tourangeaux, ahuris un peu. Il convient que ces enfants stupéfaits, dans quelques jours, affrontent les vieilles troupes des monarchies allemandes et slaves, ne sourcillent pas sous les feux croisés des canons, ne s'effarent pas derrière leurs fusils tendus contre les tourbillons de uhlans, de hussards hongrois, de chevau-légers et de pandours. On fait appel aux traînards en leur promettant l'imminence d'une belle bataille. Ils accourent dans les places choisies pour les rassembler, s'incorporent aux pelotons de conscrits, leur apprennent à fumer la pipe et à plumer l'oie sans la faire crier. On marche. On chante. On rit. Et l'aube de gloire ayant brillé, les blancs-becs ne bronchent pas sous le regard gouailleur du traînard qui soutient le rang formé en hâte, qui déchire la cartouche à côté du moutard et appuie de l'épaule l'effort des enfants si les gros chevaux des Autrichiens se dressent devant la herse des baïonnettes françaises. Au lieu des conscrits annoncés par les espions, les Impériaux trouvent des lignes solides encadrées de vétérans narquois.

Quand ils apprirent, en décembre, qu'une bataille allait se livrer entre les trois empereurs par delà Brünn, tous les traînards, tous les maraudeurs, tous les fricoteurs, qui s'étaient mis au chaud dans les fermes de Moravie, dès novembre, vendent leurs souvenirs, déboursent les florins de leurs parts de prise afin de louer charrettes, berlines et chaises de poste. A plusieurs ils s'entassent dans chaque véhicule avec leurs fourniments, fouettent les chevaux, crèvent les bêtes. Les chemins qui mènent au plateau du Pratzen sont envahis par cette folle course au clocher d'Austerlitz. Presque tous arrivent à temps, cherchent leur bataillon, leur escadron, leur compagnie, rafistolent leur uniforme, dépaquettent hors de la serge l'ourson de grenadier, blanchissent vivement les tresses des shakos, dénouent les ficelles qui maintenaient contre le fourreau du sabre la raideur du plumet dans son papier de soie. Ils boutonnent leurs guêtres par-dessus la culotte et se trouvent là pour acclamer le Petit Caporal quand il parcourt les bivouacs, cette nuit célèbre, en récitant les *conciones* devant les Jacobins en grande tenue, prêts à faire triompher la liberté des peuples.

Le génie de cet homme fut d'avoir compris que la discipline, pour les Français, devait toujours être une chose raisonnée, acceptée d'eux, et non pas imposée. Quand il prétendit changer cela pour l'imitation de l'autocratie germanique, sa fortune sombra. Il périt du mal de l'autorité, comme succomberont Charles X en 1830 et Louis-Philippe en 1848, comme avait succombé Louis XVI mal conseillé par l'Autrichienne. Depuis le xviii⁰ siècle, nous ne sommes plus les serfs des Leudes, mais de libres quirites.

Oui, l'individualisme français se nourrit d'abord de théories et de mots, avant que de reconnaître le fait. Oui, il repousse le servilisme de la discipline absolue, forcé de l'Allemagne. Non, il ne comprend pas l'égoïsme bien entendu de la solidarité, force de l'Angleterre. Non, il ne possède pas la foi slave dans la fatalité divine. Mais, comme il serait absurde de vouloir substituer à la foi slave, à la solidarité anglaise et à la discipline allemande l'indépendance latine, il ne serait pas moins absurde de tenter l'inverse.

On prétend que le peuple de Paris est resté monarchiste, parce qu'il applaudit frénétiquement au passages les tsars, les rois, les shahs de Perse. Or, il ne le fait nullement par admiration ou par respect, ainsi que le peuple de Berlin, de Londres, de Moscou. Le Parisien acclame le rêve de ce qu'il voudrait être lui-même. Quand il passe un souverain, il se substitue en pensée au prince ; il imagine ses jouissances d'orgueil, le plaisir du triomphe individuel qu'il lui suppose. Pas un des badauds ne salue l'idée de la discipline nécessaire à la race, ni celle de la solidarité nationale, dans la physionomie du général chevauchant derrière le tambour. Il souhaite de se voir quelque jour à cheval lui-même, avec des plumes sur le crâne, de l'or sur les pectoraux et des éperons aux bottes. Il applaudit le succès de ses vœux intimes. Le sentiment est bien autre : il faut aux Latins la royauté de chacun. Je défie n'importe quel pouvoir d'abolir le suffrage universel, si faussé que soit son fonctionnement actuel, si mensongers qu'aient été les espoirs conçus jadis à son endroit, si pitoyable que paraisse le régime parlementaire.

Jules Guesde ne put souffrir de voir la royauté ministérielle aux mains de Millerand. Bon Latin, il excita le Parti Ouvrier à renier les socialistes de Gouvernement, la droite du parti. Ensuite, il fut, aux Congrès de Nancy et de Stuttgart, patriote contre l'opinion de M. Hervé, persuadant la gauche du parti. Jules Guesde ne résiste point à l'orgueil individualiste. Pareil au collégien du football, il refuse de passer le ballon aux partenaires mieux placés, tout le socialisme dût-il périr de cette faute. Il revient au verbalisme de la théorie pure, au didactisme. Il méconnaît la discipline et la solidarité de la secte. Quand les expressions les plus puissantes des élites politiques agissent ainsi, quel espoir peuvent garder les naïfs de soumettre la Nation à un type de gouvernement strict, à un homme, à une sentence ?

Le sage est d'y renoncer. Quiconque prétendra soumettre échouera. Quiconque acceptera d'admettre les adversaires et les rivaux réussira. Nous sommes bien vraiment un peuple de rois, tout imbus de l'importance acquise par notre ancêtre, le citoyen romain. A l'exemple de Napoléon sachant utiliser les traînards et l'indiscipline de son armée, il sied uniquement d'apprendre à coordonner les appétits et les forces. C'est une science toute neuve et difficile. Rien cependant ne contraint à croire qu'on ne la peut créer. Il faut que dans l'équipe du football chacun pense tenir le ballon, fût-ce à la limite de l'ongle, et que chacun arrive à le tenir en effet.

CHAPITRE XX

Maîtresse du pouvoir depuis 1830, la bourgeoisie gouverne exactement selon les principes de la royauté, par le génie de l'intrigue, du népotisme, la divinité de la « démarche », la protection des parentages, l'instauration d'une féodalité industrielle ayant substitué au donjon la cheminée d'usine, féodalité dépendant du Pouvoir au moyen de licences, de faveurs, d'aides militaires, pour l'asservissement du travail. Ce serait une œuvre piètre si la centralisation socialiste, si la *dictature du prolétariat*, comme on dit aux Congrès, continuait les mêmes erreurs, au bénéfice d'une quatrième caste, tout embourgeoisée déjà. Car les mêmes défauts qui valent la décadence de l'une amèneraient celle de l'autre, puis le triomphe futur des pires réactions. Certainement, le prolétariat doit se réserver sa part, et sa large part, dans l'économie publique, mais il préparerait sa ruine s'il songeait vraiment à faire de l'Etat un champ uniforme, et du citoyen collectiviste le type à quarante milllions d'exemplaires.

Pour avoir prétendu transformer le peuple en une multitude simple de bourgeois pareils, le régime présent s'étiole. La probité du possesseur, principe de cette phase sociale, étalon de son honneur, n'a point tardé à devenir un mensonge. Les éléments de l'ancien régime introduisirent avec eux dans la masse, partie à la conquête de la richesse, mille habitudes d'antan, les coutumes de Cour, l'intrigue, la concussion, la corruption des fonctionnaires, la protection du médiocre, l'élimination des intelligences, le culte de la « situation » ; et cet ensemble de tares pourrit le système bourgeois, comme il avait pourri le système royal.

De cette décadence, un exemple immédiat, parmi tant d'autres, fut offert, il y a quelques années. Des fils de famille, les meilleurs, ceux que la science attire, des étudiants qui se proposent de vouer leur existence à combattre la mort par la pratique de la médecine, qui choisirent la plus pénible entre vingt professions brillantes comme la militaire, pacifiques et agréables comme l'administrative, ou glorieuses comme la politique, ces étudiants, doués d'une vertu préalable évidente, contredirent, par un singulier cambriolage, le principe même de Probité en détruisant les copies rivales du concours pour l'internat. Ni l'héroïsme propre à la jeunesse que fortifia le culte des tragédies classiques, ni le raisonnement moral que leur enseignèrent Pascal et Kant, ni rien des traditions spéciales à l'honneur de la bourgeoisie, qui révère la loi, n'interdirent à ces jeunes gens l'acte abject. S'ils croyaient avoir à se plaindre des conditions dans lesquelles s'effectue le concours, s'ils blâmaient, comme on l'a dit, l'indulgence des juges pour certains secours apportés à des candidats jusqu'en la salle même de l'examen, ils auraient pu franchement protester. Aujourd'hui, les gazettes acceptent volontiers les réclamations individuelles. A tout moyen généreux de manifester l'indignation, ces étudiants préfèrent les manigances des malfaiteurs. Du moins, ceux-ci ont-ils pour excuse très valable de connaître au juste l'éducation rudimentaire de la rue, de ne trouver point un travail suffisamment rémunérateur et d'ignorer tout espoir de vivre joyeusement, s'ils ne réussissent un vol. Au contraire, le fils de la bourgeoisie, élevé, sans doute, dans une famille à l'aise, fut éduqué scrupuleusement. La parole des philosophes encouragea sa raison. Les bons exemples lui furent désignés, commentés par des savants bénévoles. Il ne souffrit jamais de la faim, du froid, de l'insulte lâche. Il n'eut pas à se révolter contre l'injustice acharnée du sort. Les passions puériles furent assouvies dans une agréable mesure, dès leur éclosion. Il peut tout espérer, de la richesse, de la gloire, de la science. Et, dans une heure d'envie, il commet un crime.

Pourquoi ? C'est qu'il ne croit pas en l'honneur ni en la justice de sa caste ; ou bien, estimant avoir raison, il prévit que son droit ne prévaudrait point contre les intrigues des concurrents ; ou bien, doutant même de sa cause, il pensa que cet acte n'était guère pire que ceux accomplis chaque jour devant lui par les uns et par les autres. Voilà ce qui condamne la Bourgeoisie. Elle ne donne plus à ses enfants l'exemple de la Probité. Ses fils agissent en malfaiteurs, parce qu'ils constatent autour d'eux l'ignominie des sentiments familiaux et publics.

Le juge instructeur découvrit les coupables, malgré les influences puissantes qui les dérobaient à la poursuite. Il fut curieux d'entendre s'expliquer les cambrioleurs au thermo-cautère. Certes, il convint de faire une part d'indulgence à l'excitation de la jeunesse, à l'étourderie, aux passions jalouses des caractères ; mais cette bizarre abdication du sens moral nous instruisit de très pauvres âmes.

L'illustre chirurgien Paul Segond commentait devant les élèves de la Faculté les travaux de M. Farabeuf, ce savant dont les recherches d'anatomie permettent à la thérapeutique ses progrès. Sans ce vieillard, sans le sacrifice d'une longue existence à l'amour du savoir, la pathologie tâtonnerait encore en mille cas. Ces études scrupuleuses autorisent des théories fécondes, de nombreuses guérisons, une force neuve pour la vie des hommes. Or, les étudiants plaisantaient, riaient, se moquaient un peu du noble esprit qui leur apparaissait sous les formes séniles d'un septuagénaire ignorant le monde, ses vanités, et les urgences de la mode. Il fallut que l'éloquence émue du docteur Segond leur rappelât le miracle de ce labeur inimitable. Il fallut que la violence oratoire et tout le prestige d'un maître jeune, respecté, convainquît cette turbulence écolière qui se fit attentive, et finit par éclater en applaudissements, destinés autant à l'art de l'apologiste qu'à la magnifique existence de M. Farabeuf. Bientôt, de nombreuses souscriptions permirent l'offre au vieillard d'un bronze consacrant la gloire de son effort. Mais si la générosité d'une âme juste n'avait rappelé les mérites du grand savant, ces générations nouvelles de la bourgeoisie n'auraient pas trouvé, en elles-mêmes, l'élan de reconnaissance dû à la divinité d'un travail probe ayant absorbé les ans d'un grand âge. Car cette divinité de l'Honneur n'est plus, devant la caste, l'idole intangible et vénérable, qu'elle avait placée sur ses autels, au temps de Cousin et de Guizot. Le Vrai, le Beau et le Bien lui paraissent moindres que le Succès, que l'argent, sa preuve, et que le pouvoir, sa couronne. On verra peut-être encore les étudiants mêlés aux émeutes populaires, dans un but de triomphe politique, mais on ne les verra plus, comme le polytechnicien Charras, mener l'insurrection à l'assaut d'une caserne, pour défendre uniquement le prestige abstrait de la Loi.

A côté des Guizot, des Cousin, des Armand Carrel, des Odilon Barrot, ces habiles que M. de Montalivet guida firent prospérer la Ruse, au détriment de l'Honnêteté. Il faut lire, dans les Mémoires de M. de Montalivet, l'extraordinaire machination agencée entre ce froid ministre et Louis-Philippe d'Orléans, au lendemain des Trois Glorieuses, pour retirer à La Fayette, trop populaire et trop républicain, le commandement des gardes nationales parisiennes. Il importait de soustraire à la révolution le résultat de son enthousiasme, au peuple le bénéfice d'une victoire acquise par la seule vigueur de son courage. Il fallait tromper sa confiance, rendre nulle l'espérance du suffrage et de la presse libres, puis empêcher que les gardes nationaux, unis aux masses de faubourgs, n'exigeassent de la Branche cadette les garanties violées par la Branche aînée. La Fayette alléguait les promesses solennelles prononcées à l'Hôtel de Ville, lorsque le chef de l'insurrection, le général Dubourg, lui avait transmis les pouvoirs. Les intrigues promptes et sans scrupules de M. de Montalivet eurent raison du vieil homme hésitant. Et le peuple, frustré de son gain par la ruse, dut recommencer le combat. Dix-huit ans, les Sociétés secrètes livrèrent des batailles, dont les plus célèbres furent au cloître Saint-Merri et rue Transnonain, afin de reprendre, en

Février, l'Hôtel de Ville, où Lamartine joua le même rôle de dupe grandiloquente, joué par La Fayette avant lui, tandis que le général Cavaignac finissait, dans le sang de juin, l'œuvre de Casimir Perier. Lors de ses deux avènements, la bourgeoisie mentit à son principe de probité en leurrant le peuple dont elle partageait la victoire.

En 1830, le général Dubourg s'en laissa donc imposer par La Fayette, par les amis de Casimir Perier qui, trente-six heures avant, refusait de paraître à sa fenêtre sous laquelle les gendarmes massacraient les étudiants venus le chercher pour chef, qui, trente-six heures auparavant, au milieu du salon doctrinaire, la main au col, comme s'il sentait déjà le couteau de la guillotine, criait son dévouement à Charles X, son horreur prudente de la Révolution, sa terreur de se compromettre, lui et sa grosse fortune, et qui, dès la défaite certaine des Bourbons, avait assemblé l'opposition constitutionnelle, réquisitionné la popularité sexagénaire de La Fayette, afin d'étouffer la République... Qu'en 1830, le général Dubourg, bonapartiste et carbonaro, eût refusé d'abdiquer à l'Hôtel de Ville la souveraineté du peuple, et la Ruse était vaincue.

Il n'en fut rien. La bourgeoisie monta sur le trône, avec le germe de sa mort, avec la contradiction de l'acte au principe.

Cette effrayante leçon, les socialistes doivent la méditer à cette heure. Nés du juste, ils se doivent à la réalisation du juste. Ou bien, s'ils aspirent à la tyrannie même utilisée par les sectes précédentes, leur règne durera moins encore. Rien n'a sauvé les bourgeois. Leur plus incontestable mérite : la science renouvelée, créée, appliquée, soudainement centuplée, n'a servi qu'à mettre en

LAMARTINE

évidence plus certaine leurs erreurs. Au nom de cette science qu'on leur doit, le prolétariat revendique, discute, démontre et convainc l'adversaire. Enrichis par la vapeur, le mécanisme, l'électricité, la chimie industrielle, mis au pinacle par l'argent issu des usines et des cultures amendées, les bourgeois n'en tirèrent que les raisons de leur décadence, parce qu'ils avaient négligé un pauvre principe de morale.

Ayant vu l'électricité éclairer, chauffer, la vapeur transporter aux extrémités du monde, le peuple a mieux senti que ces forces émanaient de sa seule force, et que les Saint-Simoniens de 1830, puis Proudhon, avaient conçu le Vrai.

S'ils manquent au Juste, en cessant de respecter les libertés adversaires comme les bourgeois ont manqué à l'Honnête en trompant le peuple, les socialistes courront aux mêmes abîmes, par les mêmes voies.

La tradition est à l'organisme social ce que le corps est à l'homme. L'innovation est à cet organisme ce que l'esprit est à l'homme. Il importe que les deux facultés se développent simultanément, pour que la santé de l'être se perpétue. De même que l'esprit ne s'avise point de détruire le corps, sous prétexte que le poids de la chair et des os l'embarrasse, de même les élites novatrices doivent respecter tout ce qui constitue l'âme ancienne et homogène du peuple, sous peine de désagréger aussi les éléments par quoi les élites se constituent, progressent et créent. Il appartient au temps d'éliminer les organismes devenus inutiles dans l'économie de l'être. Ce n'appartient qu'au temps seul, non aux sectes victorieuses.

C'est une erreur absurde entre les erreurs humaines, que cette lutte constante entre la Tradition et l'Innovation, l'une s'obstinant à supprimer toutes les jeunes vérités, l'autre s'acharnant à détruire toutes les croyances dont la solidité durable a constitué la puissance de la nation. Il est idiot que le Maroc se rebelle en partie, acclame le Rogui, parce que le sultan essaie des automobiles et photographie ses familiers, parce qu'il dépense à cela des sommes. Il n'est pas moins idiot que les politiciens, ayant passé l'âge mûr à blâmer la Révocation de l'Edit de Nantes et à réclamer le libéralisme universel, profitent de leur chance pour accomplir contre les catholiques le crime accompli jadis contre les protestants, sans avoir même l'excuse de Louis XIV, celle de s'inspirer logiquement du principe autoritaire.

Le socialisme ne triomphera de ses antagonistes que s'il aide l'anarchie fédéraliste, et j'entends ce mot d'anarchie au sens étymologique même : c'est-à-dire l'abaissement et la disparition de l'autorité centrale excessive, autorité conquise d'abord par nos rois sur les feudataires, avec le secours des communes, affermie par la Convention et le despotisme impérial qui passa presque entier dans la politique de l'opportunisme républicain et du radicalisme.

L'innovation exclusive ne vaut pas mieux que la tradition exclusive. Les municipalités socialistes ne peuvent réussir à gouverner les finances des villes dont les électeurs leur confient la gestion. Ces novateurs outranciers détruisent l'aise de la cité, au lieu de l'accroître. La cavalerie française, où les traditions militaires du vieux régime se conservent, est la pire de nos armes. C'est elle qui envoie le moins d'officiers à l'Ecole de Guerre, c'est elle qui, lors des manœuvres annuelles, donne prétexte aux plus fâcheuses critiques des états-majors étrangers... Fière du courage déployé sous le Premier Empire par les cuirassiers de Nansouty, les

CASIMIR PERIER

hussards de Lassalle et les dragons de Murat, elle ne veut pas admettre que le tir actuel de l'infanterie ne permettra jamais qu'un escadron parvienne à cinq cents mètres d'une compagnie en ligne. Dans ces deux organismes, les municipalités socialistes et la cavalerie réactionnaire, les défauts contraires donnent les mêmes résultats pitoyables. Pour avoir abandonné la mission charitable confiée par le Christ, pour s'être inféodées aux Pharisiens et aux riches, les congrégations périclitent. Si elles se fussent souvenues des théories communistes exposées dans les Évangiles, elles seraient maîtresses de l'époque. Faute d'innovation, leur influence agonise.

La vigueur de l'Angleterre, qu'Édouard VII vient de manifester, cette vigueur sans égale, cette force civilisatrice qui change la face du monde, le peuple britannique la doit à son goût pour l'innovation. Il fut la première grande nation négociante. Dans son pays, furent appliquées, d'abord, la plupart des découvertes scientifiques. Mais son respect de la tradition lui fait couronner son roi selon les usages du xiv° siècle, révérer son intelligente aristocratie, et perpétuer sa gloire maritime. Avec une bourgeoisie inférieure, par l'esprit, à la nôtre, une aristocratie supérieure, par l'initiative, à la nôtre, avec un peuple plus cohérent, elle a obtenu des résultats historiques miraculeux.

Lors de la grève générale en Belgique, puis en Hollande, l'empereur Guillaume fit savoir que, si les trains cessaient, un seul jour, de transporter aux ports d'Anvers et de Rotterdam les marchandises allemandes, il assurerait, par le moyen de ses régiments, le transit. Épouvantés de la menace, les gouvernements belge et batave matèrent brutalement les velléités socialistes. Voilà le fait, le fait avoué par Kropotkine et Vander-

13.

velde, deux noms révolutionnaires. Et, pourtant, les socialistes prêchent l'abolition des armées. Or, parce les armées de ces deux États n'étaient pas en mesure de lutter contre les divisions germaniques, il a fallu renoncer à la grève générale... Ici encore, pour mépriser la tradition, la nécessité d'une force militaire, des novateurs socialistes mettent leur idéal en perdition. Sans les victoires de Valmy et de Jemmapes, sans celles d'Arcole et de Hohenlinden, la Révolution n'eût jamais pu vivre ni féconder de ses principes la pensée du monde occidental.

Vraiment, l'urgence apparaît de concilier, par le moyen d'une tolérance réciproque, l'esprit de tradition et l'esprit d'innovation, et permettre les vies parallèles du corps conservateur et de l'intelligence créatrice. Les peuples qui le comprendront bientôt seront les maîtres de la destinée planétaire.

CHAPITRE XXI

La neige avait, ce matin-là, blanchi notre ville de brumes et de pluie. Les arbres avaient glissé leurs rameaux dans les belles manches d'un habit éclatant. Les toits fardés ont souri, une heure, au soleil ainsi que les figures de dames. Paris, dans cet apparat resplendit comme une magnifique pécheresse toute pure et candide à force de franchise en ses vices triomphaux. Le Bois lui-même semble une immense cathédrale de craie neuve aux cent mille arceaux entrelacés sous la voûte pâle. L'étendue montueuse de la campagne, ensuite, éclairait le firmament.

Au milieu de la glèbe, un être lourd et fort marchait à grands pas. Il m'a semblé voir le type du laboureur. La vigueur et la peine de la Terre se prolongeaient dans les membres lents de l'homme qui contemplait la bonne œuvre de la nature jetant un chaud manteau d'hermine sur la mystérieuse fécondité des germes. Je me récitais le rude poème de Zola, qui sut faire converger en quelques pages la vie totale des champs et des semeurs. La brune silhouette de son héros immortel arpentait là ce domaine infini du peuple, qui fut, à toutes les époques, le nourricier des énergies nationales, des élites songeuses, des artisans ingénieux et assidus pour créer l'aise actuelle de l'Occident, fille de la confiance, fille du loisir, fille du savoir. Grâce à son labeur de vingt siècles, le paysan a permis que la pensée pût naître dans les cerveaux de ceux qui mangeaient le pain en méditant. Mais voici que sa descendance ingrate condamne l'ancêtre. Née de son abnégation, l'intelligence des villes le dépouille de toutes forces. Continûment, sûrement, elle attire les plus accortes des villageoises et les plus délurés des gars. Elle les absorbe, les transforme, les différencie de leurs aïeux, détourne leurs âmes naïves du travail agricole, les éblouit avec les élégances de la mercière, et la discussion du cabaret ivre. Veuve de ses initiatives mâles et des amoureuses aptes à susciter la passion, à stimuler pour être conquises la paresse des esprits mornes, notre population rurale, assurent les sociologues, verra décroître toujours son niveau moral et spirituel. Seuls, les gros cultivateurs et les gens incapables de servir à l'atelier demeureront aux villages. Des maîtres et des esclaves. Le citoyen disparaîtra des champs. Bien que la petite propriété se multiplie, les hypothèques considérables qui la grèvent en laissent la disposition au laboureur d'une manière absolument fictive. Les établissements de crédit se font les véritables détenteurs du sol et des fermes. Ces banques se peuvent syndiquer, former un trust. Alors les champs passeront dans les mains de compagnies financières prêtes à exploiter le fonds plus habilement au moyen de la science. Partout les créanciers acquièrent indirectement le bien du pauvre.

Créanciers inexorables parce qu'ils demeurent anonymes, parce que des commis et des règlements les représentent, parce que les actions changent de titulaires, au gré des mouvements de Bourse. Certain jour, les assemblées d'actionnaires pourront obtenir les champs de leurs débiteurs malheureux afin d'y établir, avec des instruments aratoires et des cornues, les ingénieurs agronomes à leurs gages.

Le paysan ne possède plus sa terre que pour une période. Comme les usines et l'outillage industriel, elle devient l'apanage du capital. En sorte que l'évolution s'accomplira bientôt autour des corbeilles, dans les Bourses et dans les cabinets des administrateurs. Les apôtres du communisme n'ont point à prêcher leurs théories aux prolétaires de la campagne. La finance se chargera de réaliser d'abord leurs désirs sans révolution. Or, les comptoirs de crédit agricole ne prospèrent qu'à demi. Leurs affaires sont peu brillantes. Rien n'annonce qu'elles puissent grandir. Probablement faudra-t-il en venir à créer, puis affermer des établissements de moyenne culture, les plus rémunérateurs, mais de culture chimique, sur les terrains des propriétaires insolvables. La petite et la très grande exploitation ne donnent pas de bénéfices appréciables, la première parce que l'état de son rendement ne permet guère l'achat des engrais, des machines ; la seconde, parce que le transport des ouvriers et du matériel sur une vaste étendue coûte trop de temps, de salaires, de travail animal ou d'installations mécaniques. Pour ces raisons, les Américains s'en tiennent au juste milieu, les découvertes de laboratoire fertilisant davantage les efforts des agronomes dans un lieu convenablement mesuré.

Peut-être songeait-il à cette dépossession fatale, le paysan qui s'en allait par la neige, les mains dans les poches et le dos voûté, en supputant ce que la blancheur du vaste manteau vaudrait de forces génératrices à l'emblavure frileuse. Le pantalon était de toile bleue, si passée que tous les tons du ciel froid parurent y avoir laissé leur image. La veste de velours à côtes gardait les couleurs diverses du terreau. La figure paraissait un énorme tubercule poilu, sous le bonnet de poils. Ciel, terre et racine, à la fois, le rustre allait, indistinct de la nature, confondu avec elle par les apparences de son être noueux, silencieux, massif. Sans doute, cherchait-il à comprendre le mystère de ces influences lointaines, omnipotentes et destructrices de ses espoirs simples. Sans doute, maugréait-il rageusement contre ces souverains de l'or qui, pour un maigre secours accordé dans sa pire détresse, le tenaient à merci; définitivement. Ce n'était plus le Jeannot rubicond des mascarades, l'homme gras en blouse bleue et aux joues replètes enveloppées dans les pointes en toile d'un col exagéré, dans les ramages d'un foulard à bouts écarlates. Il n'était pas celui qui, le panier au bras et le parapluie vert sous l'aisselle, débite un refrain jovial, en secouant la mèche de son bonnet de coton, pour le rire d'un public repu dans une salle de café-concert. Il était autre chose : de la haine tragique et mal terrassée par la morsure du destin. Se souvenait-il d'avoir jadis, dans un autre siècle, couru les campagnes dans les haillons de la Jacquerie, en faisant éclater sous les coups du fléau brandi les têtes bouclées des pages ? Se souvenait-il des seigneurs fauchés par le milieu des jambes, des châtelaines et des meschines renversées pantelantes sur les degrés des larges escaliers de pierre, dans le rayon violet du vitrail qu'animait l'incendie des tours extérieures ? Les piteuses mines des candidats qu'il va pouvoir, six semaines, insulter dans les réunions publiques impunément suffiront-elles pour contenter sa fureur obscure, ou faudra-t-il d'autres victimes moins dociles, plus sanglantes ?

L'homme avançait en grommelant à travers la surface de neige. Chacun des pas laissait une empreinte épaisse, profonde, humide, jaunâtre, caillouteuse. La terre engluait ses sabots, l'attirait en elle, telle une mère éperdue qui voit souffrir un fils cher, et tente de le retenir dans la chaleur consolatrice de son giron. Lui marchait hargneux contre le ciel. Ses poings enfoncés dans les poches de sa veste en étendaient parfois les pans, alors semblables à deux moignons d'ailes coupées, inhabiles pour prendre leur essor. Son esprit n'était pas moins inhabile à saisir les raisons lointaines de sa ruine. Il cherchait cependant avec obstination. Ses regards sondaient le froid de l'espace, avec la mine d'y vouloir connaître les lettres de l'énigme.

Fini le naïf orgueil d'être le possesseur du lopin, le maître de l'arpent, des poules et de la vache, le seigneur absolutiste de l'âtre où tisonne la ménagère soumise. Bientôt des gens viendront pour l'enrôler dans les équipes et lui offrir un salaire. Il dormira dans une demeure commune. Il fatiguera la terre pour des maîtres inconnus. Le blé ne sera pas répandu dans son aire, mais dans les alvéoles de machines monstrueuses, aux membres d'acier vif et muet que des démons gouailleurs activeront. Le paysan ne comprendra point la grandeur d'abdiquer son indépendance illusoire au bénéfice de tous, afin que la terre produise en grand nombre des fruits meilleurs et moins coûteux, savoureux sur toutes les bouches. Dix-huit siècles de christianisme ne l'ont pas instruit des magnificences de cette joie qui s'exalte en sachant les dons de ses labeurs. Il ne ressentira que l'ennui d'avoir perdu la possession jalouse, lamentable et précaire d'un pauvre bien. Plus de salaire et plus d'aisance ne le consoleront pas.

Car, en dépit de l'évidence, très peu de gens, et parmi les mieux éduqués, s'aperçoivent combien le renchérissement des salaires, loin de ruiner les industries qui le mettent en pratique, au contraire, augmente la production et la richesse. L'ouvrier américain reçoit les honoraires les plus élevés qu'on accorde au travail. Cependant les courtiers yankees offrent sur tous les marchés d'Europe, malgré les tarifs de douane, des produits excellents à des prix inférieurs. La concurrence est difficile à soutenir pour les fabriques d'Allemagne même, où le prolétaire reste le moins rémunéré. C'est qu'aux Etats-Unis un travailleur d'usine, placé dans des conditions identiques aux nôtres, crée pour cent cinquante francs de marchandises, alors que, dans le même temps, l'Européen en crée pour cent francs. En effet, une hygiène favorable, de l'aisance, une bonne nourriture, choses octroyées par la haute paye, valent à l'ouvrier une énergie de qualité supérieure, une ingéniosité, une adresse, une vigueur et un goût qui font défaut à notre prolétaire abêti par sa gêne, en butte aux mille inconvénients de la misère. On peut dire hardiment que plus le salaire s'élève et plus l'usine enfante. M. Daniel Halévy, dans son livre sur le mouvement ouvrier, le remarque et le prouve de manière judicieuse.

Versant au villageois plus d'or que n'en rapporte sa petite propriété, les trusts agricoles augmenteraient certes la fertilité du sol arable par l'amélioration de l'effort humain. Mais notre rustre n'admettra que lentement les mérites de cet essai. Avoir du bien, fût-ce la cause de la douleur permanente, lui paraîtra longtemps préférable à tout. Le sens atavique de la propriété l'affole. Dans quelque vingt années, la lutte sera terrible entre cette foi rustique et les entreprises des compagnies financières voulant soutenir la concurrence contre les importateurs d'outre-mer par l'exploitation directe et scientifique du domaine foncier.

Une ère nouvelle s'annonce où s'anéantira l'humble idéal du paysan, jadis nourricier des Etats, demain inutile ? Le trust et la machine se vont substituer à sa foi tenace.

CHAPITRE XXII

L'époque de chaleur annuelle est la plus favorable aux essais des personnes qui veulent maigrir. On sait qu'un sommeil très court et une sudation abondante suffisent à réduire l'obésité, totalement ou en partie. A la campagne, si l'on a soin de laisser ouverts les volets, l'aube vient de bonne heure étonner ceux qui dorment. La paresse de se vêtir avec recherche ne retient pas au lit. En un instant, l'on peut avoir passé un habit de toile, enfilé des espadrilles, mouillé sa figure et pris un chapeau de paille, puis être dehors, dans la joie de la lumière accueillante. Mille spectacles amusent. Les éperviers tournent dans le ciel. Le coq digne et maître agite sa barbe de chair rouge devant ses odalisques empressées à s'accroupir pour la luxure du sultan. Au loin retentit l'enclume de la forge. Sur la forêt bleuâtre, le soleil darde des lueurs qui violemment étincellent à la surface des frondaisons frissonnantes. Les pies traversent l'air pur. Les parlements de moineaux piaillent, pérorent, se disputent et s'injurient dans les marronniers, avant de se rendre aux affaires sur les tas de crottin que pondent les gros chevaux en marche vers les champs.

L'homme adipeux ne s'ennuiera point. Il ira d'une allure presque vive le long de la route blanche, vers le fleuve. Là, les barques des pêcheurs à la ligne montreront maints et maints types de silhouettes patientes, comiques, éternelles. Quelquefois, même, le promeneur admirera l'argent vif de la carpe qui frétille, tirée par l'hameçon, dans les angoisses de l'agonie. Nul tableau jamais ne lui aura sans doute offert les splendides variétés de nuances que l'eau s'attribue. Nacres des petites vagues frisées, mousseuses ; pâles azurs du ciel reflété dans le tremblement des ondes ; images renversées des maisons et des arbres aigus ; ombres vertes des vergers qui se rident dans la profondeur glauque ; transparences mystérieuses où les herbes aquatiques flottent, où le poisson glisse, paisible et leste ; odeur de la vase vicieuse comme le sourire de la rustaude qui, sur le bord, détache les volets de l'auberge et, les bras en l'air, montre le galbe de ses formes en saillie dans le corsage de toile rose...

Plus loin, les ouvriers marchent vers le lieu du travail, la cigarette aux lèvres et l'ironie aux yeux hostiles. Les roquets aboient derrière les clôtures, et dans le village que l'on atteint, le boulanger, surpris, regarde le flâneur avec cet air bien français d'un homme fertile en suppositions désobligeantes. Dès lors, les exercices de psychologue entretiennent l'imagination en activité. « Cet homme boutiquier, en me dévisageant, affirme la sûre insolence d'un citoyen peu bretteur qu'on ne peut décemment gifler. Certes, il suppose que je suis un lâche escroc entretenu par une vieille courtisane. Le mépris de sa lèvre poisseuse ; la manière dont il crache en se détournant ; l'injure murmurée à l'oreille de son compagnon, en ricanant de telle sorte que je ne puisse ignorer le sens agressif à mon égard, tout cela me décèle son âme faite à la fois de couardise, d'envie et de certitudes. »

Rien de meilleur pour tenir en éveil le Parisien chassé tôt du lit par une prescription d'hygiène. A mesure que la matinée s'avancera, et qu'il rencontrera plus de passants sur la route, une petite rage intérieure l'excitera, lui fouettera le sang. Car, depuis nombre d'années déjà, le fait de n'être point vêtu d'une chemise de flanelle sale, d'avoir la barbe peignée et le pantalon sans souillures, de porter des vêtements qui n'ont pas traîné dans la graisse d'une gargote, excite au plus haut point l'animosité du campagnard. Il déteste le citadin. Tous les forfaits que les ignobles querelles des gazettes militantes imputent aux adversaires politiques, le rustre les croit imputables à chaque personne proprement vêtue. Entrez par hasard au cabaret, dans les environs des grandes villes. Ecoutez ce que l'on dit des locataires du château. Point de crimes, de vols, de vices effroyables et toujours rémunérateurs qu'on ne leur reconnaisse. A en croire les buveurs, les dames et les demoiselles se prostituent à l'envi. La fortune fut acquise grâce à des malversations vagues, mais non douteuses. Des sales maladies pourrissent le monsieur et ses fils. Au reste, ça n'a même pas le sou. Ça entretient son luxe, grâce à des billets de complaisance que, depuis des années, renouvellent des banques soudoyées par le syndicat juif et la police gouvernementale, ou bien l'argent volé par les calottins. Selon que, dans le pays, prédomine l'idée nationaliste ou l'idée radicale, voilà le genre d'appréciations échangées à l'heure de l'absinthe.

Jadis, et jusque sous le second Empire, le paysan révélait, au contraire, l'apparence et la politesse. Avec une erreur non moins grande, il admettait que l'aisance récompensait toujours des talents supérieurs et des mérites indiscutables. Un noble, un prêtre, un officier, un industriel, un professeur, un magistrat, étaient au-dessus des médisances. Aujourd'hui, et en moins de trente ans, une révolution complète s'est accomplie, dans les âmes de la population rurale. Incapable de concevoir la juste mesure de la critique, elle pousse à l'extrême toutes les thèses d'accusation contre le citoyen qui paraît jouir de la vie. Le grand défaut du public est la généralisation facile et prompte. Les polémistes des gazettes déloyales connaissent bien cette faiblesse. Tel relève le cas d'un sergent qui a mangé la grenouille à Mostaganem. Il écrit immédiatement un long article dans lequel, s'appuyant sur ce fait unique, il assure que tous les sergents mangent la grenouille dans l'armée. Tel autre apprend qu'un israélite a écrasé une poule lors de son passage à toute vitesse en automobile, près d'une ferme. Son attitude annonce à la masse que les juifs massacrent partout les troupeaux, opulence de la nation.

A Paris, nous rions de ces balivernes, volontiers. Mais l'homme des champs, peu dégourdi, et sans relations avec les gens éclairés, adopte assez vite ces opinions simplistes. Elles flattent sa jalousie légitime envers quiconque ne peine pas rudement vers le sillon. Depuis quarante ans, ces calomnies absurdes et réciproques ont trouvé créance en tous lieux.

Le professeur est devenu l'ignoble cosmopolite. L'officier est, selon les bourgades, Dreyfus ou Anastay. Le noble est Flamidien. L'industriel est un sale juif. Le médecin est un avorteur. Un peu plus haut, dans l'échelle sociale, chez la petite bourgeoisie : le professeur est un cuistre ; l'officier un soldat de Condé ou un sbire de Francs-Maçons ; le noble vit des Américaines qu'il épouse ; l'industriel est un affameur ; le médecin un morticole, et toute femme élégante une catin. Cela posé en articles de foi, la haine s'exaspère à l'excès, dans le bourg, au cabaret Grosjean et au Café de la Gare. Surviennent les politiciens. Ils attisent la fournaise. Nous pouvons dire qu'au temps actuel, il n'est pas d'êtres plus méprisés de la nation totale que ceux chargés de l'instruire, de la soigner, de l'enrichir et de la défendre.

Cette atmosphère d'hostilités tenaces porte à imaginer quelque proche et terrible jacquerie. Elle est donc parfaitement propre à chasser le sommeil. Grâce à elle nous pouvons nous assurer de ne point nous assoupir en allant le long des routes et de l'eau. Les docteurs recommandent sévèrement cette habitude très matinale. La malveillance publique nous sauvera de l'obésité menaçante.

Car, il ne s'agit point de se satisfaire de cette unique sortie. Dès onze heures, quand la canicule s'épanouit, il sied de se mettre en chemin, sous le soleil torride, en activant l'allure jusqu'au milieu de l'après-midi, quand s'apaise l'ardeur du jour. C'est le principal du traitement. L'abondance d'une transpiration qui se continue quatre heures d'affilée exténue quantité de cellules adipeuses. Après un mois de régime, la dame trop pourvue de hanches et de croupe, le monsieur au ventre pesant se trouvent ramenés à la normale. Leurs lignes corporelles se dégagent. Leurs cous se dégonflent. Ils marchent plus allègres. Ils rentreront à Paris presque étiques, s'ils ont le courage, en outre, de ne point dîner pendant la période, de déjeuner seulement des viandes sans sauces, des légumes verts et des fruits cuits.

Mais il faut se traiter à la campagne. L'irritation que provoque l'arrogance du rustre est indispensable. Elle entretient l'excitation nécessaire de l'esprit. Quand vous pensez aux énormes labeurs du collège, aux travaux horribles précédant les examens et les concours ; à vos fatigues militaires, officiers ; aux sacrifices de votre quiétude, médecins ; aux longs calculs difficiles et à l'obsession des affaires, ingénieurs ; aux veilles qui vous permirent de rédiger vingt livres, savants ; aux dures patiences qu'il fallut pour éduquer la jeunesse, professeurs ; combien il est énervant de voir à votre passage un paysan verveux, couvert de crotte, qui épargne sa paresse, se moquer de votre figure et vous contempler ainsi qu'un ignoble escroc. Le contraste entre vos efforts pour grandir l'esprit humain et le résultat dans l'estime publique suffit à développer en vous mille fureurs justifiées. Remède miraculeux contre l'embonpoint.

Les amis du loustic représenteront qu'il ignore votre passé, que, faute d'instruction, il méconnaît la valeur de l'effort mental. Ils vous reprocheront même d'avoir un pantalon et une jaquette de bonne coupe, puisque l'humeur villageoise ne tolère pas l'esthétique du costume.

Je ne demande pas que le paysan se plaise à contempler respectueusement un veston de tussor et une guêtre de piqué sur un soulier jaune. Je ne désire point qu'il prévoit mes mérites d'après la seule forme de mon nez. Mais j'exigerais, à bon droit, qu'il attendît, pour ricaner, que je fusse hors de vue. Ce n'est point sa conviction qui nous agace, c'est sa manière agressive et brutale de nous la faire assavoir. Je ne me moque point de son pantalon embrenné par la bouse de vache, de ses pieds nus couverts d'une crasse noire et qu'il néglige de laver. Mais je souhaite que le rustre garde vis-à-vis de moi la neutralité dont mon attitude témoigne vis-à-vis de lui. Si je raisonnais à son exemple, si je généralisais la philosophie des faits divers, je marquerais à son endroit le dégoût, la haine, que lui pourraient valoir les forfaits des champs : fillettes violées et étranglées ; vieillards assommés par leurs enfants, qui arrêtent ainsi le paiement de la petite rente viagère ; ivrogneries de cabarets ; ruses et dols de la foire ; dureté mortelle des pères et mères à l'égard de leurs petits envoyés tout jeunes pour accomplir des travaux fatigants et dangereux ; incurable stupidité que n'amende pas l'énorme effort tenté dans ce but par l'instituteur de la troisième République et par les sacrifices du contribuable. Puisque je n'utilise point ces motifs de dégoût pour le manifester de façon blessante, je suis en droit d'obtenir que le rustre m'épargne.

Une commune, pour seule magnificence, possède un château du xvii⁰ siècle, de style exemplaire. Un saut-de-loup protège les futaies du parc grandiose qui répand à l'entour la fraîcheur et réjouit l'âme par la beauté de son dessin. Il semble que l'indigène respecterait son esprit, en se gardant de souiller cette heureuse ordonnance de charmilles rectilignes, de pelouses concaves, de parterres sobres, de massifs épais et noirs, de nobles bâtiments sur lesquels une époque de grandeur française imprima son sceau. Point du tout. Savates ignobles, chats et chiens crevés, boîtes à sardines, tessons, loques, chapeaux défoncés, linges pourris, entrailles de bestiaux, carcasses de parapluies, foin de paillasses, comblent le fossé du saut-de-loup. Le bonheur du rustre est de rendre cette belle demeure infecte. Tout le long du mur bas, dès la nuit venue, chacun se libère le ventre. L'ivrogne vomit sur le seuil, exprès. Tous les charretiers urinent contre les barreaux de la grille, chef-d'œuvre de ferronnerie. Les gamins trouent la haie pour se déculotter dans la sente. Le château reste toujours vide. Depuis longtemps, ses possesseurs l'abandonnèrent, trop pauvres pour y vivre avec le domestique utile, et trop fiers pour subir sans fureur les avanies de la population. Nulle loi n'oblige à respecter cette œuvre de génie national.

« Avant de connaître les paysans, j'étais socialiste, me disait naguère un ami retrouvé. Depuis que j'ai habité la campagne, ils ont fait de moi un réactionnaire fougueux. Si on ne les abêtit pas avec la peur de l'enfer et la menace du gendarme, ces nègres-là détruiront tout ce qui composa la splendeur de la France. — Mon cher, ripostai-je, il ne faut pas régler ses opinions politiques sur nos sympathies, mais sur notre logique supérieure. » Il haussa les épaules. L'âme simple du villageois que chantent les poètes avait dégoûté ce philosophe de la servir.

Il n'est point le seul dans ce cas.

CHAPITRE XXIII

Etant socialiste, par suite des tribulations indigènes, le conseil municipal de Tours crut, un jour, devoir refuser son aide aux cérémonies en l'honneur de Balzac. Cette assemblée, d'une intelligence évidemment naïve, accusa le glorieux mort de cléricalisme, pour avoir écrit sur les conceptions mystiques, dans *Séraphita*, et n'avoir point, peignant la vie du curé de Tours, traité les humbles vicaires de cléricocafards ou de flamidiens à chaque bout de phrase. J'ai toujours aimé les agitateurs révolutionnaires parce que j'estime la justice de leurs revendications, et parce que les initiatives me paraissent vénérables en ce pays de routine béate. Mais les gens qui représentent l'élite ouvrière m'étonnent s'ils ne l'emportent pas en libéralisme sur les pires fanatiques du trône et de l'autel. Blâmant avec raison l'autoritarisme de l'Eglise et du Roi, ils pensent à l'égard de Balzac comme les membres du Saint-Office à l'égard de Galilée. C'est un spectacle plaisant.

Nous avons vu les socialistes réclamer la liberté syndicale et enjoindre à leurs mandataires de poursuivre les congrégations religieuses, puis obtenir l'ouverture de la Bourse du Travail et manifester du bonheur lorsqu'on fermait une chapelle. Ces atteintes absurdes à la liberté générale semblent un devoir aux libertaires. La contradiction de leurs idées aux actes ne les émeut pas. Voilà une grande stupidité, et malheureusement universelle.

Pour ce qui concerne Balzac, il faudrait comprendre qu'à l'époque où l'illustre écrivain florissait, les théories de Proudhon s'éveillaient à peine. Le romancier n'est point coupable d'y avoir prêté une trop petite attention. Sa tâche lui semblait différente. Il se proposa de mettre en lumière véridique toute la vie française de l'élite qui dirigeait alors. Son génie accomplit l'œuvre même dont Dickens et Tackeray s'acquittèrent pour représenter l'âme anglaise, Tolstoï et Dostoïewsky pour représenter l'âme slave. Sa maîtrise inspira les travaux de Flaubert, le plus grand évocateur moderne, avec Gœthe; ceux de Zola et des disciples qui surent démasquer l'hypocrisie du monde, qui portèrent à la société contemporaine des coups terribles dont, aujourd'hui, le socialisme profite. Composer la *Comédie humaine*, dénuder tant de mensonges dans les *Illusions perdues*, exposer les tares du capitalisme en créant les figures de Nucingen et de du Tillet, révéler toute la corruption financière et morale des hautes classes en agitant les sublimes pantins Rubempré, Rastignac, Maxime de Trailles, Lousteau, Marneffe, Hulot, parmi les autres, n'est-ce point la plus formidable attaque contre le régime bourgeois ? Avant lui, chacun révérait les personnes en situation. Le succès personnel semblait à la foule une sanction équitable de mérite sûr. Après l'avoir lu, les générations suivantes commencèrent à douter. Toute l'opposition républicaine du second Empire a trouvé, dans ses volumes, des motifs de critiques et de combats. Mercadet, dans son drame que l'on reprit naguère à la Comédie-Française, flagella les audaces des spéculateurs bien avant que nous ayons entamé la lutte contre l'Argent, épopée de la troisième République. Il a continué le labeur des Encyclopédistes, l'a paré de preuves sociales, accru de documents innombrables. Voilà pourquoi un conseil municipal révolutionnaire refusa de faire participer aux fêtes du centetionnaire le prolétariat de Tours !

C'est énorme. Sans doute, existe-t-il dans cette ville un cercle d'études sociales. Je me demande ce qu'on peut bien y étudier. Après les manigances électorales et les soucis de la boisson, que viennent apprendre, dans ce lieu, les citoyens ? L'orateur du crû les excite à la haine quotidiennement. Mais ensuite ? Quand on a traité Durand de méprisable canaille et Dupont d'ignoble personnage, quand on s'est délecté au récit des faiblesses adversaires, quand on a épuisé les racontars, les médisances et les calomnies, il reste un peu de temps pour envisager l'apparence des idées.

Peut-être, aussi, ne reste-t-il aucun loisir pour cela. C'est dommage. Il siérait qu'un étudiant, qu'un professeur, ou qu'un humble lecteur, essayassent de s'y faire entendre une heure, par hasard. Ils parleraient avec douceur et patience des conceptions humaines, de leur valeur particulière, si opposées qu'elles puissent paraître. Ils enseigneraient que le sectarisme est une sottise. Une opinion ne s'éclaire, démontrerait-il, que par la contradiction. Ce qui nie demeure nécessaire à ce qui affirme. Sans la nuit, nous ne goûterions pas la sublimité du

BALZAC
D'après une caricature de l'époque.

jour. Nous espérons le bien parce que nous connaissons le mal. En cherchant à établir les limites de la pensée humaine, en démontrant d'une façon définitive que notre esprit ne peut rien savoir du monde extérieur, puisqu'il ne peut contrôler que par la sensation même les apports de la sensation, en ramenant les objets, le moi et Dieu a des formes de notre raison intérieure, Kant dut poser le principe de ses fameuses antinomies ou contradictions insolubles ; et celles-ci servent à construire la théorie de la raison pratique. En confondant la philosophie avec les sciences positives, et en établissant auprès d'elles le culte amorphe de l'Inconnaissable substitué à la théologie, c'est-à-dire en rappelant une métaphysique d'abord exclue au bénéfice du seul fait scientifique, Auguste Comte, par l'opposition de ces contraires, édifia une merveilleuse discipline, apprit aux penseurs une méthode dont les premières découvertes, la loi des trois états, l'identification de la psychologie à la biologie, la classification des sciences, le pluralisme des essences, pour attaquables qu'elles soient devenues, n'en restent pas moins des chefs-d'œuvre de l'intelligence. Autour de Schopenhauer, on répéta : « La perception du plaisir est due seulement à la cessation de la douleur ; donc, sans douleur pas de plaisir, et le mal préexiste au bien. »

Cette faculté des Contraires permet aux philosophes contemporains de décréter : il n'y a ni esprit ni matière, mais des états divers de l'être, depuis l'état solide jusqu'à l'état pensée, et peut-être au delà en passant par l'état liquide et l'état vapeur. Donc l'idéalisme et le matérialisme ont raison ensemble. Ils sont la même théorie : on ne peut reconnaître qu'une énergie appelée, selon les goûts, matière pensante ou idée de la matière. Les Contraires avaient nourri les solides réflexions des

Pyrrhoniens, des sceptiques, de Montaigne, de Pascal ; ils fournirent aussi le principal des imaginations allemandes dues à Nietzche, qui nie la morale pour engager l'homme à devenir dieu par tous les moyens appropriés.

Enfin, dernier mot de cet immense effort spirituel ininterrompu depuis deux siècles, le Robertysme professe l'Identité des Contraires surabstraits, « forme revêtue dans le monde des idées par la grande loi de la conservation de la force »: Grâce à une telle certitude, il fonde la plus puissante théorie, parvient à séparer les deux groupes idéologiques de la Science apte à toutes les recherches, de la Philosophie capable d'imaginer les plus vastes hypothèses, mais radicalement impuissante à les vérifier. Il ramène l'Inconnaissable de Comte au Connaissable, la déité à l'existence universelle. Le Robertysme conçoit la réalité comme homogène et une dans ses transformations et ses lois ; formule l'hypothèse bio-sociale, à laquelle M. Izoulet voue son ardeur d'apôtre dans la chaire du Collège de France, et qui ne tendrait rien moins qu'à « changer d'une façon radicale tout notre fonds d'idées européen en philosophie, en métaphysique, en morale, en religion ».

En outre, la psychologie devient une science concrète étudiant les phénomènes dus à l'action combinée des lois biologiques et des lois sociologiques, science qui va s'unir à l'histoire, la statistique, l'ethnographie, pour marquer comment l'individu exprime ce que la société pense collectivement, comment il est un simple organe de la vie universelle, thèse favorable, s'il en fut jamais, aux programmes des édiles tourangeaux.

Il messied donc fort de ne point respecter le Contraire. Nous lui devons le pouvoir de distinguer, de réfléchir et déduire. Deux cents ans de philosophie le prouvent. Les sectaires se trompent et le conseil municipal de Tours délibère à l'encontre de la meilleure évidence.

On l'excusera si l'on pense que l'exemple de la tolérance ne lui fut donné par aucune politique antérieure. Rien n'est plus odieux à lire que les mouvements préfectoraux qui suivent les modifications ministérielles. Quoi de moins élevé que ces vengeances alternatives, selon les chances des partis ? On admire, à ce propos, l'inconscience de maintes gazettes. Une feuille progressiste blâme avec les meilleurs arguments le ministère radical qui épure les millieux de l'administration, à peine assis dans le fauteuil de l'Intérieur ; mais, à la chute de ce gouvernement, les mêmes feuilles demandent bruyamment la même élimination opérée à leur avantage.

Malheureusement, nous n'en sommes pas encore à considérer les idées en dehors des hommes qui les servent. Ne suffirait-il pas qu'une circulaire du ministre nouveau avertît les préfets, pour qu'ils accommodent leurs façons aux principes du pouvoir advenu, sans nécessiter de changement ou d'appel à d'autres fonctions ?

J'aimerais qu'à la Chambre les députés ne fussent pas autorisés à prononcer d'eux-mêmes leurs discours. Ils en remettraient la copie, avant ou pendant la séance à un déclamateur officiel, choisi parmi les voix du Conservatoire. Ce fonctionnaire impassible et impersonnel lirait la rédaction parlementaire. On pense volontiers que le président obtiendrait mieux le silence et le respect de la Tribune. Les adversaires du factum réduiraient les gestes exagérés de leur approbation ou de leur agression. Les Honorables perdraient moins de temps à s'invectiver. L'observation féconde du Contraire deviendrait, peu à peu, une habitude de l'esprit parlementaire lui-même. Et, de cette compagnie, la bonne influence se répandrait à travers toute la nation. On verrait les édiles socialistes honorer Balzac, les édiles réactionnaires voter une statue à l'intelligence de Proudhon, les radicaux admirer les conceptions communistes de saint Bernard et des moines cisterciens, les nationalistes voter l'achat des livres de Jean-Jacques Rousseau, Citoyen du Monde, pour garnir les bibliothèques des casernes. On entendrait les magistrats soutenir, avec le chef du Robertysme, que le crime indivuduel est un mal collectif préparé par les conditions sociales : misère, maladie, mauvaises promiscuités ; que la justice est le crime collectif de la majorité frappant l'homme rebelle, par nature, à ses coutumes ; qu'en fin de compte, les deux crimes, l'individuel et le collectif, n'ont point de valeur différente et qu'ils lèsent également autrui.

Par respect du Contraire, l'alcoolique entrerait dans ces tavernes de tempérance qui vont s'ouvrir dans les quartiers populaires. Les murs en seront parés, dit-on, au moyen de larges photographies reproduisant les beautés de la peinture et de la sculpture. On servira du café, du lait, du thé, des eaux minérales et du chocolat succulent, moyennant des prix infimes. Le bon marché de la consommation décidera quelques-uns. L'espoir de contempler la photographie d'un Terburg ou d'un Rembrandt, par-dessus le verre, entraînera quelques autres. La meilleure commodité des sièges et des tables séduira beaucoup d'indifférents. Il y aura dans ces cafés des stéréoscopes donnant les vues de tous les pays. On voyagera par le travers de l'Afrique, de l'Asie, de l'Amérique, en tournant, assis, la manivelle de l'appareil. Cet espoir de conquérir les sympathies du buveur par l'intérêt des spectacles photographiques ne manque pas d'habileté. On éveillera de la sorte des sensations et des conceptions nouvelles dans les cerveaux jusqu'alors excités par la perpétuelle apparence d'un marchand de vins obèse, en tricot de laine et en tablier de serge. D'abord, l'alcoolique visitera, par ironie, l'établissement moralisateur. Les images l'intéresseront. Il reviendra. Il amènera sa femme et ses mioches. La vue des pays et des tableaux exaspérera sa curiostié. Il voudra se renseigner, savoir. On l'enverra dans des bibliothèques. L'ivrogne sera sauvé. Du moins, on le veut croire.

Voilà le bienfait du Contraire. Toute la puissance de notre esprit réside en la faculté de comparaison. Gardons-nous d'entendre une seule cloche. Il faut respecter le Contraire pour accroître sa portion de certitude, c'est-à-dire d'énergie, de courage et de bonheur victorieux.

CHAPITRE XXIV

Il manque à nos parlementaires quelque instruction philosophique. Le suffrage universel s'obstine trop à n'élire que des simples. Cette opiniâtreté nous coûtera cher, un jour historique. Fatalement les commérages, les calomnies, les injures bées, les attaques brutales et les défenses affolées amusent ces mandataires plus que le culte des idées ou le souci de grandir, avec celui de la nation, le prestige des forces qu'ils représentent si mal, quelques-uns exceptés. Plus nous vivrons, plus nous constaterons l'inconvénient de ne pas demander légalement aux candidats certaines garanties de savoir. Les docteurs en droit et en médecine, les licenciés ès lettres et ès sciences, les officiers brevetés, les ingénieurs, les inventeurs, les artistes, les écrivains, quelques autres personnages d'une intelligence évidente devraient être seuls appelés à régir le destin de l'Etat. Ce n'est pas que je m'abuse sur la valeur des diplômes, ni sur le rapport direct entre leur attestation et le réel de l'intelligence décorée par leurs titres. Ce n'est pas que j'ignore combien de savants, admirables spécialistes, demeurent hostiles aux conceptions générales. Toutefois, j'estime qu'une assemblée de personnages ayant acquis un certain renom dans les sciences, la philosophie, la stratégie, les arts et les lettres produirait un esprit moyen très supérieur à celui des six cents guignols, agités par la stupide histoire du Million et du Chartreux. Ce goût de la calomnie est tout de même moins vif parmi les hommes que les travaux de laboratoire et de bibliothèque, que la fréquentation des vérités scientifiques et des beautés plastiques ont pourvus de caractères fidèles à une espèce d'équité. Ils ont plus de vergogne. La grossièreté leur agrée moins. Ils se respectent un peu. Les amis des bouilleurs de cru et des cabaretiers ne respectent pas le pays malencontreusement symbolisé dans leurs façons grotesques.

On eût pu croire que cette multitude se laisserait conduire par les cinq ou six intelligences parvenues là. Il n'en est rien. Qu'ils se nomment Doumer, Léon Bourgeois, de Mun, Viviani, Aynard, Ribot, Deschanel, Baudin, Briand, les hommes d'élite n'obtiennent pas de cette cohue la dévotion qu'elle devrait aux seuls talents capables de remplir sa tâche énorme et grave. Les médiocres ne tolèrent point qu'on se différencie d'eux en créant.

Nous entendons très mal le sens du mot égalité. Pour la plupart, cela signifie que la division même du travail social cesse d'exister. Cette interprétation absurde fût consacrée par la Chambre qui vota, pour les élèves de Saint-Cyr et de Polytechnique, l'obligation de passer deux ans à la caserne avant d'acquérir dans les écoles spéciales les connaissances indispensable à l'officier,

Comment pense-t-on que, durant ces deux années de caserne, les jeunes gens puissent ne pas oublier et leur habitude de travail mental, et une partie de leur science neuve ? Il faut ignorer tout de la pédagogie pour raisonner de la sorte. Après deux ans d'interruption, les élèves auront perdu le fruit de leurs études ; les professeurs des écoles seront obligés de réduire les programmes ; et le savoir des officiers sera diminué dans une très forte proportion. Or, c'est au moment où la science extrême des états-majors japonais met à rien la bravoure naïve des Russes que l'on propose d'amoindrir les capacités intellectuelles du commandement...

Bien au contraire, il importe, en notre temps, de fortifier le plus possible la psychologie stratégique des jeunes officiers, afin qu'ils composent une élite compacte dont les meilleurs pourront acquérir, dans l'Ecole de guerre, une préparation définitive à l'œuvre de diriger les armées et de déterminer le sort du pays. On parle des généraux formés sur les champs de bataille pendant la Révolution et l'Empire. Mais aujourd'hui les conditions diffèrent. De même que des troupes transportées en diligence et en charrettes, comme en 1806, n'arriveraient point à manœuvrer utilement contre des divisions courant les voies ferrées, de même un officier possédant les seules expériences du combat engagé entre deux brigades ne saurait acquérir une coutume de raisonnement suffisante pour régler l'effort de cinquante ou de cent mille hommes, de trois cent mille. Le général de Bonnal le démontra parfaitement, au cours de ses études sur l'intelligence de Bazaine. Ce malheureux avait su parfaitement conduire ses colonnes d'Algérie et ses régiments du Mexique ; mais, quand il fut indispensable de déployer cent cinquante mille hommes à

Borny, son incapacité lui parut trop évidente. Les défaites de Rezonville, de Gravelotte, et les blâmes à peine contenus de ses subordonnés le mirent en garde contre son incompétence. Inapte à vaincre, il n'osa plus quitter l'abri des forts de Metz. L'ignorance du général plus que la malice du traître livra notre force à l'ennemi.

L'exemple de Bazaine devrait avertir les députés eux-mêmes. Entraver le développement normal de la mentalité stratégique chez nos futurs majors, c'est compromettre la défense nationale. C'est affaiblir notre puissance militaire, et par suite tenter l'appétit de voisins conquérants. Et pour quelle sotte revendication d'égalité ?

Voudra-t-on que le mécanicien, sous prétexte qu'il mène une locomotive, qu'il dirige un express, fasse, avant ses études à l'Ecole des Arts et Métiers, un stage de deux ans parmi les terrassiers, les aides-maçons, les coltineurs ? Ce ne serait pas moins juste, au point de vue égalitaire. Car enfin, il y a commandement dans l'action de manier la vitesse d'un train, de la ralentir, de la précipiter. Comment nos députés radicaux supportent-ils qu'un monsieur les entraîne sur une voie ferrée, les oblige à se tenir cois dans leur wagon, pendant la route, leur enjoigne de descendre à la station terminus, si ce chef, si cet officier de train n'a pas, au préalable, été le compagnon des coltineurs, des aides-maçons et des terrassiers ? De même, pourquoi souffrir que le sergent de ville arrête les voitures en levant son bâton, si les députés ne l'obligent point, par une loi, à faire, au préalable, un stage de deux ans parmi les cochers de fiacre ? Voici, près d'une maison qu'on répare, un ouvrier qui, la gaule en main, écarte les flâneurs et les oblige à changer la direction de leurs pas. Accepterons-nous désormais un tel ordre, s'il n'est pas avéré que cet homme a fait deux ans au moins le métier de flâneur ? On voit où entraîne la logique de l'égalité ainsi comprise.

Un homme commande ; un autre obéit. Ce n'est que la division du travail, dont le principe nécessaire fut démontré abondamment. Lorsque plusieurs personnes se livrent à un labeur coordonné, cette coordination exige l'ensemble parfait des efforts, donc l'unité de direction. Mais il n'y a pas, au propre, supériorité chez celui qui commande, infériorité chez celui qui obéit. Il y a entente, contrat, services réciproques. Un distributeur d'ordres n'a pas une valeur sociale plus grande qu'un distributeur de prospectus. Seule la rareté du savoir peut augmenter la valeur de l'un et diminuer la valeur de l'autre, mais uniquement à l'heure de ce travail. Chacun accomplit la besogne à laquelle il fut adapté par son instruction, par sa vigueur ou par son adresse. Irons-nous confier la direction de la locomotive au lampiste de la gare ? Non, parce qu'il n'a pas été préparé à la manœuvre de la machine. Ainsi, le caporal est inhabile à commander le bataillon, mais fort capable de mener où il convient sa patrouille.

Notre esprit est demeuré si monarchiste, en dépit des révolutions, que nous pensons toujours voir, dans le chef élu, le conquérant, le maître imposé par la victoire ancienne. Nous nous croyons toujours les esclaves du féodal. Nous ne nous habituons pas à notre nouvel état démocratique. Parce que longtemps nos chefs furent les barbares triomphant de la civilisation gallo-romaine, nous nous imaginons encore être asservis par eux. Nous ne nous accoutumons point à considérer le commandement ainsi qu'un genre de travail indispensable et sans privilège pour celui contraint de l'exercer.

Un sous-lieutenant ne touche guère plus de salaires qu'un verrier ou qu'un mineur. Sa situation ne semble pas fort enviable. C'est un ouvrier tout aussi malmené par le sort que les autres. Sans plus d'argent, il lui faut paraître, tandis que le mineur et le verrier peuvent se vêtir à bon compte, loger au faubourg, manger à la gargote. Pourquoi jalouser cette fonction et la prétendre contraire à l'égalité républicaine ? Beaucoup de contre-maîtres gagnent plus qu'un capitaine. Des centaines de cabaretiers socialistes empochent des bénéfices interdits aux chefs de bataillon et aux colonels. Que d'épiciers peuvent, de leur luxe, éclabousser les généraux dont les appointements sont dérisoires, si l'on calcule la nécessité d'entretenir brillamment les relations officielles, si l'on calcule aussi les études longues et pénibles affrontées pour être reçus à l'Ecole de guerre, pour rédiger des rapports et des mémoires utiles à la mobilisation possible.

L'égalité, telle que l'entendirent les philosophes du xviiie siècle, permet seulement à tous les citoyens l'accès des plus hautes fonctions, s'ils prouvent leur aptitude à les remplir. Jamais ce mot ne dut exprimer la confusion des capacités : c'eût été de la sottise pure. Celui-là est fou qui, ayant de bons muscles et un cerveau dépourvu de science, veut accomplir la besogne d'un enfant chétif où celle d'un philologue méticuleux. Voilà pourtant la thèse de nos parlementaires. Ils n'auront pas de cesse que le lampiste de gare ne dirige la locomotive, et que le mécanicien ne récure les quinquets. Plus tard, ils légiféreront, afin que la charrue traîne les bœufs à leur tour, et que les bœufs soient contraints de faire un stage parmi les socs, en traçant le sillon avec leurs cornes et leurs sabots. On décrétera bien quelque jour, au nom de l'égalité, que les hommes auront à s'arranger pour devenir enceints et accoucher, avant de faire les amants. Ou bien l'égalité n'est qu'un mot.

CHAPITRE XXV

On lit sans cesse maintes histoires propres à réduire le prestige déjà modeste de l'Assistance publique. Repoussée des hospices, souvent une malheureuse doit mettre au monde, sur le pavé, un être humain. Tant que d'inflexibles mais stupides principes administratifs prépareront de tels spectacles, l'indulgence des jurys à l'égard des avorteuses s'expliquera. Des gens érudits et pourvus de diplômes constatent, avec lamentations patriotiques, le nombre infime des naissances françaises. Qu'une fille se trouve enceinte, il n'est pas d'avanies que les passants et les pouvoirs officiels ne lui puissent infliger. On comprend, chez des âmes faibles, la terreur d'une maternité ainsi reçue par la bienveillance sociale.

Les contradictions de nos pitoyables intelligences sont dérisoires. « Faites des enfants, hurlent les chauvins ; donnez-nous de la chair à canon, sapristi. » Et, dès que le ventre d'une adolescente amoureuse commence d'enfler, la grossièreté du mépris public l'accable. On l'évince de l'atelier, l'amant la quitte ; on l'affame et on la diffame ; les hôpitaux la rejettent, les infirmiers ricanent ; elle s'en va portant de borne en borne ce fruit précieux réclamé à cor et à cris par les économistes officiels, et dont personne ne la veut délivrer.

Une de ces ligues qui comptent des adhérents innombrables, enthousiastes, devrait obtenir de ses membres quelque argent pour fonder une hospitalisation des mères. Si l'on en croit les traités de gynécologie et d'obstétrique, la femme grosse de cinq mois ne peut, en travaillant, que compromettre la santé du fœtus. L'Assistance publique confie à des familles paysannes l'élève des enfants abandonnés. Ne pourrait-elle de même pensionner les jeunes personnes dont l'état promet à la France des citoyens et d'autres mères ? Sûres d'être soignées, honorées et pourvues du nécessaire, les enfants fécondes n'iraient plus demander à l'avorteuse le secours d'un ministère que la barbarie de nos mœurs rend presque obligatoire.

« Faites des enfants à condition d'être, pour cela, déshonorées, affamées, moquées, jetées à la voirie, » répète l'intelligente opinion.

Le sacrifice semble à toutes excessif. Une loi sévère, efficace en ses dispositions, devrait contraindre la fille à déclarer par lettre sa grossesse à la mairie. Discrètement, le médecin l'examinerait. Dès ce jour, elle serait sous la protection de l'Etat, heureux qu'un pareil don lui fût offert, inattentif aux circonstances illégales de la procréation, plein d'indulgence, de pitié, d'amour. Envoyée dès le cinquième mois en une saine campagne, la future mère y attendrait la venue de la nouvelle vie.

Le dernier mois se passerait dans un établissement aménagé du mieux possible. Après la délivrance, la mère retournerait à la campagne pour l'allaitement. Ensuite, il lui serait loisible de remettre à l'Assistance publique l'enfant qu'elle ne voudrait pas élever, sans que cet acte fût entaché de blâme. Libre, elle reprendrait ses travaux, ses amours, tandis que les mâles seraient élevés dans les écoles militaires ou agricoles, les filles dans des institutions professionnelles. Le métier de l'avorteuse déclinerait alors.

Mais nous n'aimons guère favoriser la vie française. Nous sommes très peu patriotes, si le patriotisme doit coûter des impôts. Il demeure une vertu que l'on proclame encore; mais que, par une admirable et commune entente, on se garde d'appliquer. Voici trente-sept ans que des Alsaciens naïfs s'en peuvent convaincre ; et les Anglais comptent sur cette attitude en nous imposant les humiliations des Fachodas, les Allemands celles d'Algésiras. Rien ne les détrompe. A quoi bon, dès lors, tant de mascarades ? Ne serait-il pas mieux de ne se point mentir, de déclarer que nous préférons à l'impôt la dépopulation ? A quoi bon nous alarmer devant les statistiques ? Ouvrons plutôt un cours officiel d'avortement.

L'intérêt général nous préoccupe à demi. Nos opéras et nos romans firent toujours sympathique le contrebandier qui vole la patrie ; ils flétrissent le pickpoket qui n'a dévalisé que l'individu. Six ans, je voyageai sur la ligne de Ceinture. Je n'assistai pas une fois à la vérification du contrôleur sans que, dans le wagon de première classe, un monsieur, au mois, fût installé muni d'un billet de seconde. Loin de paraître honteux, il énumérait avec morgue des mensonges. Chacun lui souriait.

15.

Ce larcin semblait légitime. Aux stations de cette même Ceinture, les voyageurs habituels font le geste de vouloir exhiber, à la sortie, un carnet d'abonnement imaginaire, et passent, forts de la confiance de l'employé, sans remettre leur ticket. Ainsi, ce carton servira, le soir, à un autre voyage qu'ils ne payeront pas. Ces canailleries amusent. On se plaint d'un odieux contrôle administratif. Ce contrôle est rendu nécessaire par notre filouterie envers l'Etat, les compagnies, les municipalités. Dans le Nord et l'Est, la plupart des brasseurs leurrent le fisc avec la complicité de la population. Ceux qui sont riches soudoient de manière adroite quelques communes afin de faire élire le député de leur choix. En retour, l'honorable garantit l'indulgence des contributions indirectes, obtenue moyennant le don de son vote au ministère. Il en est de même au Midi pour la fraude des vins et des alcools.

L'impôt procure des villes habitables, des routes presque sûres, une gendarmerie qui empêche les chemineaux d'assassiner davantage, une marine, une armée malheureusement indispensables pour écarter les tristesses de la guerre. La fraude, atteignant la totalité des contribuables, est plus criminelle que le vol atteignant une ou deux personnes. La légèreté de notre esprit latin refuse cette évidence. On parle de socialisme et de communisme à des gens qui ne savent même pas respecter la fortune collective de l'impôt, qui vantent le contrebandier et qui, possédant un revenu considérable, se flattent de monter, contre les règlements, en deux omnibus, l'un qui mène, l'autre qui ramène, la course faite, au moyen d'une correspondance truquée.

La malhonnêteté individuelle se transforme bientôt

en filouterie publique. Pour la France, tant de chiffres le démontrent. Exemple : le téléphone appartient à l'administration qui s'en empara. Or, à Paris, on paye l'abonnement annuel 400 francs ; on le paye, à Vienne, 208 fr. 50; à Munich, 187 fr. 50; à Stuttgard, 125 francs; à Berlin, 187 fr. 50 ; à Stockolm, 100 fr. 50. Ainsi notre Etat compense les pertes que lui valent les larcins des individus. De cette cherté anormale, toute l'économie publique souffre. L'industrie électrique occupe, en Allemagne, un capital de 450 millions, supérieur dix fois à celui consacré, en France, au même usage. C'est une différence.

Notre marine marchande va finir de disparaître. Pourquoi ? Les tarifs concernant le transit jusqu'au port des marchandises par voie ferrée augmentent le prix du fret, en telle sorte que ce fret ne peut soutenir la concurrence anglaise, belge, italienne même. L'Etat pourrait faire de bonnes œuvres en réduisant sur ses propres lignes le coût du charroi destiné à la mer et aux paquebots exportateurs. Gênes va l'emporter sur Marseille, Anvers sur le Havre ; car nos bureaux maritimes perçoivent des droits de port si élevés que les vaisseaux font escale ailleurs, se chargent ailleurs, se déchargent ailleurs.

L'intérêt de l'individu, celui de la localité, prétendent ne rien céder à l'intérêt général de la patrie. Cet aveuglement est imbécile.

Chacun répète depuis quelque temps une absurdité qui marque les défauts de nos vues. La rente 3 % baisse. On accuse la politique. Immédiatement, les sectaires s'injurient : « C'est le Père du Lac qui lance un coup de Bourse... Inquiet des manœuvres radicales, le pays retire sa confiance au ministère... Les congrégations jettent sur le marché toutes leurs rentes et les réactionnaires les imitent, etc... » Comme l'Affaire et ces péripéties mélodramatiques accaparèrent nos âmes de concierges, personne ne constate ceci : de partout, en Europe, les fonds d'État baissent parce que les fonds industriels leur font une concurrence très sérieuse. Depuis six ans, la croissance de l'industrie, que servent les nouvelles découvertes scientifiques, nécessita la mise en circulation de titres innombrables rémunérateurs du capital, et qui le sollicitent. L'admission de valeurs récentes à la cote officielle des bourses est considérable. La demande du capital se multiplie ; comme après 1840, lorsque l'industrie à vapeur se développa. Par conséquent, le loyer de l'argent augmente: 3 francs ne suffisent plus à payer l'emprunt annuel de 100 francs. Pour 3 francs on obtient seulement le prêt de 98 francs. Ainsi, le 2 1/2 % anglais baissa de 6 points dans la période de récente expansion. Il ne fallut qu'un léger mouvement pour établir, à Paris, cette différence.

Mais de pareilles vérités ne frappent aucun de nous affolés par le roman chez la portière. Il appartiendrait aux Chambres, lorsqu'elles siègent, d'instruire le pays sur ces questions d'intérêt patriotique. Malheureusement, les parlementaires, gens trop médiocres, ignorent tout, sauf le désir des cabaretiers qui les élisent.

Cinquante ans, le suffrage universel nomma des élus phénoménaux par bêtise. Ils connaissent les mots, non les choses que ces mots désignent.

Dans les villes, cependant, l'électeur intelligent pourrait faire des choix heureux. Le géographe électoral s'arrangea de manière à ce qu'il n'en fût rien. Il scinda chaque centre populeux afin de noyer l'esprit de la cité dans l'ignorance des campagnes, par circonscriptions.

Aucune ville, sauf deux ou trois, ne vote isolément. Ses quartiers, adjoints à des communes rurales, sont toujours, grâce à ce machiavélisme, en minorité locale. On délaye ainsi l'âme du citadin dans le troupeau docile des rustres, car leur basse cupidité les convie à soutenir le gouvernement de qui les faveurs dépendent.

Comment les députés élus par ce système consentiraient-ils à une réforme qui fît voter les villes à part, les centres industriels à part, et les campagnes à part ? La peur d'un échec leur fera repousser l'innovation.

Au temps où, seul, le cens concédait le droit de vote, les libéraux demandaient l'adjonction des capacités au collège électoral. Ils voulaient que l'avocat, le médecin, le professeur, l'artiste, le savant pauvres pussent élire au même titre que le rentier ou le propriétaire. Ils considéraient que savoir est égal à posséder.

Ne siérait-il pas de reprendre cette revendication en la transformant ? Ne siérait-il pas d'introduire au Parlement, et hors la sanction du suffrage universel, des hommes connus par l'excellence de leur esprit : professeurs, historiens, économistes, philosophes, littérateurs, diplomates, publicistes éminents, artistes ? Au lieu d'augmenter le traitement des députés, ne vaudrait-il pas mieux adjoindre ces capacités à l'ignorance de ceux choisis par le suffrage universel ?

Peut-être les débats sembleraient-ils moins lamentables et les résolutions législatives moins enfantines.

CHAPITRE XXVI

Bien plus que les stériles volontaires, les architectes et les maçons dépeuplent notre France. Si l'on pense que, pour habiter un appartement où il soit facile de se laver le corps, il faut payer son loyer trois mille francs, on s'étonnera peu devant la mauvaise hygiène qui anémie les travailleurs et augmente l'effroyable mortalité des enfants. A moins d'une telle somme, on n'a point droit à la baignoire. En sorte que la population tout entière vit dans la saleté, par suite fréquente la mort, afin d'exempter les propriétaires d'une loi les obligeant à munir chaque logis de sa baignoire, de son eau chaude et de son eau froide, comme cela se pratique dans les villes américaines. Notre respect de l'argent prépare la fin certaine de la nation. Il ne sera pas besoin de canons, ni de cavalerie, pour mettre à rien, bientôt, le nom de France. La multitude allemande et saxonne, toujours accrue, débordera bientôt nos misérables effectifs. Mais le droit des propriétaires sera demeuré intact.

Il semble absurde qu'un conseil municipal socialiste,

celui de Paris, ne prenne pas l'initiative de mesures sanitaires. D'abord il conviendrait de ne délivrer aucun permis de construction ou de réparation, sans échange d'un engagement qui contraindrait le possesseur d'immeubles à pourvoir la maison d'une salle de bains, l'appartement de water-closets convenables et d'une douche, les chambres de fenêtres larges. Puisque les émanations du pétrole empoisonnent ces salles étroites, la loi d'hygiène devrait aussi forcer à établir dans les logements petits l'éclairage électrique. Le téléphone éviterait nécessairement le surmenage des courses inutiles pour la ménagère pauvre occupée de son linge à repriser, ou de ses enfants à garantir des mauvaises chutes. Il est bien inutile que plusieurs générations de savants aient pâli sur les chiffres et les tubulures, si le téléphone, l'électricité, le débit de l'eau restent l'apanage exclusif des riches. Ceux-ci n'ont guère besoin d'utiles innovations. L'argent leur procure des mercenaires pour accomplir les besognes pénibles. Par contre, les ouvriers qui ne peuvent salarier un serviteur sont privés des ustensiles capables de le remplacer.

C'est idiot.

Je ne parle pas ici de pitié. On hausserait les épaules. Je réponds seulement à la plainte officielle sur la dépopulation, c'est-à-dire sur le manque prochain de producteurs et de soldats. Et je dis que notre défaite militaire, après notre défaite économique, seront consommées avant un demi-siècle, si l'on ne donne pas à respirer aux enfants des villes autre chose que la puanteur du ruisseau, les miasmes du pétrole. Les propriétaires, avec leurs architectes, sont les meurtriers du peuple.

On arguera des besoins du capital. Les Compagnies

fabriquant l'électricté, débitant l'eau, ou accrochant les fils du téléphone doivent le dividende aux actionnaires. Que les constructeurs paient donc ces dividendes. Ils le peuvent.

Au conseil de revision, c'est chose pitoyable de voir défiler les garçons de vingt ans : les os saillent sous la peau verdâtre; la scrofule balafre les cous; une atroce maigreur colle les chairs aux fémurs, aux tibias. Les maux de l'alcoolisme dégradent toutes les santés. Naturellement. Dans le taudis ignoble où l'ouvrier gîte avec sa compagne et trois mioches, rien ne le distrait, sinon les mauvaises odeurs et les cris de souffrance. Il descend, va prendre le frais. Les lumières des assommoirs attirent sa fatigue du labeur quotidien. Il entre, s'assied, respire et boit jusqu'à la mort.

Ainsi, l'impôt sur l'alcoolisme peut rémunérer les services électoraux et les indemnités parlementaires.

Un pauvre homme m'écrivait, il y a trois ou quatre ans, une lettre désespérée. Il m'appelait à son lit de douleur. Il se croyait près de mourir. Je me rendis jusqu'à son hôtel. C'était, non loin de l'Arc de Triomphe, un ancien atelier de serrurerie, très vaste, éclairé par les vitres du toit, et alors vide de ses machines, de sa vie industrielle. Pour convertir ce lieu en maison garnie, l'ingénieux aubergiste avait édifié contre les murs intérieurs un échafaudage de maçons, perches et cordes, supportant des cloisons sur les perches horizontales. Cela formait deux étages et un rez-de-chaussée. Au milieu de la bâtisse, un ironique mât de cocagne était planté, qui retenait un escalier de fer du genre escargot, acquis de quelque démolisseur. On montait par ce moyen branlant au premier, puis au deuxième. Parvenu là, je trouvai mon ami étendu sur un lit de noyer Louis-Philippe, entre deux cloisons tapissées de papier à fleurs vertes. La porte était un panneau de fenêtre acquis également chez le démolisseur, et fixé par des charnières de malle. Une loque servait de rideau pour arrêter la bise, au défaut de la vitre médiane qui manquait.

Quinze ménages environ habitaient les chambres voisines. Au rez-de-chaussée, la prostitution à bas prix apprêtait son étal. Colosse formidable et lent, le tenancier se promenait autour du mât de cocagne, en caressant de-ci de-là une tumultueuse et puante marmaille. Dans la chambre du malade, il y avait un plomb pour les eaux et l'urine. En deux autres logements, des petits cercueils de sapin occupaient les lits. Près de l'un, l'ivrogne assis par terre ronflait sur les genoux de sa compagne qui pleurait, en allaitant de sa mamelle livide un paquet inerte de chair blême et de chiffons.

J'imagine volontiers que ce coupe-gorge était exceptionnel. Mais, sans présenter une horreur aussi tragique, maintes étables à pauvres que je visitai, dans Montmartre, ailleurs, lui ressemblaient fort. Là, meurent à foison les nouveau-nés. Ceux qui survivent sont des rachitiques et des anormaux. Dénués de vigueur morale, ils ne peuvent résister efficacement à l'impulsion des instincts. Dès l'âge de six ans, s'ils ont faim, ils volent. A seize ans, s'ils ont de la colère, ils tuent. Les vices prospèrent dans cette pourriture physique. Beaucoup, atteints d'épilepsie, ne sont même pas légalement responsables. La prison qu'ils connaissent de bonne heure les déprave davantage. C'est l'université du crime. Les étudiants y apprennent l'art de cambrioler et d'assassiner. Ils s'associent pour le jour de la libération. Ils deviennent les fameux criminels « nés » dont l'amusant Lombroso inventa la psychologie.

À la fin du xixᵉ siècle, on pourrait croire que cette question du logement salubre, à quoi tiennent la multiplicité et la moralité de la population, convertit les dirigeants. Il n'en est rien. Lorsqu'on prétendit relier le tracé du Métropolitain aux grandes lignes de banlieue, où les loyers beaucoup moins chers permettent l'usage de logis aérés, le Conseil municipal de Paris s'opposa résolument à ce dessein. Les vendeurs d'alcool, dans la capitale, craignaient de voir faiblir le nombre des malheureux qu'ils empoisonnent ; et, comme ces meurtriers du prolétariat font voter, les élus de Paris préfèrent leur sacrifier annuellement vingt-cinq pour cent des vies ouvrières.

Le cabaretier et le propriétaire dépeuplent le pays. Tant que des lois sévères n'obligeront pas l'un à construire des maisons et des ateliers salubres, l'autre à débiter seulement des boissons hygiéniques, la race restera condamnée à l'extermination inéluctable.

L'habitude de s'enivrer est prise, le plus souvent, par les jeunes ouvriers, à la caserne. En restreignant la durée du service à une année dans l'infanterie, on satisferait à l'hygiène.

La plupart des écrivains militaires accordent que dix mois suffisent à former un fantassin. Pour les cavaliers et les artilleurs, il faut trois et cinq ans. Les jeunes gens des classes pauvres, les plus exposés à souffrir de l'alcoolisme, ne devraient donc accomplir qu'un an de service. Ceux des classes aisées, moins enclines à cette manie, fourniraient leur contingent aux corps où l'instruction exige un stage prolongé. L'infanterie se recruterait donc parmi les ouvriers des villes et des champs, qui, au bout d'un an, seraient rendus à leurs travaux, sous condition, peut-être, de répondre à quatre appels d'un mois, comme réservistes. La cavalerie enrôlerait les jeunes gens des classes qui doivent leur aise à la culture, ou au commerce ; l'artillerie ceux des familles riches et instruites. L'on trouverait un accommodement facile pour que les bacheliers puissent, cinq années durant, suivre à la fois les cours des Universités et ceux du polygone. Les humbles seraient ainsi les moins gênés par le service militaire. La plus lourde de leur charge se trouverait allégée. Pour maintenir en bonne allure le recrutement des sous-officiers, il suffirait d'instruire à Saint-Maixent les meilleurs élèves des écoles municipales à qui l'Etat accorderait une bourse dès l'âge de quinze ans. En même temps, il obligerait ses innombrables fonctionnaires à suivre des cours et des exercices capables de leur donner les qualités d'officiers de réserve. Le travail imposé aux budgétivores ne passe point pour si énorme qu'un pareil surcroît d'occupations les puisse accabler. L'infanterie n'aurait donc plus à fournir le personnel de ses cadres. On y limiterait l'instruction militaire aux besoins du simple soldat.

Il semblerait sage et humain, dans l'intérêt de la race, d'exposer le moins longtemps possible ses mâles prolétaires, fils d'alcooliques, de syphilitiques ou de phtisiques aux périls de la promiscuité. Plus vulnérables que les enfants des bourgeois, ils échappent difficilement à la contagion de la tuberculose. Ensuite, retournés chez eux, mariés, ils propageront l'endémie, par leur descendance. L'étiolement de la race augmentera vite, car la belle idée du désarmement ne va point convaincre les aristocraties belliqueuses. Bien des lustres encore, l'enfant atrophié par la mauvaise hygiène du logis paternel achèvera de ruiner sa santé dans les ateliers et à la caserne. Aujourd'hui, tout condamne à mort les fils du peuple : l'intérêt du propriétaire, les poisons du cabaretier-électeur, les obligations du militarisme. C'est miracle qu'il en échappe encore pour travailler et produire avant leur fin prématurée, vers quarante ans. Malheureusement, rien ne peut être aboli de la préparation à la guerre. Inutilement ou presque, les deux conférences de La Haye se sont réunies. Germains, Saxons, Latins, nous croyons encore indispensable de garder les frontières où l'on acquitte les droits, et de maintenir, les armes à la main, l'intégrité de l'ancienne terre royale qu'aucun roi ne possède plus. Nous ne nous habituons pas aux vérités conquises en 1893. Nous pensons toujours que la patrie est un domaine, un héritage, une chose cédée par-devant notaire. Mieux encore : dans les pays exotiques, nous installons de nouvelles frontières, de nouveaux domaines, de nouveaux péages. Nos diplomates raillent finement la possibilité d'une Afrique Internationale, munie d'un code qui consacrerait les mêmes droits et les mêmes devoirs pour tout Européen, qui assemblerait sur un seul champ les couleurs des drapeaux français, anglais, allemand, hollandais, espagnol et portugais. Mais on délimite des sphères d'influences, et l'on apprend aux nègres l'école de bataillon.

Il faudra penser encore beaucoup avant de persuader aux nations la libre fraternité.

CHAPITRE XXVII

Je connais un propriétaire qui, dans un quartier de Paris, possède tout un bloc de maisons. Les magasins furent loués très longtemps à ceux qui fournissent de denrées alimentaires les travailleurs. Aux petits patrons, les arrière-cours offraient des ateliers sonores. Mon homme touchait de fortes rentes, car l'industrie métallurgique prospérait qui dispensait les salaires aux ouvriers et les commandes aux artisans. Ceux-ci dépensaient dans les boutiques une paye importante. Lorsque le possesseur de ces immeubles commença de vieillir, il eut moins de goût pour satisfaire ses désirs de luxe. Une assez grave maladie le força d'abandonner ses joies coutumières, celles de la gourmandise et de la volupté. Quelques trimestres se succédèrent sans qu'il pût dilapider le produit des loyers échus. Les billets de banque s'entassaient au fond de ses tiroirs. Il pensa tirer de cet argent un bon revenu.

Quelles que fussent les offres alléchantes proposées

par les fondateurs d'usines en France, par ceux qui veulent capter dans les turbines la force des cascades alpestres et pyrénéennes pour la transformer en énergie électrique, quelles que fussent les objurgations des savants qui découvrent, dans leurs laboratoires, les moyens soit de raffiner mieux le pétrole, soit d'obtenir l'alcool nécessaire aux moteurs en sublimant le vin en mévente, le capitaliste refusa de s'associer à leur génie créateur. Il se méfiait. Notre grand défaut national, la défiance, posséda son âme. Tout ce que nos talents nationaux inventent lui paraît chimérique et fol. Il se fait vêtir à Londres. Il ne fume que du tabac d'Egypte. Sa table est couverte de sauces et de conserves yankees. Son automobile porte une marque allemande. Il achète la plupart de ses meubles chez les ébénistes anglo-saxons. Ses chaussures proviennent de Chicago et sa bière de Munich. Il n'a de foi qu'en les boniments des commis-voyageurs étrangers. Ce qui naît en France, ce qu'engendre l'esprit latin lui semble d'abord médiocre et vil. A peine tolère-t-il que les pâtes d'Italie figurent dans ses potages et que le Xérès luise dans son verre à la fin du repas.

Imbu de ce snobisme, mon propriétaire résiste à toute suggestion de nos ingénieurs. Et, positif, froid, ironique, il les évince. Il a donc placé la forte somme en valeurs de tout repos. Loin de favoriser l'essor des idées neuves, il a renforcé des capitaux déjà pléthoriques. Puis, craignant les cambrioleurs et ses propres passions quelquefois ardentes, il a remis cette liasse de titres à une grande banque de Paris. Comme il n'est pas le seul, hélas! à penser de la sorte, cette banque se trouve tenir dans ses caves des quantités considérables d'obligations. L'esprit de lucre aidant, les administraleurs s'ingénièrent à exploiter cette fortune en sommeil. Moyennant une légère rénumération, ils obtinrent de chaque dépositaire la promesse de laisser son argent dans leurs coffres-forts pendant une période assez longue. Sur la garantie de ces capitaux français, les administrateurs rassemblèrent des sommes, par divers moyens, et cherchèrent des emprunteurs solvables à qui prêter contre un gros intérêt.

Les établissements de crédit propres aux nations voisines acceptèrent ces conditions onéreuses. En Allemagne, surtout, les banquiers, soit directement, soit indirectement, se firent les débiteurs de notre richesse accumulée. Pourvus, ils ont, depuis vingt ans, collaboré avec les fondateurs d'usines à former cette admirable industrie nouvelle, devenue la rivale de l'industrie yankee sur tous les marchés du monde. Ainsi, toute cette force de production fut constituée avec les économies françaises. C'est l'épargne de nos propriétaires, de nos commerçants qui produit la multiplication et le succès des concurrents les plus redoutables pour nos industriels.

Mon ami propriétaire dut s'inquiéter il y a deux ans. Quelques-uns de ces locataires ne le payaient plus. Il attendit d'abord avec impatience et fraternité ; puis s'impatienta, d'autant que les quittances lui furent en plus grand nombre rapportées par le gérant. Bref, après quelques temporisations, les ménages d'artisans, insolvables obéirent à la mise en demeure d'évacuer leurs logements, leurs ateliers. On se renseigna sur la cause de cette misère et de cet exode. Les trois gros industriels qui, jusqu'alors, avaient entretenu dans le quartier une vie laborieuse, restreignaient les commandes d'accessoires faites aux petits patrons, aux artisans. Ceux-ci, dénués par le chômage, avaient quelque temps résisté au mauvais sort. La crise se perpétuant, ils avaient connu la misère.

Bientôt les marchands chez qui la femme de l'artisan achetait ses aliments, son pétrole, son savon, son étoffe, s'aperçurent que leur clientèle diminuait. Les échéances devinrent très difficiles. Deux furent déclarés en faillite. Six autres, effrayés par l'exemple de cette catastrophe, liquidèrent et donnèrent congé sans avoir pu vendre leur fonds.

Mon ami propriétaire attendit vainement que leurs boutiques, dûment réparées, tentassent des successeurs. Il dut se résigner à consentir des locations provisoires. On installa des déballages dans ses magasins. D'affreux gargotiers essayèrent inutilement d'attirer les consommateurs. Ils végétaient trois mois, un semestre, puis mettaient la clef sous la porte et déménageaient à la cloche de bois. Or, les ouvriers des usines déclarèrent la grève parce que les directeurs choisissaient des femmes et des enfants à petits salaires pour accomplir les tâches des artisans disparus et même celles de certains manœuvres qu'on renvoya. A la délégation du Syndicat, les employeurs répondirent que les bénéfices étant amoindris par la concurrence allemande, il fallait, si l'on tenait à répartir les dividendes de l'action, causes de la cote en Bourse, diminuer les dépenses. De là, cet appel aux femmes et aux enfants. Le Syndicat n'acceptant point cette raison, la grève continua. Les ouvriers vécurent à crédit. Leurs fournisseurs, au bout de quinze jours, eurent de la peine à payer leurs traites. Ils demandèrent à leurs banquiers des renouvellements. Ceux-ci en accordèrent peu. Trois faillites furent inscrites au Tribunal de commerce. Trois boutiques furent vacantes.

Le propriétaire de ces maisons dut vendre son automobile. Les douze mille francs que coûtait l'entretien du véhicule grevaient maintenant son budget. Ensuite, il abandonna son petit hôtel de la rue Ampère à sa fille et à son gendre, pour ne plus leur servir la rente promise, ce dont il se vit incapable. Il se retira dans sa campagne, non loin de Dieppe. La direction des usines, qui occupait la plupart des locataires, résolut d'arrêter les machines pour six mois, si les ouvriers refusaient la collaboration des femmes et des enfants. Sur cette menace, il y eut une reprise de la besogne. Mais l'irritation des travailleurs fut telle qu'ils accomplirent mal leurs tâches. La sévérité des contremaîtres intervint. Des amendes furent infligées tantôt à raison, tantôt à tort. L'injustice évidente de l'un des contremaîtres révolta tout le personnel qui réclama le renvoi. La direction, mal renseignée, ne voulut pas céder sur ce point de discipline. De nouveau la grève sévit.

Alors, ceux des ouvriers qu'accablaient les charges de famille et qui ne pouvaient se passer d'un salaire régulier, cherchèrent ailleurs des places. Les mécaniciens, les ajusteurs en trouvèrent aisément, les uns dans d'autres quartiers, les autres en province, quelques-uns à l'étranger. Leurs logements furent abandonnés.

Vers ce temps-là mon propriétaire alla trouver les directeurs des usines et se lamenta. La situation était grave. Il démontra que ses revenus diminuaient d'un tiers. Il allégua la ruine du petit commerce. Il pria les chefs d'exploitation de céder aux travailleurs qui ne pouvaient plus payer leur terme depuis six mois. Ces messieurs lui montrèrent leurs chiffres. L'industrie allemande avait ravi la moitié de la clientèle européenne à son émule. Et pourquoi ? Parce que les capitalistes français, refusant de subvenir aux besoins de l'industrie nationale, avaient offert leur argent, par l'entremise des banques dépositaires, à la concurrence germanique. Et voilà que les propriétaires de France se trouvaient fort lésés par leur propre ignorance des lois économiques, par leur imprévoyance.

Penaud et confus, mon ami se retira. Nécessairement, il dut imputer à sa défiance, à sa jalousie, à ses fâcheux calculs les pertes dont il souffrait. Aujourd'hui, trop tard, il s'efforce d'organiser une association de capitalistes destinée à soutenir l'industrie du pays contre les rivales. Et il se blâme quand il ouvre le journal, quand il y voit combien les grèves se multiplient, combien les cours des valeurs industrielles fléchissent. Il est le coupable. Il reconnaît son crime de trahison.

CHAPITRE XXVIII

La mort est folle. Aveuglément, elle cueille les meilleures vies pour des offrandes à la divinité des Lois Inconnues. Un jour, elle marqua Léon Deschamps à l'heure de l'âge vigoureux et de l'énergie triomphante. De cette action, de cet esprit, elle faisait une chose, cette chose lourde et oblongue : un poids dans un cercueil de planches cirées que les hommes noirs emportent jusqu'au char funèbre, qu'ils enfournent à travers le catafalque, qu'ils laissent glisser, avec des cordes, au fond du tombeau. Morne protestation humaine, l'élite des penseurs, de poètes et d'artistes, que l'œuvre du défunt assembla, fut un cortège de deuil commentant la bêtise du hasard, autour de la chapelle ardente, dans le Salon de peinture ouvert par la Société de la Plume aux talents nouveaux. Les élégances des figures plastiques veillèrent ainsi les derniers sommeils du maître en cette demeure de l'effort intelligent. Et c'était bien le contraste qu'il fallait à cet instant de glas. La vie glorieuse des tableaux défiait, par l'affirmation immortelle de l'art, les entreprises inutiles de la mort.

Léon Deschamps eut le mérite de coordonner les travaux de plusieurs générations. Dans sa revue *La Plume*, un éclectisme audacieux mais savant accueillait toutes les manifestations de l'âme contemporaine. A ce titre, et pour l'histoire, la série de ces tomes constituera le seul monument complet de l'indépendance spirituelle au cours de la période récente.

Le temple de la rue Bonaparte n'était pas un cénacle fermé par les soins d'émules jaloux. Le génie de la tradition gréco-latine y brillait au fronton des poèmes dont Jean Moréas nourrit notre longue fièvre admirative. En des épopées, des drames, et des strophes dont rien ne périra, Francis Viélé-Griffin et Stuart Merril rythmèrent de sereines philosophies dues à la puissante énergie de leurs origines anglo-saxonnes. La fougue d'Adolphe Retté et l'élan de ses belles conceptions symboliques y vécurent intensément, tandis que les jeunes esprits de Saint-Georges, Bouhélier et Maurice Leblond y propageaient dans une langue heureuse des théories naturalistes du xviiie siècle, y préparaient la renaissance de la vieille sensibilité française. Ces noms désignent des idées qui appartiennent à des groupes nombreux, éloquents, hardis, riches en personnalités originales et qui forment la meilleure élite du Paris mental.

L'œuvre de Léon Deschamps fut de rassembler ces forces, de les mettre en sympathie et concordance, laissant chacun libre d'agir au dehors, selon sa vertu propre. Si l'absurde mort n'avait interrompu sa tâche, nous eussions bientôt connu une puissance analogue à celle de ces grandes corporations flamandes que Franz Hals, Rubens et Rembrandt éternisèrent en peignant les physionomies des protagonistes. De telles compagnies firent la grandeur des Hollandes. Les Sociétés fort anciennes de tir à l'arbalète unissaient de la même façon les bourgeois de la cité, qu'elle fût wallonne, flamande ou batave. Les soins d'acquérir une expérience certaine en balistique n'accaparaient pas toutes les heures. Les archers versifiaient, philosophaient à l'occasion de festins plantureux et très fréquents. L'un d'eux dessinait les figures rubicondes de la confrérie, ou certaines faces pâles à longs cheveux blonds, ou les mâles allures de robustes quadragénaires. A la ville de Haarlem, Franz Hals légua la gloire des tableaux qui signifieront éternellement la vie de ces intelligents citadins, car ils firent de leur pays le premier sol de la liberté occidentale, au prix de luttes sanctifiées par le plus noble de leur sang. Pendant le xviie siècle, les librairies d'Amsterdam, de Leyde, de La Haye, imprimèrent les vérités métaphysiques, morales et politiques interdites par l'Eglise et l'Etat chez les autres peuples.

Former les élites, les rendre compactes et puissantes, c'est accroître la patrie et l'humanité. J'ignore une œuvre supérieure dans le développement social. L'écrivain n'existe que s'il exprime, scribe inconsciemment docile, l'idée de groupes ; le héros, que s'il se sacrifie pour leur espoir. Isolés, l'écrivain, le savant, le héros s'efforceraient en vain. Aux milieux qui les éduquèrent ils doivent talent, force et gloire, soit qu'ils aient reproduit littéralement la pensée commune, soit que cette pensée leur ait suggéré la thèse contraire. L'antithèse, c'est une imitation de la thèse intervertie.

Trente ans de République prêtent à la réflexion une matière expérimentale. Les sciences nouvelles de la sociologie, la psychologie des foules, commencent à prouver de façon péremptoire. Ni les masses, généralement inertes ou naïvement sentimentales, ni les individus, presque toujours livrés aux appétits médiocres de leurs passions, ne servent la prospérité des Etats. Ceux-ci s'accroissent par l'unique influence d'une élite. Elle est hiératique, guerrière, commerçante, financière, aristocratique ou savante, selon les nécessités immédiates des époques. Elle contrôle l'autorité souveraine, qui n'a besoin de liberté, qu'aux phases de centralisation urgente. De tout temps, l'élite a mené le monde. Elle le mènera désormais avec plus d'évidence. Elle paraît l'organisme moteur des sociétés. On a noté maintes ressemblances entre les types de l'élite contemporaine et ceux des confréries anciennes peintes par les artistes flamands ou italiens des vieux siècles. Il suffit d'ouvrir les beaux volumes qu'écrivit M. Emile Michel sur Rembrandt et Rubens, pour saluer aux gravures des personnes de connaissance. Les gens de la *Ronde de nuit* nous sont familiers. Au lieu de pourpoints sombres et de cottes d'armes, au lieu de chausses bouffantes, ils portent le veston et la culotte de sport; mais leur air semble pareil. De mêmes plis tracent parmi la chair des visages le souvenir des mêmes souffrances, des mêmes efforts, des mêmes joies. Les barbes et les coiffures encadrent des mines scellant des préoccupations analogues. Pour différentes que soient leurs méthodes d'art, Rubens et Rembrandt restituent, dans maints portraits, la vie sensuelle ou mentale du temps présent : et cela justifie notre goût de leurs œuvres. Nous comprenons très clairement les âmes qu'ils nous offrent révélées par les sceaux des visages. Les femmes nues que le dessin de Rubens cerne et anime satisfont notre désir de vérité précise qui préfère le frisson de la vie réelle, parût-il en laideur, à l'imagination de forces chimériques ou rares, parussent-elles en beauté. Du moins, jugeons-nous belles deux manifestations de la sincérité créatrice : l'observation exacte et le choix.

Rembrandt peint d'abord la lumière. Les formes y sont des accidents qui favorisent les jeux de son éclat. La *Présentation au Temple*, chef de l'œuvre entier peut-être, montre excellemment cela, si l'on considère la toile même, à La Haye, ou si l'on examine une bonne reproduction, celle, par exemple, des livres d'art édités par Hachette. De là naquit tout l'impressionnisme moderne subordonnant les objets et les personnages aux influences colorées du plein air restituant à la lumière sa souveraineté, malgré les habitudes qui éduquèrent l'œil et l'obligèrent à distinguer l'illusion des formes.

Le peintre de la *Ronde de nuit*, du *Syndicat des Drapiers*, le portraitiste des corporations reçut de ces élites l'enseignement de sa recherche. La leçon d'anatomie explique tout le secret de l'influence qu'une compagnie doctorale exerça sur l'artiste apte à rechercher avec science le mécanisme de nos sensations. Les eaux-fortes désignent mieux encore les prétentions de l'étudiant de Leyde. Dans ce xviie siècle où Pascal reconstitua la géométrie d'Euclide avec des barres et des ronds, il s'agissait, pour Rembrandt, de reconstituer l'impression de la lumière telle qu'elle fut primitivement accueillie par la rétine de l'homme, avant les longues séries d'atavismes dont la leçon instruisait le cerveau, à priori, comme disaient les philosophes. L'anthropoïde percevait, l'enfant perçoit la nature comme la représentent Rembrandt ou Monet, tandis que l'être éduqué la perçoit à la manière de Van Dyck, de Memling, de Raphaël, du Titien.

Plus vieux que Rembrandt, Rubens compléta son âme auprès des élites italiennes. Il ne subit nullement les préoccupations savantes du Nord. Il appartient encore à la Renaissance, à la dévotion sensuelle de la forme, au culte de la couleur. Il dessine d'abord, il enlumine ensuite. La lumière habille la forme. Son art demeure méridional en dépit de modèles septentrionaux.

Influences absolument contraires de différentes élites sur deux peintres de même race, à peu près contemporains et tous deux maîtres ; car le *Portrait d'Hélène Forment* et la *Kermesse*, qu'on peut admirer au Louvre, comptent parmi les vingt toiles de premier ordre dues aux grandes époques de l'art.

Le rôle des élites corporatives dans la formation du génie national est le facteur important, et non le sentiment populaire qui vit des idées supérieures déformées par sa conception simpliste. L'histoire des Hollandes en impose les meilleurs exemples. Notre Michelet, écrivant les annales de la France, comprit à merveille cette vérité sociologique lorsqu'il décrivit, dans le plus beau chapitre de notre littérature, la vie des chaudronniers et des tisserands wallons, à propos de leur alliance avec Louis XI et de leur lutte commune contre le despotisme de la maison de Bourgogne.

Aux rues des villes hollandaises, belges et flamandes, quand le peuple sort de ses usines et de ses bureaux, l'orgueil de cette suprématie le rend brutal envers qui lui semble étranger. Une Anglaise, vêtue selon des élégances inopinées, pour lui, est immédiatement assaillie par les rires et les gestes comiques de la foule. Butors et méchants, les Bataves dévisagent, critiquent à voix haute, toisent insolemment. L'étranger pressenti leur semble ridicule, tout à fait inférieur, arrogant de fouler leurs trottoirs. Que le tramway soit prêt au départ, un dimanche, la masse des promeneurs se rue à l'assaut de la plate-forme. Les poings s'abattent, les coups sonnent. La bousculade devient immédiatement bagarre. Mufles blêmes, mâchoires en avant, coudes en dehors et qui percent, ils se battent, hurlent, triomphent. Il faut parcourir, un jour de fête, les rues d'Amsterdam. Une populace terrible, farouche, braille, insulte, danse comme dans toutes les kermesses de Steen, de Téniers, de Rubens, la pipe en bouche. Les voitures ne peuvent fendre cette foule hostile. Les personnes de l'aristocratie sortent peu, évitent les lieux publics et vivent enfermées dans les clubs, tant le contact avec le peuple lui paraît dangereux. Rien de cette politesse familière aux Latins qui rend la flânerie charmante sur nos boulevards, où le chemineau et le dandy usent d'égards réciproques. Et je ne parle point du bas peuple hollandais, mais des commis, des comptables, de la classe moyenne.

Un peuple tel sera toujours l'adversaire redoutable. Les Anglais l'apprirent au Transvaal. La certaine impéritie de leurs généraux dompta péniblement la rage boër d'indépendance. J'ignore ce que l'on enseigne à Wolwich. Il semblait alors que pas un chef de l'armée britannique n'eût ouvert les ouvrages de vulgarisation relatifs à la grande lutte des armées européennes, aux événements de 1870. Leurs états-majors ne surent pas s'éclairer. La marche sur la Tugela fut guidée par une série d'erreurs enfantines. La brigade anglaise, arrangée comme les soldats de plomb d'un collégien, donna le plus niaisement du monde dans une embuscade d'artillerie. Six mois tous les tacticiens d'Albion furent cernés dans leurs camps par une milice de rustres mal décidés à l'offensive, mais qui connaissaient du moins les éléments de la manœuvre en corps d'armée et les règles de l'échiquier de guerre.

Ce petit peuple, instruit par les traditions de ses élites corporatives, tint en échec plusieurs années deux cent cinquante mille soldats de la Grande-Bretagne, et lui coûta six milliards. Depuis, les consolidés anglais ont baissé de sept points.

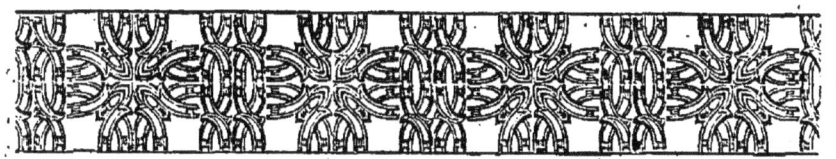

CHAPITRE XXIX

A la fin du dîner, l'ingénieur proposa de trouver des *clous* pour une exposition prochaine. La gaieté fut plaisante pendant qu'on discutait leur mérite. Les dames s'amusèrent. Leurs diamants brillaient aux angles rouges des sourires. Naturellement, la générale souhaita la construction de la deuxième tour Eiffel, sur la rive gauche, au milieu des jardins du Trocadéro, et la réunion des deux pinacles par une arche métallique, pont très large où les plaisirs d'une foire perpétuelle seraient offerts, à deux cents mètres du sol, abrité par des murs de cristal, ce qui formerait une agréable promenade d'hiver. La comtesse désire que, pour cet an de gala, les réceptions officielles et les présidences des cérémonies fussent attribuées aux membres de l'Institut, les ministres et le chef de l'Etat demeurant dans la coulisse ; elle alléguait que le prestige d'une République est contenu dans l'intelligence d'un peuple, et, qu'à défaut de la véritable, l'officielle, du moins, représente à peu près l'esprit.

national, tandis que les mandataires de la politique représentent seulement les calculs de la France en son cabinet d'affaires. La préfète voulut que la municipalité parisienne habillât la garde de Paris, les sergents de ville, avec les uniformes de Marengo et de Hohenlinden, par souvenir centenaire de nos gloires. Il eût plu de voir les gardes consulaires coiffés du bonnet à poil faire ranger les voitures devant la Galerie des machines, et l'on eût cherché les modèles des habits authentiques dans la légendaire collection. Mais quelqu'un demanda, pour clou sérieux et historique, l'avènement d'un dictateur. Cette motion fut accueillie par l'enthousiasme général.

Alors, les opinions divergèrent. Tel préconisait un sabre, un sabre simpliste et catégorique, capable d'imposer silence, de débarrasser le gouvernement des contrôles, des discussions, afin que le troupeau public, mené tambour battant, n'eût plus à s'embarrasser de son destin, s'occupât de ses négoces, le pauvre se confiant sans recours à l'autorité des fortunes et des grades. Le député essaya d'un amendement. Il soutint que, si le contrôle parlementaire ne semble plus utile de façon certaine, la liberté intégrale de la presse devait être maintenue: Car les journaux enregistrent, au jour le jour, la comptabilité du pétitionnement populaire. Ils fixent les vues. Ils classent les appétits. Ils les expliquent, les justifient, les critiquent ou les vantent. Ils discourent par l'imprimé, fort pertinemment. Loin de subir les mécomptes ridicules des violentes interruptions à gauche ou des exclamations à droite, le gazetier disserte dans le silence de son bureau et suit le fil de son idée, l'Encyclopédie sous la main. Rien ne trouble ses développements. S'il riposte à l'interrupteur, c'est le surlendemain, après une longue et patiente élaboration d'arguments nouveaux.

« En somme, assura l'honorable, le pouvoir de la presse serait facilement substitué au pouvoir parlementaire. L'Etat n'aurait qu'à prendre connaissance du sentiment général quotidien. Grâce à des communiqués officieux, il dicterait ses observations gouvernementales, à propos de quoi le journaliste rédigerait les avis chers à ses lecteurs. Vérifier le tirage des publications, pointer le nombre des abonnés, des acheteurs au numéro, et accorder de la sorte à chaque feuille un coefficient de suffrages ; ainsi les ministres pourraient choisir entre les solutions proposées, sans arbitraire excessif.

« Les choses, d'ailleurs, ne se passent point fort différemment. Qu'à Vienne, à Paris, à Rome, à Berlin parfois, d'épouvantables tumultes étouffent les discussions législatives et les voix des orateurs, cela prouve uniquement la certitude de chaque député acquise avant la séance par la lecture des gazettes. Le discours résume ou reproduit, à la tribune, ce que la Chambre entière connaît déjà. Point donc n'est besoin de prêter attention aux phrases du leader. Posément, sérieusement, les mandataires des collèges électoraux se sont renseignés chez eux, la tête entre les mains. Il est rare que le ministre ou le rapporteur ajoutent aux dissertations des publicistes. On ne joue dans l'hémicycle qu'un drame d'ambitions, une comédie de marchandages, un vaudeville de ripostes. Et ce théâtre pourrait, sans risque immédiat, être transformé, sous la condition d'une presse entièrement libre dont l'Etat sanctionnerait les conseils.

« Il faut imputer, continua l'honorable, à la multitude parlementaire les pitoyables allures du débat. J'aimerais que votre dictateur, mesdames, commençât par réduire ce nombre. La Compagnie qui jugerait les opinions de la presse se composerait suffisamment de trois cents membres. La première centaine recrutée entre les hommes remarquables de tous les partis actuels, réunirait, par exemple, MM. Jaurès et de Mun, Baudin et Drumont, Millerand et Jules Lemaître, Briand et l'abbé Lemire, Jules Guesde et Jules Soury, Allard et Poincaré, Bérenger et Pelletan, Clemenceau et Déroulède, Anatole France et Henri de Régnier, Viviani et Rochefort, Barthou et Barrès. Le dictateur choisirait les cent idéologues les plus notables de la politique, des lettres, des arts et de l'industrie. Dans la suite, cette Compagnie se recruterait elle-même, à la mode académique.

« La deuxième centurie comprendrait les élus du suffrage universel. Le ministre de l'Intérieur ayant recensé, non par circonscription, mais pour toute la France, les votes des conservateurs, progressistes, nationalistes, radicaux, socialistes, opportunistes, attribuerait, au prorata des totaux, tant de sièges à tel ou tel parti. Cent députés élus au moyen de ce système proportionnel représenteraient les masses plus authentiquement que ne les représentent les honorables désignés par les préfectures jadis soigneuses de déterminer une géographie électorale noyant les centres d'indépendance dans les foules dociles de paysans à tout jamais gouvernementaux.

« Dans la troisième centurie s'assembleraient les mandataires des capacités. Bacheliers, instituteurs diplômés possédant des certificats d'études, des brevets supérieurs, des titres et preuves d'une instruction réelle, composeraient, sans distinction de sexe, les membres de cette catégorie. Par cette porte, les femmes supérieures entreraient dans les conseils de l'Etat. Les capacitaires jouiraient du double suffrage, car ils voteraient pour la deuxième centurie aussi bien que pour la troisième. Ainsi le pays aurait quelque chance de voir se relever le niveau de l'intelligence politique.

« Telle me semble devoir être la Compagnie qui jugerait entre les propositions du dictateur et les avis de la presse. L'intelligence nationale aurait encore une autre expression.

« Au lieu de perpétuer une délégation inutile des Conseils municipaux, le Sénat unirait les corps vénérables du pays, l'Institut, le Conseil d'Etat, la Cour de cassation, le Conseil supérieur de l'Université, l'Académie de médecine, les officiers généraux de terre et de mer, les archevêques. Cette Compagnie prendrait les candidats à la dictature dans le sein de l'Institut, veillerait à maintenir l'exercice légal de la Constitution, examinerait les lois et décrets élaborés par les Centuries, et jouerait un rôle purement consultatif auprès de celles-ci.

« Avec ce double appui, le dictateur, approuvé par le suffrage universel, pourrait agir conformément à l'esprit français. Justiciable du Sénat, averti par la presse libre, aidé par les centuries, il saurait devenir le chef responsable de ministres irresponsables et choisis hors des assemblées constitutionnelles, en vertu de leurs compétences particulières. Ces ministres ne feraient plus de politique ; ils administreraient, comme ingénieurs, jurisconsultes, stratégistes et sociologues, leurs départements respectifs, d'une manière continue, sans qu'un blâme parlementaire les pût expulser au gré des incidents.

« Désigner la personne du dictateur serait l'affaire délicate. Le génie de Taine ou de Renan semble d'abord obligatoire. Les prétendants qu'on exhibe manquent trop du savoir nécessaire à la direction d'un grand pays moderne. Ni le général Boulanger, ni Philippe d'Orléans, ni tel excellent militaire ayant visité les peuplades nègres, ne sauraient connaître utilement de cette tâche immense. Grâce à la querelle des sectes, les ministres ordinaires des cabarets électoraux gardent de la prudence à défaut d'un génie qui ne pourrait d'ailleurs se manifester sans obstacles. Leurs hésitations, leurs timidités, leurs faiblesses que commandent les manigances parlementaires ou les tristes marchandages de majorité à gouvernement, les empêchent au moins d'accomplir des actes irrémédiables. Libérée de ce régulateur qu'est la fluctuation des partis, la dictature accomplira des actions éclatantes, mais dangereuses. De son initiative dépendra le sort latin. Si l'homme se trompe ? S'il reste, comme le général au cheval noir, asservi par de pauvres instincts sexuels, ou, comme Napoléon III, dominé par des camaraderies antérieures, des amitiés avides, malhonnêtes, ineptes ? S'il croit d'abord, comme tant de misérables ambitieux, que frayer avec un empereur mérite tous les sacrifices ? S'il apporte, dans les relations avec les souverains étrangers, une âme trop humble, ivre de la vanité de les servir ? S'il s'abandonne à des colères, à des irritations de l'instant pour châtier les contradicteurs et pour molester, au bénéfice de ses partisans, leurs adversaires ? Tout cela diminuerait la nation bien autrement que les alternatives médiocres du présent régime...

« Le socialisme blâme la monarchie ; cependant, il aspire à un pouvoir tyrannique. Incapable de comprendre que la République doit être le libre exercice de toutes les forces nationales et leurs expansions parallèles, il rêve seulement d'écraser, par des lois siennes, les contradicteurs, d'après le principe de la monarchie, c'est-à-dire au commandement d'une seule idée salutaire. Malgré la Révolution, malgré les Révolutions, en dépit de trente-sept années nominalement républicaines, l'esprit d'autorité anime les sectes, celles d'extrême gauche aussi bien que celles d'extrême droite, aussi bien que celles du centre. Tout accaparer, abolir le vaincu, détruire les minorités, triompher bestialement, sans justice, sans mesure, avec l'ivresse puérile du barbare piétinant la proie sanglante : voilà l'idéal secret du nationaliste, du socialiste, du conservateur, et du gouvernemental même, s'il n'avait peur de disparaître d'abord, englouti dans la fureur des coalitions politiques.

« Quel sera donc l'homme pouvant tout, s'il en est ainsi des partis réfrénés ? Certes, on pense avec ferveur au prédestiné dont l'intelligence égale saurait établir une fédération bienfaisante où les partis se gouverneraient selon leurs goûts dans des provinces autonomes, où une Vendée cléricale, une Flandre socialiste, une Beauce opportuniste, une Algérie antisémite, une Lorraine bourgeoise, concourraient, sous une même justice, à l'harmonie des forces sociales, par l'expansion suprême de leurs idées particulières. Certes, un dictateur puissant pourra seul lotir chaque aspiration nationale de sa part d'idéal, tandis que la succession au pouvoir des sectes perpétuera seulement l'esprit de lutte. Mais quel génie moral, juste et savant, surgira pour accomplir l'œuvre ? Comment croire capable de la tâche un général vainqueur, un petit-fils de roi, un politicien populaire s'ils ne sont pas cela, chacun ? Le dictateur devrait connaître la psychologie des foules comme la connaissait feu Tarde, l'agronomie comme MM. Zolla et Kropotkine, la sociologie comme M. de Roberty, les théories militaires comme M. Duquet, l'histoire comme MM. Vandal, Henri Houssaye, M. Hanotaux, les sciences, mères de l'industrie, comme M. Gustave Lebon. Il lui faudrait jouir du scepticisme lumineux d'Anatole France ou de Jules Lemaître, afin de mener les hommes et leurs fureurs. Voilà les qualités indispensables au dictateur moderne. Et l'on nous parle de pauvres personnes à l'esprit chétif, d'un gros jeune homme lassé de la fête, d'un soldat obstiné, de vieux généraux sans mémoire ! Je ne crois pas, mesdames, acheva l'Honorable, que le dictateur sera le clou d'une prochaine exposition. Attendons tout plutôt d'un ministère assez fort et intelligent pour gouverner sans les chambres dissoutes à temps. Ce sera le Conseil des Dix. Et cette transformation doit plaire à notre France devenue, comme Venise jadis, la banque des Nations. »

CHAPITRE XXX

Emue par le délaissement où s'étiolent les jeunes filles sans dot, une lectrice m'invite à défendre la cause des ménages volontairement stériles qui jouiraient de toute l'aise avec un budget modeste si nul enfant ne survenait pour mordre au gâteau conjugal. Cette sorte de meurtre préalable à la vie façonnée du germe ne semble point choquer ma correspondante. Avec désinvolture, elle subordonne l'intérêt de la nation qui lui vaut les avantages d'une vie civilisée, c'est-à-dire multipliée, aux intérêts, moins importants, du couple amoureux.

Mille fois offerte et contredite, cette thèse renaît constamment de ses diverses solutions, comme le phénix de ses cendres. C'est que l'on aimerait avoir, sur le sujet, une certitude morale ou immorale. L'homme ne se contente pas de suivre son avantage brutalement. Tout de même il sent, de manière obscure, que si des générations aïeules luttèrent, souffrirent, créèrent pendant mille et mille années pour que l'esprit de l'humanité s'accrût jusqu'à la rendre en partie maîtresse des éléments, ces ancêtres n'accomplirent pas l'énorme tâche afin seulement que deux petits époux s'aiment dans un logis enguirlandé par le luxe de pacotille, sans croire à l'avenir miraculeux de la pensée dont la gent humaine est l'organisme producteur.

Or, le génie d'invention est la résultante de très nombreuses idées mises en contact, en conflit et, par cette lutte, fortifiées. La population des grandes villes enferme des élites initiatrices, parce que l'agglomération des cerveaux nécessite l'abondance des propos actifs et divers dans les tavernes, les salons, les temples, les universités, les théâtres, les bibliothèques. L'adolescent qu'instruisirent les livres d'une bourgade est attiré dans les capitales. Son intelligence, il le pressent, deviendra fertile si les rencontres de vigueurs pareilles la fécondent par la discussion, le scepticisme et l'enthousiasme. Ces facultés indispensables à l'évolution des races se forment au milieu de beaucoup de vies rassemblées. Ainsi l'énergie électrique dépend de la quantité d'éléments casés dans la pile. L'esprit créateur d'une nation, en notre époque de travail intense, s'augmente parallèlement à sa population, à ses rivalités, à ses concurrences. Les quatre-vingts millions de Yankees, les soixante-quinze millions d'Allemands manifestent le meilleur du génie industriel et commercial qui caractérise l'ère du xxe siècle, comme jadis les innombrables millions de Chinois et d'Hindous suscitèrent les plus délicats des arts, les plus nobles des morales, les plus lyriques des poèmes.

Voilà pourquoi le premier devoir social, c'est de favoriser la vie. Voilà pourquoi les crimes suprêmes sont le meurtre, le suicide et l'avortement, puisque nous ôtons, par ces divers moyens, à notre évolution les chances de son mouvement, de son énergie, de sa pensée qui modifie l'univers ou l'approprie aux besoins de nos descendants.

Du reste, la société ne se constitua que dans le but de mieux favoriser la vie. L'indigène d'Australie passe toutes les heures dans les angoisses de la faim à poursuivre un gibier agile que le boomerang atteint rarement et que remplace souvent, dans l'estomac du chasseur, un peu de terre mâchée. Mais les moins heureux d'entre nous trouvent à la porte des fermes toujours un morceau de pain et une vieille veste, dans la grange un abri et une paillasse. Veulent-ils travailler ? Le sommeil paisible dans un logis chaud, les aliments variés, les habits confortables, les plaisirs des villes illuminées, les liqueurs délicieuses, les récits des journaux, les prestiges des cirques et des théâtres, récompensent l'effort. Dans les campagnes, la sécurité du laboureur lui permet les longs espoirs. Mais, pour conquérir ces avantages, il a fallu la cohésion progressive de la famille, de la horde, de la tribu, l'organisation du matriarcat, puis du patriarcat, l'établissement de la coutume, puis de la loi, qui protégea le faible contre la brute, dans l'intérieur du camp, qui diminua les querelles meurtrières, en assurant la paisible jouissance de l'épouse et du butin. La loi sut défendre ces biens matériels et moraux. Réglementant l'obligation de combattre les envahisseurs, elle honora la prolification, cause des batailles gagnées, des champs défrichés, des villes édifiées, des arts révélateurs. Et pour récompense, le père de famille eut, dans le monde antique, tous les pouvoirs religieux.

Hygiène des sociétés, la morale ne peut que réprouver ce qui détruit leur force future. L'existence d'un peuple ne se limite point à l'existence brève d'une génération. C'est un égoïsme naïf d'oublier les sacrifices que s'imposèrent les aïeux en faveur de notre aise présente, de renier leur testament, maître de nos vies, destinées avant tout à préparer la magnificence des temps futurs.

Donc, la stérilité volontaire est un crime. Ne le nions pas. Elle l'est d'autant mieux aujourd'hui que l'Etat recueille les enfants, sur le désir des mères. Un jeune ménage qui s'estime trop démuni pour élever sa progéniture peut la confier à la République. On alléguera les soins insuffisants des nourrices désignées par l'Assistance et la mortalité des poupons remis en leurs bras mercenaires. Mais ce sont là des malheurs qui disparaîtront lorsque les amis de M. Piot s'occuperont vraiment de l'idée autour de laquelle ils bavardent. A tout prendre, et si considérable que paraisse cette mortalité, un quart des mioches survit. Ce quart-là, c'est, dans l'avenir social, une foule de producteurs, une élite d'émules, un groupe de talents aptes à former le génie créateur d'une époque peut-être.

Puisque licence nous appartient de transférer à l'Administration les devoirs de la maternité, de la paternité, il ne subsiste pas de motif pour fonder des unions stériles. Jeunes filles sans dot, mariez-vous ; enfantez ; et puis, si vous n'acceptez pas la dure obligation de consacrer votre existence aux petits, donnez-les à la patrie. Elle éduquera les plus vigoureux. Ils lui vaudront de la puissance.

Il importe de réagir contre l'individualisme qui nous perd. Chaque jour, la biologie nous enseigne que l'individu n'existe pas hors des contingences ambiantes. Nos aïeux, l'air, le climat, l'eau de notre boisson natale, le décor du pays où notre esprit s'éveilla, les accidents et les événements qui nous affectèrent, les conditions de la métamorphose économique, politique et morale, le contact avec tel éducateur, tels amis, telle amante, tel amant, voilà quelques-uns des mille facteurs composant notre être variable.

Nous pensons avec des idées bien anciennes, nous exprimons les avis de notre entourage, nous aspirons à certaines félicités que rendirent désirables, par contraste, nos malheurs particuliers, ceux de notre condition, de notre santé, de nos appétits, toutes choses déterminées en dehors de notre vouloir. Aucun de nous n'existe, sinon comme le résultat provisoire et la cause momentanée de Tout.

En conséquence, il devient logique de traiter notre vie comme une œuvre de collaboration à la synthèse sociale. Sauvegardons notre personne. Examinons ses goûts qui sont dictés par les lois encore obscures de l'évolution générale. Mais ne séparons jamais notre être spirituellement du milieu qui le produisit afin de l'utiliser au bénéfice de l'avenir. C'est là, me semble-t-il, le principe de la nouvelle morale : soyons solidaires.

Or, il apparaît bien que l'humanité est l'appareil à penser de la planète. Sur le corps de la Terre, nous fonctionnons comme cellules cérébrales. Notre devoir consiste donc simplement à persévérer le mieux dans notre être, en multipliant les vigueurs de l'Esprit. Et c'est le deuxième principe de la nouvelle morale : soyons savants.

La science n'éclôt et ne progresse que si les vies s'agglomèrent en grand nombre. Plus il se formera de ces agglomérations, plus le talent et le génie seront engendrés. Donc, favorisons la vie. Et c'est le troisième principe : soyons créateurs.

Notre pessimisme affirme que le malheur gâche les minutes. Beaucoup se refusent à l'œuvre de paternité parce qu'ils estiment coupable de livrer aux misères de la lutte un enfant chétif et dépourvu. Raisonnement assez juste d'apparence. Mais il faut concevoir que notre religion se doit à la société, point à l'individu. Tant pis s'il souffre. L'œuvre commune exige l'apport de cette douleur. Et nous n'avons pas le droit de soustraire cet élément d'évolution à la planète en gésine de beauté. Les théodicées phéniciennes exprimèrent cette vérité par le terrible symbole du sacrifice humain, par l'offrande d'enfants égorgés à tous les Baals et à tous les Molochs, personnifications des Forces naturelles.

Notre orgueil reste médiocre. En général, il se borne à l'exaltation de notre importance individuelle. C'est bien petit. Grandissons-nous à la mesure de notre corporation, de notre patrie, de notre science, de nos espoirs. Oublions davantage les brèves douleurs, les brefs plaisirs que nous sommes nominalement, pour fixer notre attention sur ce que nous fûmes, il y a vingt mille ans, dans la caverne de nos pères velus, et sur ce que nous serons dans vingt mille ans, maîtres des airs et des fluides, comme les dieux que rêvèrent les mythologies. Grandissons-nous.

C'est la bonne façon de se résigner plus fièrement. Admettons que nos joies et nos peines sont celles de la planète même, qu'elles procèdent des lois d'action et de réaction nécessaires à la connaissance, de notre personne, des choses. La magnificence de cette conception est la seule consolatrice efficace.

J'avais, un jour, conseillé aux jeunes gens d'apprendre l'économie politique pour devenir de bons employés de commerce. L'un m'avertit de sa déception. Ayant fait ces études, il n'avait pas trouvé l'accueil attendu chez les patrons de qui l'avarice avait choisi de petits ignorants qu'on peut mal payer, bousculer, manier à loisir. Le chef de maison redoute dans le collaborateur instruit un rival, en tout cas, un commis exigeant. Je crois que le cas de mon correspondant est le rare. Sans doute la malchance lui échut. Et puis, si pénible que cela semble, il faut bien se résoudre, en ce temps de concurrence, à recevoir de maigres émoluments d'abord. Les qualités acquises par l'instruction ne tardent guère à convaincre, à séduire. Les jeunes ingénieurs yankees acceptent de travailler à l'étau dans les usines. On les voit accomplir, les mains gantées, la besogne de l'ajusteur et du forgeron, cela pendant plusieurs années, avant de conquérir les privilèges et les tâches spéciales de leur grade réel. En pays latin, nous manquons trop de cette fierté qui rend noble tout ce qu'elle entreprend. Aux Etats-Unis, un grand nombre d'ouvriers en pantalon de serge sont pourvus de ce savoir. Ils ne prétendent point à mieux pour cela. Seulement, ils jouissent de leur intelligence érudite en façonnant la matière. Ils raisonnent sur les causes et les conséquences lointaines de leur acte social. Ils se remercient de cette pensée qui leur rend le labeur aimable en dépit des injustices si lentes à s'amender.

Quant aux jeunes filles sans dot, de qui le destin nous occupe, elles peuvent à leur gré conquérir des charmes aussi prestigieux que ceux de l'argent. Dans le milieu parisien où je fréquente, la moitié des épouses, pour le moins, se marièrent pauvres avec des hommes riches ou vaillamment résolus à travailler beaucoup pour gagner beaucoup. Seulement, elles surent faire de leur corps et de leur esprit des manières de chefs-d'œuvre. Ceux qui s'unirent avec elles se promirent d'avoir aussi devant les yeux perpétuellement de la grâce, de l'enjouement, de l'élégance, et près des oreilles, du savoir, de la subtilité, de l'ironie, de la bonté perspicace. Cela parut appréciable comme de grosses dots, pour le moins. Et ce monde-là vit sans malheurs excessifs. Jeunes filles, constituez votre dot avec le goût des arts, de la distinction et de l'indulgence. Apprenez, dans les musées, à devenir belles comme les statues, et, dans les bibliothèques, à devenir amusantes comme les livres. Evitez le faux luxe à bas prix, la hideur des modes au rabais. Habillez-vous comme la sainte Vierge, avec des voiles et des draperies simples qui ne déforment pas les prestiges de vos lignes. Et l'on vous aimera pour vous-mêmes. Et puis, ne soyez pas trop difficiles dans le choix du fiancé.

Les deux jeunes filles d'un grand esthète anglais, homme presque opulent, élurent pour maris deux jeunes ouvriers. Ainsi voulurent-elles montrer au monde quelle mission incombait à l'épouse capable d'apporter dans la vie du travailleur les consolations des arts et de la politesse raffinée. Cet exemple est un des plus vénérables que l'âme du xixe siècle ait donnés aux temps futurs. Imitez, jeunes filles, cette grandeur des deux Anglaises. Bourgeoises, allez vers ce travailleur pour animer sa vie, pour la parer. Il ne réclamera point la dot que veut la cupidité de votre caste. Et il vous aimera dans une commune noblesse d'existence.

CHAPITRE XXXI

Près de mourir, rapportent les gazettes d'outre-Océan, deux Américains préparèrent leurs funérailles. L'un régla les détails de la cérémonie, fit entrer le pasteur, les chantres, les deuillants jusque sa chambre d'agonie, puis assista. On accomplit le service mortuaire devant ses derniers regards. Le suprême psaume terminé, il tourna la tête vers la ruelle et trépassa, content de la belle ordonnance, de la tenue exemplaire des invités, en accord avec les convenances et les prescriptions religieuses. L'autre commanda les violons et le festin pour ses amis, détermina le lieu du banquet champêtre en son parc, lança des communications, dénombra ce qu'il faudrait de volailles, de moutons, de fruits, d'œufs et de boisson aux convives. Il fit parer, parfumer la maison, creuser la fosse au milieu d'un parterre exquisement fleuri, mourut entre ces préliminaires d'une allégresse qui continua devant sa tombe.

Je préfère le sentiment de celui-ci, car nous gardons de la mort une idée ridicule et barbare. La science nous enseigne que la vie ne cesse jamais. A peine le cœur finit-il de battre, des milliers d'êtres se développent en nous, pullulent, se répandent, luttent, s'absorbent, deviennent gaz, germes et ferments, revêtent mille travestissements divers qui se mêlent aux essences de la nature, la complètent. Chaque organisme, si minuscule qu'il soit, accueillant des sensations, vivant d'instincts assouvis ou réprimés, subit la loi de plaisir et douleur. Il est donc par là même pourvu d'une conscience rudimentaire mais proportionnelle au total de son existence propre. Le désir de s'assimiler une nourriture atomique peut valoir à tel bacille des passions violentes identiques à celles de nos plus géniaux ambitieux s'il s'agit de conquérir cette nourriture avant les autres affamés de l'espèce. Aussi bien que l'homme, le vibrion ramène à sa mesure propre l'univers. Les religions firent de Dieu un vieillard à barbe blanche, comptable de nos péchés et de nos vertus, qui paye d'un billet de concert angélique ou d'un mandat d'arrêt infernal le bon et le mauvais dévot. En Europe, des populations entières estiment encore cette conception et traitent d'athée celui qui définit Dieu l'Ensemble des Forces connues et inconnues. On peut donc supposer que le microbe ramène pareillement aux limites de sa logique la version du monde. Et cette logique, comme la nôtre, aussi péniblement que la nôtre, induit, déduit, croit, raisonne, doute.

La vie ne cesse pas à la mort. Elle change simplement de mesure. Elle devient divisible. Nous troquons une existence contre une infinité d'existences, aussi chargées de douleurs et de joies que la présente. Qui s'imagine trouver le repos par le suicide commet une très grossière erreur.

Voilà pour le corps, pour la matière.

Mais, d'autre part, l'essentiel de nous, ce sont nos idées, ou, si l'on veut, nos sentiments, lesquels déguisent des instincts invétérés, des coutumes spirituelles transmises par l'atavisme, des idées savantes obscurcies par le vulgaire, des philosophies atrophiées, objectivées. L'idéal de l'humanité fraternelle, de la patrie triomphante, de l'amélioration politique, de la science accrue, tout espoir collectif de victoire et de progrès, reposant sur l'amour mutuel des hommes, voire des époux et des amants, cela forme le principal de la vie. Lorsque nous jugeons notre peine trop grande pour gagner le pain, notre haine envers les dispensateurs de l'aise rencontre d'autres haines pareilles qui se groupent, se proposent un idéal de meilleur sort et tâchent de le réaliser, soit au moyen de la politique, soit au moyen d'efforts individuels mis en commun. Les amants que contrarie, au seuil de la passion libre, la doctrine religieuse et légale, se révoltent, veulent d'autres mœurs, construisent un idéal de volupté affranchie. Autrefois, les malheureux imaginaient le meilleur sort au ciel et devenaient les fanatiques voulant contraindre le monde à désirer leur salut. Ces idées générales : amour, socialité, mysticité, constituent, pour la plupart des gens, le principal de l'existence. La défense des intérêts personnels et la ruse qui les aide ne sont que des modes de la solidarité. Celle-ci recherche le meilleur. Ce vœu du meilleur, quelle que soit son apparence, héroïque ou égoïste, devient, au total des individualités, la vie.

Cette vie-là, non plus, ne cesse à la mort de notre organisme spécial. L'espoir du triomphe relatif par la richesse, la victoire, le génie, l'amour, subsiste tel que nous l'enseignons à nos proches. Il subsiste en nos enfants. Les amis le propagent de conversation en conversation. La famille le transmet avec l'héritage et les atavismes consanguins. L'idée de Fulton ne mourut pas avec lui, ni celle de Danton, ni celle de Laplace, ni celle de Newton. Voilà plus d'un siècle qu'elles se magnifient. L'idée de Fulton s'appelle l'industrie à vapeur, celle de Danton, la République, celle de Laplace et de Newton, la science actuelle.

Les idées vivent plus longtemps que les races. Nous n'existons tous, cependant, que par elles. Nous sommes leurs bouches qui les expriment, leurs yeux qui observent afin de les agrandir, leurs gestes qui agissent afin de les renforcer. Venons-nous à disparaître, les idées se perpétuent et s'accroissent. Mieux encore. Le martyr meurt, les soldats sont exterminés parce qu'une idée se croyant meilleure voulait vaincre celle du martyr et des soldats. Or, voici que l'idée vaincue conquiert ses vainqueurs. Dans notre histoire occidentale, cela se prouve depuis vingt siècles. Abattue par tous les barbares de l'Orient et du Septentrion, l'idée grécolatine et chrétienne régit ses triomphateurs, s'installe dans leurs organes. Le Code Justinien règle les différends germains et anglo-saxons, outre les conflits latins. lequel des révolutions couvent ; car le faible apparent peut être le fort réel.

Ce qu'on nomme la matière ne meurt pas. Ce qu'on nomme l'idée ne meurt pas. Quoi donc meurt de nous ? Ces deux états normaux de notre individu persistent. Où est l'anéantissement ?

L'Américain résigné à finir sa phase d'humanité eut raison de commander les danses et le festin. Toute nouveauté n'est-elle pas un plaisir ? Sa curiosité prête à se satisfaire se pouvait réjouir. Elle invita les meilleurs amis. S'il fut lecteur philosophe et savant, il espéra, dépouillé de la chair divisible, pénétrer dans la conscience totale de l'idée connue seulement jusqu'alors, par ce qu'il en exprimait, humble organe, au gré de ses appétits obscurs. Ayant été le phonographe et la machine, il put espérer devenir l'être pensant qui dictait le son, inspirait le geste de l'instrument. « Rien ne se perd, rien ne se crée, » prouvent toutes les philosophies. La conscience personnelle n'échappe point à ces lois. Elle devient la conscience de l'Idée, seule force digne d'être considérée comme une.

Après la mort, on doit s'introduire en une existence plus divisée de l'état matériel, en une existence plus totalisée de l'état mental. Mais voici le ciel et l'enfer ! Ceux qui, par la pratique forcenée de l'intelligence, de l'héroïsme ou de l'amour, accrurent la mise spirituelle, parviendront en la vie de l'Idée, munis d'excellentes affinités qui la leur feront mieux concevoir, qui leur permettront d'en mieux jouir. Ceux qui, par le souci de l'instinct, auront accru la mise des appétits matériels, jouiront négativement, aveugles, de la totalisation mentale, tandis que leur énergie trouvera son expansion dans la divisibilité de l'état matériel. Ils s'éperdront dans l'obscurité des métamorphoses embryonnaires.

Selon les simples avis de la morale courante, habituons-nous donc à chérir les idées, à négliger la suprématie des instincts. De nos sentiments tirons la mentalité raisonnable qu'ils dissimulent. Le cœur ment toujours, si la raison ne transparaît en lui.

Vers l'époque de la première socialité, quand la horde humaine traversait la steppe et la forêt, chassant la proie, évitant le fauve, si l'un des ancêtres succombait, une force connue, une force qui avait vaincu des périls, rejoint le gibier, écarté l'ennemi, une force utile était détruite. La peur des dangers à courir sans l'aide de ce frère épouvantait l'inquiétude unanime. Des lamentations, des cris émouvaient l'air. Les faibles que protégeait le défunt allaient devenir les victimes de leurs adversaires ; les enfants, les femmes allaient subir un autre maître. La douleur était véritable. Elle insultait au destin hostile. La horde pleurait, sincèrement, parce que, de cette mort, le péril était accru pour tous.

Après l'association des hordes en tribus, on ne regretta plus que les hercules exterminateurs de fauves, et les vieillards dont la science acquise remplaçait les enseignements des prêtres, des livres.

Aujourd'hui, ces raisons naïves de craindre nous délaissèrent. Il faut qu'une très longue affection ait allié deux êtres, pour que la peine ne soit pas feinte.

En famille, la cohabitation, le besoin, l'assistance qui lie tacitement les époux, les parents, et la descendance, leurs habitudes entretiennent une connaissance parfaite du semblable. Alors, nous nous apitoyons sur les défunts à cause des plaisirs qu'ils ne goûteront point ; sur nous-mêmes, à cause d'une aide pratique ou morale qu'ils ne nous prêteront pas. Mais il faut qu'il y ait eu entre le mort et le vif une alliance sûre, éprouvée. Sinon, le fils lui-même, longtemps séparé du père ou de la mère, apprend leur fin sans émoi. Quant au reste des hommes, leur chagrin se résume par une brève exclamation qui s'adresse à la fragilité générale de l'existence.

Aussi, toutes ces pompes des funérailles, ce respect de la mort, valent-ils un mensonge inutile. Pourquoi déranger nos amis de leurs affaires, de leurs plaisirs, afin qu'ils suivent, en bavardant à voix basse, le char du cadavre, afin qu'ils se travestissent en noir ? A quoi sert ce dérangement ? Que prouve-t-il ? Le contraire de l'affliction. Chacun reconnaît là ses amis. On renoue des liaisons. On se raconte de bonnes histoires. On se salue. On mesure le degré des situations acquises ou perdues. On revoit une ancienne maîtresse vieillie. Les intrigants se font présenter. Les miséreux sollicitent. Les habiles amorcent une affaire. Rien ne marque mieux le mensonge de la douleur. A peine peut-on s'apercevoir du cercueil bousculé par les croque-morts, et que le portail noir de l'église avale. Cette attitude est un outrage au défunt, si la peine doit être manifeste.

Et pour la seule personne du cortège, fils, époux, mère, que ce deuil navre réellement, c'est l'heure atroce. Il convient de heurter son désespoir à toutes ces indifférences fardées de tristesse, au moment de la poignée de main. Les gens défilent, solennels, grotesques, enluminés, bavards, décents, poseurs, affectant l'effusion : cabotins divers. Cependant, il vous faut voir celui que vous aimiez vêtu de cette caisse lourde qu'on hisse, qu'on tire, qu'on porte, qu'on dépose, et qui répand une odeur nauséabonde. Quelques chants salariés d'une façon scandaleuse ; un prêtre qui marmonne pour l'argent ; un char dont chaque tour de roue enrichit le décorateur funèbre ; des passants ennuyés du salut obligatoire ; la cloche du cimetière ; du vent aux cyprès qui frissonnent ; la puanteur plus forte de la décomposition cadavéreuse ; un trou. Le cercueil grince dans les cordes. On crie : « Oh ! hisse ! » On enfouit. Ça y est. Les fossoyeurs essuient leur front.

C'est dégoûtant, non solennel ou triste. Cérémonie

répugnante, mensongère, faite d'outrages à toute pensée noble.

L'Américain obligea ses amis à de la sincérité. Il eut raison. Pour bâcler l'affaire, saluer l'importance des gens, écouter le solliciteur, se rappeler au souvenir du grand personage, toutes occupations d'enterrement, le banquet ne vaut-il pas mieux que la mascarade de la douleur ? La réunion est un dernier service rendu par le défunt à son entourage. L'heure de cette utile potinière ne doit pas être morose, puisque la mort n'afflige sérieusement personne des invités.

Quant au désolé réel, il ne souhaite que la solitude où s'évoqueront les images de l'être chéri. Il voudrait qu'on l'écarte de cette boîte ignoble, de ces draperies lugubres; qu'on enlève mystérieusement la nuit, sans affluence inutile de faux pleureurs, la chair du mort. La consolation est de se souvenir. Pourquoi l'obsession de la pourriture, du cortège ? Un billet de part ne suffit-il pas à provoquer l'exclamation usuelle des tiers et à les instruire de cette fin ?

Si le temps vient d'être sincère, commençons par le vouloir à ces occasions-là. Dérobons à l'outrage des gens le corps de qui nous aimâmes. Qu'on l'emporte, la nuit, sans parade, sans mensonges de deuil, en un tombeau lointain.

Nous, cependant, tâchons de réfléchir congrûment à la transformation nécessaire. Ne la considérons point trop mal.

Si elle restitue notre conscience au total de l'Idée, peut-être la mort marque-t-elle la nubilité de l'esprit.

FIN

TABLE DES GRAVURES

Chapitres.		Folios.
I.	— Vénus sortant de l'onde...................	5
III.	— Prométhée sur son rocher................	25
V.	— Jupiter Ammon...........................	43
VI.	— Louis XIV................................	57
	— Henri IV.................................	63
VII.	— Montaigne...............................	69
X.	— Surtout modern-style.....................	98
	— Armoire du XVIIe siècle..................	99
XI.	— Lafayette................................	107
	— William Penn............................	110
	— Benjamin Franklin.......................	113
	— Malet....................................	117
	— Réception de Francs-Maçons au XVIIIe siècle — (*Série de huit gravures*)............... 122 à	131
XII.	— Michel Buonarotti.......................	147
	— Joseph Bonaparte........................	153
XV.	— Pichegru.................................	169
XVI.	— Bernadotte..............................	177
	— Berthier.................................	181
XIX.	— Napoléon................................	207
XX.	— Lamartine...............................	219
	— Casimir Perier...........................	223
XXIII.	— Balzac...................................	245

FINI D'IMPRIMER

le 3 mai 1908

sur les presses de

L'IMPRIMERIE CHARAIRE

à Sceaux.

Maurice BAUCHE

Éditeur.

PUBLICATIONS DE LA LIBRAIRIE MODERNE

Maurice BAUCHE
ÉDITEUR
1, rue de la Trinité, PARIS

Tous les envois atteignant 20 francs sont expédiés franco.

ÉDITION DES ŒUVRES DE PIERRE SALES

COLLECTION DE LUXE ILLUSTRÉE PAR LA PHOTOTYPIE
Format grand in-18 Jésus. — Papier vergé. — Hors-texte en couleurs.
à 3 fr. 50 le volume.

VIENT DE PARAITRE :

SANG D'AZUR

VOLUMES DÉJA PARUS :

La Fille de Don Juan.
Sa Femme.
Petite-main.
Le Sentier de la Vertu.
Viviane de Montmoran.
Marquis de Trevenec.
Les Larmes de l'Amour.
Les Filles de la Morte.
Les Millions d'Outre-Mer.
Pour les Péchés des Autres.

LA MORALE DE LA FRANCE
par Paul ADAM
3.50 - Nombreuses illustrations, d'après des estampes anciennes - 3.50

NETTOYONS PARIS
par Jules ARMENGAUD
2.50 - ILLUSTRATIONS PHOTOGRAPHIQUES - 2.50

ÉDITION ILLUSTRÉE DES CHEFS-D'ŒUVRE DE LA LITTÉRATURE

Brochés : **95** centimes. — Franco : **1.15**
Reliés fers spéciaux : **1.75** — Franco : **1.95**

Toutes les œuvres maîtresses des grands écrivains paraîtront successivement dans cette édition.

EN VENTE :

I. LES CONTES DE PERRAULT
Seule édition entièrement conforme à l'édition de MOETJENS. Illustrée de plus de 100 gravures originales, dont 25 planches en couleurs.

II. LES LIAISONS DANGEREUSES
par CHODERLOS DE LACLOS
— Reproduction des illustrations du xviiie siècle. —

III. THÉATRE DE MUSSET I.
ON NE BADINE PAS AVEC L'AMOUR — LORENZACCIO
IL FAUT QU'UNE PORTE SOIT OUVERTE OU FERMÉE
UNE NUIT VÉNITIENNE
Illustrations de KAUFFMANN et GUY

IV. L'ART D'AIMER, d'Ovide.
LE REMÈDE D'AMOUR — LES AMOURS D'OVIDE
LE JUGEMENT DE PARIS — ŒUVRES DIVERSES
Illustrations d'après l'antique.

V. LES FABLES DE FLORIAN
Illustrations de CANDIDE

VI. THÉATRE DE RACINE I.
BRITANNICUS — ANDROMAQUE — BÉRÉNICE — LA THÉBAIDE
LES PLAIDEURS — ALEXANDRE
Reproduction des illustrations de MOREAU le Jeune et de GRAVELOT

VII. THÉATRE COMPLET D'ARISTOPHANE
LYSISTRATA — LES NUÉES — LES HARANGUEUSES, ETC.

VIII. THÉATRE DE RACINE II.
PHÈDRE — ESTHER — ATHALIE, ETC.

IX. MÉTAMORPHOSES, d'Ovide.

X. WERTHER, de Gœthe.

PROCHAINEMENT :

MOLIÈRE, CORNEILLE, BOILEAU, GOETHE, SHAKESPEARE, SCHILLER, etc., etc.

IL PARAIT DEUX VOLUMES PAR MOIS

PUBLICATIONS POUR ENFANTS

Polichinelle

10c le Numéro JOURNAL HUMORISTIQUE DE LA FAMILLE Tous les Jeudis

Chroniques fantaisistes, Romans d'Aventures,
Jeux d'esprit, Concours, Nombreuses caricatures en couleurs,
Théâtre de Polichinelle, etc., etc.

LES CONTES DE PERRAULT

I. LA BELLE AU BOIS DORMANT
II. LE PETIT CHAPERON ROUGE ET LES SOUHAITS RIDICULES
III. BARBE BLEUE. - IV. LE CHAT BOTTÉ ET LES FÉES
V. CENDRILLON. - VI. RIQUET A LA HOUPPE. - VII. LE PETIT POUCET
VIII. PEAU D'ANE

Chaque conte illustré, beau papier, sous couverture en couleurs, cartonnée. Format 22 1/2×28...... **0.25**
Chaque conte franco : 0 fr. 30

LES CONTES DE PERRAULT

Magnifique **édition** *entièrement nouvelle, plus de 100 illustrations, nombreuses pages en couleurs. Richement relié toile, titre or, tête dorée. Envoi franco bien emballé contre mandat de........* **5 fr.**

ALBUMS HUMORISTIQUES

AU REVOIR ET MERCI
VOUS N'AVEZ RIEN A DÉCLARER
OREILLERS, COUVERTURES

Chaque album format 24×32, couverture en couleur, 32 pages humoristiques. **0.25**

HISTOIRE DE LA FAMEUSE GUERRE
ENTRE LA RÉPUBLIQUE DES OURS ET L'EMPIRE DES LIONS

Histoire fantaisiste et amusante par CANDIDE

32 pages entièrement coloriées, couverture cartonnée coloriée. **0.95**

EN PRÉPARATION :

LE VOYAGE DE MARIUS AUX TROPIQUES

ÉDITION DES ŒUVRES DE PIERRE SALES
Collection Populaire à 95 centimes.

DÉJA PARUS :

I. L'Enfant du Péché.
II. Passions de Jeunes Filles.
III. Le Puits Mitoyen.
IV. Vipère !
V. Orphelines !
VI. Pierre Sandrac.
VII. Sacrifiée !
VIII. Jeanne de Mercœur.
IX. Femme et Maîtresse.
X. Marthe et Marie.
XI. Chaîne Dorée.
XII. Olympe Salverti.
XIII. Le Haut du Pavé.

EN PRÉPARATION :

Le Corso Rouge. — Beau Page. — Le Trésor du Guido.

IL PARAIT UN VOLUME PAR MOIS

TOUS LES SAMEDIS **10** CENTIMES LE NUMÉRO TOUS LES SAMEDIS

L'ACTUALITÉ

REVUE HEBDOMADAIRE DE LA FAMILLE — GRAND FORMAT

L'Illustration des événements de la semaine par la photographie.
Nombreux articles.
Chroniques. — Variétés. — Le mouvement théâtral.
Deux Nouvelles dans chaque numéro. — Romans illustrés.

ABONNEMENTS

FRANCE	UNION POSTALE
Six mois............. 3.25	Six mois............. 4.25
Un an................ 6. »	Un an................ 8. »

PRIME GRATUITE (BROCHE ARTISTIQUE) aux abonnés d'un An.

www.ingramcontent.com/pod-product-compliance
Lightning Source LLC
Chambersburg PA
CBHW072015150426
43194CB00008B/1116